未知なるものに揺れる心

不確定志向性理論からみた個人差

R・M・ソレンティノ & C・J・R・ロニー 著

安永 悟・大坪靖直・甲原定房 訳

北大路書房

THE UNCERTAIN MIND
by
Richard M. Sorrentino and Christopher J. R. Roney

Copyright©2000 Taylor & Francis.
All Rights Reserved. Authorised translation from English language edition published by
Psychology Press Inc, a member of the Taylor & Francis Group.

Japanese translation published by arrangement with Taylor & Francis
Group Ltd. through The English Agency(Japan)Ltd.

日本語版によせて

Sorrentino, R. M. & Roney, C. J. R.

　わたしたちは，本書『未知なるものに揺れる心：不確定志向性理論からみた個人差』の日本語版によせて，序文を書けることに，原著者としてこのうえなく名誉と喜びを感じている。わたしたちの理論と研究は，友人であり研究仲間である安永悟先生と大坪靖直先生，甲原定房先生に高く評価され，嬉しいことに日本語に翻訳する時間と労力をかけるのに値するものだと判断していただいた。安永先生と大坪先生はそれぞれ別の時期に，サバティカルを利用して，西オンタリオ大学のわたしたちの研究室に滞在された。2人の滞在は稔り豊かで貴重なものであり，カナダと日本という異なる文化における社会的行動の共通点と相違点の深い理解につながった。それ以来，わたしたちは共同して比較文化研究をおこなっており，その研究成果が実を結びつつある。日本で本書の出版準備が進んでいるちょうどこの時期，わたしたちも日本の友人たちとの共同研究の成果として発表する論文や本の原稿を形にすることができ，そのいくつかはすでに投稿され，印刷中のものもある。

　わたしたちの理論と，この15年間にわたる理論の検証を試みた研究が，日本の一般読者の皆さまにお伝えできるということは，わたしたちの大きな喜びである。不確定志向性理論は，東洋と西洋のそれぞれの文化内における重要な個人差や生態学的な差異，さらには東洋と西洋との文化間に見られるそれらの差異を区別するのに役立つと，わたしたちは信じている。これらの差異は人々がいかに考え行為するのかといった自己制御と関連している。本書を通して読者の皆さんが理解されるように，不確定志向性理論は，動機づけ，認知，グループ・ダイナミックス，対人関係，集団関係，健康心理学を研究領域に含んでいる。またさいわいなことに，本理論の比較文化的意味を認めてくれた日本の友人たちとともに，日本と北米（カナダとアメリカ）でデータを収集し，比較検討することができた。

　不確定志向性理論では，人々が不確定性を処理する方法として2つの主要な

方法を区別している。ある人々は不確定性と直接対峙し，その解決を試みうる環境を作りだすことで不確定性を処理する。また，ある人々は不確定性がおおむね問題とならない世界を構築することで不確定性を処理する。最初のタイプを，わたしたちは不確定志向（uncertainty oriented persons；UO）とよんでいる。このタイプは不確定性を解決しようと試みるが，特に個人的に重要であるとか，自分について多くを知ることができるといった，自己との関連性が高い場面での不確定性の解決に強く動機づけられる。実際，自己と関係していない場面に直面すると，一般的にUOの人々はその場面に興味を示さない。2番目のタイプをわたしたちは確定志向（certainty oriented persons；CO）とよんでいる。このタイプは不確定性を解決しようとしないし，一般的にいって自己評価をおこなおうとしない。自分自身で不確定性を理解しようとする代わりに，むしろ何が正しくて何がまちがっているかを指示してくれる重要な他者や集団をあてにする。UOは自己志向的であり，自分自身で不確定性を解決しようと試みる一方，COは集団志向的であり，不確定性を含まない場面を好むという事実から，少なくとも生態学的な水準（ここでは国や文化の水準）で，カナダやアメリカといった西洋の国々は不確定志向が強く，日本や中国といった東洋の国々は確定志向が強い傾向にあるのではないか，という予測が導きだされる。

　これまでに実施してきた比較文化研究によれば，わたしたちの予測は支持される傾向にある（Shuper, Sorrentino, Ohtsubo, Hodson, & Walker, under review；Sorrentino, Nezlek, Yasunaga, Kouhara, Ohtsubo, & Shuper, in preparation；Sorrentino, Ohtsubo, Yasunaga, Nezlek, Kouhara, & Shuper, in press）。実際，わたしたちは日本とカナダの大学生を対象としてUOとCOの差異を見いだしたのみならず，それぞれの学生が暮らす国と学生の不確定志向性によって，両国におけるUOとCOの行動に驚くほどの差異を見いだした。なかでも最も興味あることは，それぞれの文化のもつ生態学的な不確定志向性と個人の不確定志向性が一致していない学生，つまり，カナダの確定志向の学生と日本の不確定志向の学生は将来の職場での不安を予期し，自由度を低く見積もる傾向にある。また，日常生活での出来事に対処する際，彼らは積極的ではなく受動的な情動を一般的に経験する。一方，文化のもつ生態学的な不確定

志向性と個人の不確定志向性が一致している学生，つまりカナダの不確定志向の学生と日本の確定志向の学生は将来の職場での不安を予期せず，自由な感情を抱く傾向にある。また，日常生活での出来事に対処する際，彼らは受動的ではなく積極的な情動を一般的に経験する。この結果はわたしたちにとって興味深いばかりでなく，とても重要である。なぜなら，この結果はわたしたちの不確定志向性に関する形式理論（本書の第 7 章と，Sorrentino, Smithson, Hodson, Roney, & Walker, in press を見よ）にみごとにあてはまっているからである。この理論はもともと達成行動におよぼす情報的な影響と感情的な影響を理解するために展開されたものであるが，現在では，さまざまな社会的行動を説明できるまでに展開され，社会的行動は，個人の不確定志向性，その行動に関連した個人の動機，および，その行動がおこなわれる場面の不確定性または確定性によって影響されると考えられている。一般的にいえば，社会の不確定志向性と個人の不確定志向性が一致した人々のみが積極的にポジティブな，そしてネガティブな経験をし，それが一致していない人々は受動的にポジティブな，そしてネガティブな経験をする，ということになる。

　現代社会が変化に満ちた不確定な世界であることは広く一般に認められていると思われるが，わたしたちは本書において，この変化の激しい不確定な世界において人々がいかにふるまうのかを理解するために，この不確定志向性がどのように役立つのかについても考察している。わたしたちが最初に本書を執筆したときには考えていなかった問題であるが，それぞれの文化のなかにおける個人と社会の不確定志向性の一致に関する問題に対して，最近の知見はいくつもの新しいエキサイティングな洞察を提供している。わたしたちが提案するように，現在の世界が過去よりも一様により多くの不確定性に満ちているとすれば，おしなべて確定志向の人々は自由を制限された感覚や不安の感覚を強くもつと考えられる。北米の国々に見られる多様な文化をあわせもつという歴史的背景をもたない日本のような国にとって，この問題はいっそう大きいと思われる。この世の中に対する見方の 2 つのタイプを理解しようとする試みが，わたしたちが現在直面している，あるいは将来迫り来る諸問題の理解と解決とに役立つことを希望している。また，2 つのタイプを理解することによって，今まさに起こりつつある変化にどのように対処していくのかを決める際，不確定志

向の人々と確定志向の人々が引き起こしかねない葛藤を最小限におさえられればと希望している。ある人々がいつ変化を受け入れ，他の人々がいつ変化を避けようとするのかに答えることは難しいけれども，この葛藤の基底にあると考えられる心理学的な問題のいくつかを理解することは，すべての人々にとって有益な解決を求めようとするとき，役に立つと思われる。

　わたしたちは日本における本書の出版によって，カナダと同様，日本においても多くの研究と議論が活性化することを期待している。両文化の人々がこれらの問題について考えることによって，いままでになかった新しい多くの洞察が生まれるものと確信しているし，その将来性はとてもエキサイティングなものとなるであろう。

　本書の出版にお力添えいただいた日本の友人たちにあらためてお礼申し上げたい。また，出版を引き受けていただいた北大路書房の皆さまに心からお礼申し上げる。

R. M. Sorrentino 博士

C. J. R. Roney 博士

References

Shuper, P., Sorrentino, R. M., Ohtsubo, Y., Hodson, G., & Walker, A. M. (under review). Cross-cultural differences in individualism-collectivism, uncertainty avoidance and unrealistic optimism: The role of uncertainty orientation as moderator.

Sorrentino, R. M., Nezlek, J., Yasunaga, S., Kouhara, S., Ohtsubo, Y., & Shuper, P. (in preparation). The influence of individual and ecological differences in uncertainty orientation in Canada and Japan on everyday life events: A diary study.

Sorrentino, R. M., Ohtsubo, Y., Yasunaga, S., Nezlek, J., Kouhara, S., & Shuper, P. (in press). Culture and social behavior: The role of individual differences in uncertainty orientation within and across cultures. In R. M. Sorrentino, D. Cohen, M. Zanna, & J. M. Olson (Eds.), *Culture and Social Behavior: The 10th Ontario Symposium*. New York: Lawrence Erlbaum and Associates.

Sorrentino, R. M., Smithson, M. L., Hodson, G., Roney, C. J. R., & Walker, A. M. (in press). A Theory of uncertainty orientation : A Mathematical Reformulation. *Journal of Mathematical Psychology*.

まえがき
◎

　不確定性，それは人々にとってどんな意味をもつであろうか。日常の生活や活動のなかで，結果に確信がもてない新しい場面に直面したとき，人はどんな気持ちになるであろうか。不確定性がもたらす刺激的な可能性に胸をはずませるであろうか。知らないものに出会ったとき，自分を取り巻く世界や自分自身について，何か新しいことを学べるという可能性に元気づけられるであろうか。あるいは反対に，不確定性に期待できるものは本来いやなことであるとしか思えないかもしれない。そのために，人は結果を予測できる場面やよく知った場面で味わえる相対的な気楽さを一般的に好むのであろうか。

　人は不確定な場面に惹かれるという意見と，確定的な場面が人の気持ちに訴えるという意見があるが，それぞれの意見を支持する人間行動の例はたくさんある。人類の歴史は，そのほとんどが未知なるものへの接近物語といってかまわない。遠く離れた土地の探検，はるか宇宙の彼方の探索，新しいことを理解する努力，といった物語がその例である。一方で，日常のルーティン化された行為や慣習的な行為は，人々の生活にとって重要な側面であると考えられる。つまり，人は本質的に不確定性を追求する者（uncertainty seekers）であるとも，不確定性を回避する者（uncertainty avoiders）であるともいえる。

　不確定性と確定性のどちらを，人がより強く志向するかという問題は，性格特性におけるとても重要な個人差である，というのが本書の基本的な主張である。どんな場面も，不確定性もしくは確定性によって表現できるので，事実上，この性格特性は日常生活のほぼすべての場面において，人の判断や行動に影響していると，わたしたちは考えている。たぶん，不確定性に対する個人の志向性の問題は広い領域に関わっているので，この志向性がある特定領域の行動におよぼす影響は見過ごされ，むしろ，その領域に固有な態度，価値，動機に，より多くの関心が向けられてきたように思われる。例えば，達成行動に関心がある場合，研究の対象は達成についての感情，つまり，その領域に特殊な動機に絞られてきた。感情や動機は重要であるが，達成行動の問題はそれ以上に複雑であることを以下の章で明らかにする。わたしたちは感情や動機に加え，達

成場面を特徴づけている不確定性や確定性の程度と，それらを取り扱う個人の習慣的な方法も考慮すべきであると主張する。

　本書の主な目的は，不確定性に対して人が示す接近・回避傾向の個人差を考慮することの重要性を例証することにある。読者の皆さんが理解されるように，2つの意味でこの性格特性は大切である。1つは，自分を取り巻く世界や自分自身について人がいかに考えるか，ということに関係している。これは，人がどのように情報を探し求め，得た情報をいかに統合するか，という問題と関連する。ここでもまた，いかなる情報も不確定性や確定性の原因となりうるので，この問題も特定の領域に限定されない。2つめに，異なる場面で人はいかに行為するかという問題と関係する。前に述べたように，日常生活のあらゆる場面において，人は相対的に不確定な場面か確定的な場面のいずれかにいることに気づく。わたしたちは本書で，このような場面における行動は，場面に含まれる不確定性や確定性に対する個人の志向性と，その場面に特殊な動機（例えば，達成関連動機や親和関連動機）に対する個人の対処法によって決定されると主張する。

　本書にはいくつかの目的が含まれている。1つは不確定志向性に関する15年以上にわたる研究を概観することである。多くの研究を1冊にまとめて示すことで，広範囲におよぶ不確定志向性の意味を明示できると期待している。不確定志向性が重要な変数であることを示すという明確な目的に加え，本書にはさらに大きな目標がある。まず，不確定志向性の研究によって人間行動を理解する際，認知の影響または動機づけの影響のみを強調するアプローチと決別する必要性を示したいと思っている。多くの不確定志向性の研究は，認知と動機づけが相互に影響しながら作用していることを明示しており，認知と動機づけを相反するものとした従来の研究はまちがっていたと考えている。この相互作用的なアプローチは，動機づけのみ，もしくは認知のみを強調してきた従来のアプローチがそうであったように，単純でも簡単でもない。しかし本書を通して，多くの人間行動を，より完全に，そしてより正確に理解するために，この複雑さを受け入れることの必要性を多くの人々に確信してもらいたい，という希望がある。

　本書の最後の目的は，不確定志向性のより広い社会的・文化的意味を考える

ことにある。これまでの不確定志向性に関する研究は，主に身近な心理レベルの問題を検討対象としてきた。不確定志向や確定志向の発達に関する疑問から，身近な社会的環境（例えば，家族）やより広い文化的環境が，この重要な特性の形成にどのように関与しているか，という検討が始められた（この点については最終章で検討する）。この不確定志向性という特性によって，より広い文化的問題に対する人々の反応が決定されるかもしれない。そこで，わたしたちはこの文化的レベルの問題から本書を書き起こし，現在の社会で起きている大規模な変化に，人々がいかに対応しているのかを考えることにする。一般的に，不確定志向性に関する過去の研究は，社会や文化のレベルの問題に焦点を当ててきたとはいえない。しかし，わたしたちはあえてこの問題に焦点を当てることにした。なぜなら，これまでの研究によって不確定志向性がこの問題を取り扱うのに適しており，不確定志向性の観点から個人と社会の相互関係に関する重要な観点が提起されている，と考えているからである。心理学者は，多くの場合，広範囲にわたる社会レベルの問題を見過ごしがちなので，試みとして，これらの問題点のいくつかを本書に含めることにした。

　以下の各章で，現代の社会心理学において基本的で重要な，自己・認知・動機づけの3つの領域に，わたしたちの研究がいかに適用されるかを示す。次に，対人関係や集団関係，さらには健康といった，より広い領域に対するわたしたちの理論の適用について述べる。そして最後の章で，わたしたちの知見を1つの形式的な理論にまとめる試みを紹介する。

　不確定志向性の研究によって，心理学の多くの領域を越えて意味をもつ，いくつかの重要な発見がなされたことを読者の皆さんに理解してもらいたい。また，それらの発見によって多くの新しい問題，したがって，まだ答えられていない問題が提出されていることも明らかになるはずである。本書でわたしたちが最も望むことは，読者の皆さんにこれらの問題を考えていただきたい，ということである。

謝　辞
◎

　わたしたち2人が本書の執筆にあたったが，実際には，本書の内容に深く関与した多くの人々がいる。本書に掲載した研究に直接的に，または間接的に関わってきた多くの同僚や学生たちとして，Ramona Bobocel, Melissa Brouwers, Greg Czichrak, Marsha Davidson, Maria Gitta, Steve Hanna, Erin Hewitt, Tory Higgins, Gordon Hodson, Guenter Huber, Gillian King, Arie Kruglanski, Patricia Raso-Knott, James Olson, Joel Raynor, Paul Shuper, Yaacov Trope, Marie Walker, そしてわたし（R. M. S.）の妻，さらには不確定志向性の共同発見者である Judy Short がいる。あなたがたとともに経験した感動，苦労，そして喜びに対して，あなたたち1人ひとりに感謝申し上げる。また，本書に掲載したほとんどの研究に助成金を醸出していただいた Social Sciences and Humanities Research Council of Canada にも感謝申し上げる。

目次

日本語版によせて ……… i
まえがき ……… vi
謝辞 ……… ix

第1章　不確定志向性理論 ……… 1
1　不確定性と社会 ……… 1
2　不確定志向と確定志向 ……… 5
　1．不確定志向の人　5
　2．確定志向の人　6
3　不確定志向性の測定 ……… 8
4　不確定志向性理論の展開 ……… 12
　1．新しい情報の利益を強調する理論　12
　2．情報による損失を強調する理論　16
　3．情報による利益と損失の統合　18
5　不確定志向性における個人差 ……… 20
　1．不確定志向性と情報処理　22
　2．不確定志向性と行為　25
　3．領域特殊性　27

第2章　不確定志向性と自己アイデンティティ ……… 31
1　自分自身を知ること ……… 33
　1．自己査定　33
　2．自己確証　35
2　自己査定理論と自己確証理論は矛盾するのか ……… 36
3　不確定志向性と自己知識 ……… 40
4　自己の安定性 ……… 45
5　不確定志向性と望ましい自己 ……… 48
6　不確定な時代における自己 ……… 54

第3章　思考における不確定志向性 ……59
1　不確定性についての思考 ……59
2　認知構造の堅さ ……63
3　考える動機：精緻化見込みと動機をもつ戦術家 ……66
4　不確定志向性と認知的動機づけ ……69
5　不確定志向性と認知動機 ……76
6　不確定志向性と認知能力 ……79
7　不確定な時代に対する示唆 ……82

第4章　行為における不確定志向性 ……85
1　達成関連動機，関与，遂行 ……85
2　行動の予測：不確定志向性，達成関連動機，課題属性 ……90
3　達成の文脈における感情と情報 ……93
4　不確定志向性，自己，遂行 ……96
5　不確定志向性と遂行：動機づけか知能か ……102
6　不確定な世界における遂行 ……103

第5章　対人間・集団間関係における不確定志向性 ……105
1　対人行動 ……106
　1．不確定志向性と親密な関係　106
　2．信頼と愛着スタイル　109
　3．不確定志向性と協同学習　115
　4．集団思考　121
　5．集団間関係における不確定性　126
2　対人関係と集団に関する研究：今後の展望 ……133
　1．自己についての評価　133
　2．他者についての評価　138
3　要約 ……140

第6章　健康と不確定志向性 ……………………………………………143
1　不確定性と保健行動 ……………………………………………143
2　不確定志向性と対処の抑制
　　―直面モデル：トラウマ開示に対する反応の違い ……………149
3　統制動機づけと不確定性：中程度の抑うつ傾向にある人と
　　抑うつでない人による情報の処理または回避 …………………157
4　不確定な時代における精神的健康 ………………………………169

第7章　不確定志向性理論，回想と展望 ……………………………171
1　不確定志向性の起源 ……………………………………………171
2　不確定志向性の発達経路 ………………………………………172
3　不確定な時代は不確定志向性を変えるか ………………………177
4　不確定志向性研究における現在の問題と将来の問題 …………179
5　動機づけと認知の一般理論をめざして …………………………180
6　結びのことば ……………………………………………………185
付録　動機づけと認知の数理モデル：
　　　場面の不確定性と交互作用する不確定志向性と感情 ………186
　　1．情報処理モデル　　187
　　2．遂行モデル　　188
　　3．動機づけと認知の統合モデル　　189

引用文献 ……………………191
人名索引 ……………………205
事項索引 ……………………207
訳者あとがき ………………210

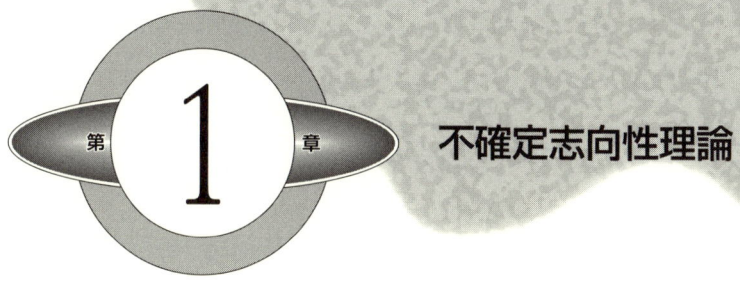

第1章 不確定志向性理論

確定的なものを追い求めても理解は深まらない。不確定なものこそ，人が自らの力を発揮する最良の条件である。──エイリッヒ・フロム（Erich Fromm）

おもしろい時代に生きるがよい。──古代東洋のことわざ

1　不確定性と社会

20世紀は不確定性の法則に彩られてきた。そこには2つの意味が含まれている。1つは1927年の基本的な通約不可能性に言及したハイゼンベルグ（Heisenberg）による独創的な意味であり，もう1つは1905年のアインシュタイン（Einstein）の奇跡と1914年のオーストリア大公暗殺以来の，現代人の生活一般の特徴を表わす広い意味である。相対性とともに，不確定性はある種カリスマ的概念であり，この観点から型にはまった概念や資料を再度吟味しようする者を興奮させる。（Fiddle, 1980, p. 3）

　不確定性（uncertainty）が20世紀の主な特徴であるという見解は，不確定性に関する多数の書籍や論文によって支持されている。国会図書館によれば，不確定性ということばがタイトルの一部に含まれる1968年から1997年にかけて出版された書籍は725点である。このなかには不確定性モデリング，カオスにおける不確定性の処理，自己組織化と複雑系，母親の不安定さ，経済，ダイナミック・タイミング，交渉，貿易の改革，リーダーシップ，リスク・マネジメントとリスク・テイキング，環境政策，医療選択，学際的な構想，新しいパラダイムの出現，政治学と科学政策，情報とコミュニケーションに関する書籍が含まれる。データベース PsycLit 2 によれば，心理学の領域で「不確定性」

がキーワードとなっている1987年から1999年（7月）までに出版された書籍，章，雑誌論文は3,278点にのぼる。

　この不確定性への関心が21世紀も続くことは容易に想像できる。広範な規模でのグローバリゼイションへの圧力は，人々に自分の集団アイデンティティの再吟味を迫っている。以前，人々は人種や国籍に基づいたアイデンティティをもっていたが，いまでは，そのアイデンティティをさらに拡大させる圧力が存在する（たぶん，ヨーロッパ共同体の誕生が最もよい例であり，他のさまざまな貿易ブロックでも起きている）。不確定性の雰囲気をもたらす，その他の重大な国際的変化も生じている。ベルリンの壁の崩壊，ソ連とユーゴスラビアの解体，香港の中国返還とそれに伴う太平洋周辺諸国から北米への移民の急増，イスラエルとアラブ周辺国との関係などがその例である。これらの不確定性に直面して，少なくとも一部の人々のなかに，新しい考え方を否定する，かなり強い傾向があることに注目することは興味深い。ヨーロッパにおける明白な民族主義の表面的な増加，和平プロセスに反対する極端な反応（イスラエルのリーダーの暗殺を含む），以前の東欧圏における民族戦争，それにロシアにおける共産主義に対する新たな支持もすべて，多くの人々が不確定性を扱う際に感じる困難さを反映しているのかもしれない。

　西洋社会において，少なくとも北米においてまちがいなく，より原理主義的で権威主義的な構造への回帰といった「右への揺れ」が近年認められている。この回帰は，グローバリゼイション，産業の縮小化や再構造化，国債への関心，税負担の増加の口実とされる移民の動向，健康や教育への限られた財源など，いくつかの可能性をあげられるが，これらによって引き起こされた不確定性をコントロールしたいという人々の願いの現われであると思われる。いわゆるすばらしき50年代の多くの人々とは対照的に，現在の北米の人々はもはや安全で安定した将来を確信してはいないように思える。多くの人々の両親や祖父母は，同じ会社で望むだけ長く働け，希望する学校に子どもを通わせ（または，少なくとも，わずかな費用ですばらしい教育を子どもたちにうけさせることができた），家をもち，定年後の生活を賢明にしっかりと計画できると期待できていた。そんな時代は過ぎ去り，それとともに「当然おこなうべきことをおこなった」人々は幸せで安定した将来が約束されているという確かな見込みもな

くなってしまった。

　この右への揺れは，（家族の価値のような）重要な価値とみなされるものを取り戻し，統制的な予算を組み，新規の移民や非合法な移民へのサービスをカットし，減税をおこない，雇用を促進するという政府やさまざまな政党による公約に表われているように思われる。偶然の一致ではないが，多くの場合，彼らは比較的先が読め，安定した「古き良き時代」を陰に陽に引き合いに出す。カナダのオンタリオ州で，ある州知事は，彼のいう「常識革命」を叫んで当選した。アメリカでは単純に割り切りすぎた「アメリカとの契約」というスローガンのもと，過去40年から50年の間で初めて上・下両院で共和党が勝利を収めた。カルフォルニアでは移民に反対する厳しい法律が成立した。北米では（ヨーロッパの一部と同様），「スキンヘッド」がネオ・ファシストとして，また移民に対する危険な勢力として台頭している。反政府主義勢力や人種差別グループが人気を博し，複雑な問題に対する簡単な解決を望む人々による支援が増大しているようにも思える。

　これらさまざまな現在の重要な問題を考えるとき，この時代は，多くの人々が直面している不確定性が相対的に大きく，その程度は，たぶん近代においては唯一，産業革命の時代だけが匹敵すると考えられる。産業革命の時代は多くの人々にとって仕事の意味が変化し，小さな地域社会が徐々に大都市にとってかわられた。他の例はもっと国や地域に限定されるかもしれない。例えば，第一次世界大戦後のドイツを特徴づけ，少なくともナチズムへいたる道筋をつけた1つの要因であったと思われるものが経済的な不確定性であった。

　スミス（Smith, 1995）は，これらの問題が大多数の人々にとっても問題であると述べ，ポストモダン的で反科学的な見解が中産階級の考え方から生まれたとみなした（p.406）。ここにも同様に，広く行きわたった不確定性への関心が読みとれる。彼は次のように述べている。

> 中産階級の一知識人として，ほとんどの社会評論家と同じく，わたしは，わたしたちのモラルを脅かす，わたしたち中産階級者自身の生活世界における以下の特徴に強い警戒心をもっている。つまり，政治のみならず，ほとんどの社会的制度に広まったシニシズム，マスメディアの浅薄さ，現在の高級な芸術や文学におけ

る無秩序な創作活動，性と暴力に向けられた興味本位の避けがたい雰囲気，一方における原理主義と絶対主義との，また他方における原理主義と虚無的な相対主義との修復不可能な衝突，知識や芸術やモラルに関するものであれ，すべての基準の不確定さ，もしくはそれらの基準の完全な否定，そして，悲惨な運命と成り行き任せの世紀末的感覚，といった特徴である。これは現在のわたしたちの苦境を「ポストモダン」というラベルで表現しようとするときに，欧米のエリート層が経験することである。(Smith, 1995 p.406)

　ますます人気を博しているポストモダンの，絶対的なものに反対するアプローチは，科学的方法論それ自体の「確定性」にさえ疑念を提起している。このように，不確定性は学問の壁を乗り越えた概念であり，科学的な関心事の核心に位置する概念である。きわめて多面的なこれらの問題を，場面の不確定性とそれに対する人々の反応によって最もうまく理解できるという提案は，広く行きわたった不確定性を説明するには簡単すぎる試みであるように思われる。事実，不確定性に対する人々の反応は，これらすべての問題を完全に説明できるものではないが，広く行きわたった不確定性を説明する際，人々の反応は実際に驚くほど重要な役割をはたしているようである。以下の各章において，人の行為を正しく判断する際，不確定性を考慮することの重要性を示す証拠をあげ，不確定性を取り扱う方法の個人差を検討することの重要性に着目する。

　人々が不確定性を取り扱う方法は不確定志向性とよばれており，1つの連続体をなすと思われる。一方の極には不確定性をやりがいのある課題とみなす人々がいる。これらの人々は「不確定志向(uncertainty oriented persons ; UO)」とよばれている。なぜなら不確定性に接近して解決することが，彼らにとって世界を考える方法の一部となっているからである。連続体の他方の極には，不確定性を回避すべきものとみなす人々がいる。彼らは「確定志向(certainty oriented persons ; CO)」であり，世界について考える方法として，熟知した予測可能で確かなものに執着する。以下，不確定志向と確定志向について，それぞれの特徴を簡潔に述べる。

2　不確定志向と確定志向

1．不確定志向の人

　図1-1は不確定志向の人（UO）を描いた風刺画である。この漫画では2人の科学者が新しい発見，すなわち宇宙の意味の発見に興奮している。彼らは，数理的に宇宙は無意味（つまり，＝0）であることがわかったにもかかわらず，究極的な不確定性を解決できたことに興奮している。彼らにとって重要なことは，この新発見によって彼ら自身がどのように感じるか（情報の感情価とよばれる）ではなく，彼らがまさに関心をもっていることは，その不確定性を解決したことにある。UOは学べるものがある場面で動機づけを高めるので，この風刺画はUOの本質をとらえている。ある場面が新しい情報を提供する限り，すなわち自分の能力や意見，さらには世界に対する理解にまつわる不確定性を解決できる限り，UOはその場面で懸命に考え，精力的に行為することに動機づけられる。これはUOが新奇な場面や不確定な場面に対してポジティブな志向性をもっていることを意味している。彼らには，これらの場面は自分自身や世界について何か新しいものを学びとれる好機と映っている。

間違いない。宇宙の意味を
数理的に解明できた。
科学の発見，この感動に勝るものはない。
図1-1　不確定志向（UO）の概念図

　精神力学の観点から，UOは口唇期，肛門期，男根期の発達段階を相対的にうまく通過した人，したがって世界に対する基本的な信頼感，自律の感覚，新しい世界への探索心を発達させた人とみなされるかもしれない（Erikson, 1959を見よ）。社会的認知の観点から，UOは不確定性を解決する自己制御スタイルを発展させた人であり，不確定な場面を知り尽くすことによって不確定性を解決しようとする人とみなされるかもしれない。いままでのところ，両方

の観点を支持する確固としたデータは不確定志向性の文献には見あたらないが，いずれの観点からも，UOは自己や環境について学ぶことに志向しているとみなされる。UOは新しい情報が得られる場面に接近する。UOは知ることに動機づけられるタイプなので，合理的であるゲシュタルト心理学者の理解を容易に得られる。理解の過程，特に他者との関係における自己や，自己そのものについての理解過程を扱うものは何でもUOにとって重要である。自己査定や社会的（そして物理的）比較，原因の探索とその帰属，可能自己，自己概念におけるズレの解消，自己との直面，社会的公正と公平はすべて，UOにとって共通の特性をもつ。UOは新しい信念や考えに心を開いているので，人種や肌の色，信条，性，民族的な背景に関わらず，他者に対して寛容であると思われる。

　UOは不確定性に接近する（つまり，新しいものを見つけだし，自己や世界を理解したいと望んでいる）が，感情的な欲求や，達成への願望，回避をもたらす恐怖と無縁な存在ではない。UOは快を感じるために成功を望み，人に愛され求められることを望むであろうし，不快を避けるために社会的な失敗や拒否を回避したいと望むであろう。強さは異なるであろうが，権力，実利，承認，統制，性的満足も，UOにとって欲求であり，不確定性との関連のなかで作用する。あとで検討するように，UOの願望と恐怖はUOにとって最も重要な不確定な場面で最大となる。そのためにUOが同時に成功志向であれば，不確定な場面での成功がこの人を最もポジティブに動機づける。しかし，UOが同時に失敗回避であれば，不確定な場面での失敗がこの人を最もネガティブな方向に動機づける（つまり，不安や恐怖を喚起する）。このことは，他のどんなポジティブな，またはネガティブな動機づけの原因にも同様にあてはまり，UOによる行動の複雑性や多様性を高める。動機は真空のなかでは作用しないし，性格特性もそれ自体では作用しない。

2．確定志向の人

　図1-2は確定志向の人（CO）を描いた風刺画である。この漫画では，刑事が「好奇心で身を誤った（Curiosity killed the cat.）」と述べている。これは北米に見られる独特な言い回しであるが，北部ヨーロッパの「ポットに鼻をく

っつけすぎると火傷する」と似ている。この2つのことわざは，好奇心や詮索好きは良くない，といっている。これは情報の感情価がどんなものであるかが問題ではない。人が見いだす情報に快を感じるにせよ不快を感じるにせよ，その人がまさに関心をもっていることは，「初めての場所をのぞき見すべきではない」ということである。言い換えれば，「不確定性を解決したり取り扱うべきではない」ということである。

この漫画はCOの性格を想像させるけれども，漫画の見出しはCOの本質をとらえている。COにとって，明快さを維持することや確定性こそが重要であり，

見ろよ。ボードの計算式に，難しいメモ，実験道具，……。そうさ，好奇心で身を誤ったのさ。
図1-2　確定志向（CO）の概念図

混乱や曖昧さは無視し，回避すべきものである。だから，自分の能力や意見，さらには世界の理解に関して，ある場面に親しみや確かさを感じる限り，COはその場面において懸命に考え，精力的に行為することに動機づけられる。

精神力学の観点から，COは口唇期，肛門期，男根期の発達段階をとてもうまく通過したとはいえない。結果として，COは世界に対する基本的な不信感，自律感の欠如，熟知した予測可能な世界に固執したいという願望を発達させたといえる。社会的認知の観点から，COは不確定性を回避する自己制御スタイルを発達させたと思われる。このスタイルには，自分の生活において不確定性の回避に役立つ人間行動の基本的なルールや基礎的な法則にのみ注目することが含まれている。いずれの観点からも重要なことは，COは自己や環境についての現在の明快さを維持する方向にあるということである。COは新しい情報を提供しない場面（したがって，潜在的な混乱に脅かされない場面）に接近する。COは精神力学的なタイプの典型であり，性格に関するフロイド派や精神分析的な観点に近く，合理的であるゲシュタルト心理学者によって容易に退けられるタイプである。ここでもまた，それは単なる自己制御スタイルの違いで

ある。理解の過程，特に他者との関係における自己や，自己そのものについての理解過程を扱うことは何でも，COによって無視される。自己査定，社会的（そして物理的）比較，原因の探索とその帰属，可能自己，自己概念におけるズレの解消，自己との直面，社会的公正と公平はすべて，COが関心をもたないものである。COは新しい信念や考えに心を閉ざしているので，人種や肌の色，信条，性，民族的な背景の異なった他者（もしくは異なった信念をもっているように思われる他者）に対して寛容ではないように思われる。

　COは確定性を適切なものとみなす人（自己や世界についてすでに知っていることや理解していることに固執することを望む人）と考えられるが，COは感情的な欲求や達成への願望，回避をもたらす恐怖と無縁な存在ではない。UOと同様，快を感じるために成功を望み，人に愛され求められることを望むであろうし，不快を避けるために社会的拒否や失敗を回避したいと望むであろう。強さは異なるであろうが，権力，実利，承認，統制，性的満足も，COにとって欲求であり，確定性との関連のなかで作用する。COの願望や恐怖は，COにとって最も重要な確定的な場面で最大となる。そのためにCOが同時に成功志向であれば，確定的な場面での成功がこの人を最もポジティブに動機づける。しかし，COが同時に失敗回避であれば，確定的な場面での失敗がこの人を最もネガティブに動機づける。このことは，他のポジティブな，もしくはネガティブな動機づけの原因にも同様にあてはまるし，COによる行動の複雑性や多様性を高める。ここでもまた，動機は真空のなかでは作用しないし，性格特性もそれ自体では作用しない。

　理解の探究において，心理学者は可能な限り価値的な判断を回避すべきである。しかしながら，UOとCOの反応様式のうち，どちらが支配的であるかによって，21世紀の本質が決定されるのは明白であるように思われる。もしCOの反応様式が優勢であれば右への回帰が続くと考えられる。もしUOの反応様式が優勢であれば振り子は中央に振り戻されると期待できる。

3　不確定志向性の測定

　ロキーチ（Rokeach, 1960）の研究を除いて，不確定性の処理に関する従来

のほとんどの理論は，不確定性のポジティブな価値とネガティブな価値の両方ではなく，いずれか一方のみを強調する志向性について検討している。ロキーチの理論は葛藤する2つの動機として両方を明確に述べているが，彼の理論を検証した研究は，「教条主義（dogmatism）」という単一の測度で個人差を検討している（Rokeach, 1960）。この測度は「クローズド・マインド（closed mind）」（本書の用語では確定志向）を表わしている。しかしながら，教条主義尺度の低得点が不確定性への接近志向を必ずしも反映していない。

ロキーチ（1960）は教条主義が低いことと「オープン・マインド（open mind）」を同じとみなした。しかし，教条主義得点は低いが，新しい情報や不確定性の処理にとりわけ動機づけられていない人もいる。クローズド・マインドでないことをオープン・マインドとみなすよりも，両者を異なる2つの次元とみなすほうが十分な理解を得られるであろう。新しい情報のポジティブな価値を強調することは（以前に検討したように）オープン・マインドに通じる。しかしながら，考えられるネガティブな価値（つまり，混乱や曖昧性）にも関心があれば，葛藤する動機をもつ人となり，明らかにオープン・マインドでもクローズド・マインドでもない人が実際にはいる，というのが最終的な結論になるであろう。ロキーチは曖昧さからの回避の有無のみを測定しており，本書で重視している内容の残り半分を考慮していない。

同じモデルのなかで接近傾向と回避傾向を統合するという本研究の主張は，成功への動機と失敗回避の動機を独立したものとみなした達成動機づけに関するアトキンソンの研究（Atkinson, 1964; Atkinson & Feather, 1966; Atkinson & Raynor, 1974）の流れをくむ。同様に，ソレンティノと彼の仲間たち（Sorrentino, Raynor, Zubek, & Short, 1990; Sorrentino & Short, 1986を見よ）は，不確定性を解決したいという個人の願望は，自己や環境についての明快さや予測可能性を維持したいという願望から独立している，と仮定した。それゆえ，先にも述べたように，2つの願望の両方もしくは一方が高いことも，低いこともありうる。したがって，不確定志向性の合成測度では，精度を高めるために1つの測度よりも2つの測度の測定結果を統合する。

この仮定は多くの研究で支持されている（レビューとしてSorrentino, Roney, & Hanna, 1992を見よ）。不確定志向性の合成測度を構成する不確定性

動機（nUncertainty）と権威主義（authoritarianism）は，不確定性を解決しようとする願望と明快さを維持しようする願望をそれぞれ測定している。不確定性動機（不確定性を解決しようとする動機）の測度（Frederick & Sorrentino, 1977；Sorrentino, Roney, & Hanna, 1992）は，人が自己や環境についての不確定性を克服することに関心をもっている程度を測定する。採点システムはアトキンソン（1958）が達成動機や親和動機，権力動機の測定に用いたものと似ている。評定者間の信頼性が.90以上を得ることは可能であり，本書で取りあげたほとんどの研究で標準とした。

　本書の基礎となった不確定志向性の研究は，アトキンソン（1958）が最初に導入し，ソレンティノら（1984）が改作したTATの標準的な査定手続きに従っている。参加者には4つのリード文（例えば，「ある人が，何が起こるのだろうと思いながら座っている」）を与え，各リード文を手がかりに物語を書くように求める。物語を書きやすくするために，各リード文に対して4つの質問（例えば，「何が起こっていますか」）を提示し，各質問に答えながら物語を書くために1分間を与える。あとで物語ごとに不確定性動機の心像が採点され，4つの物語の合計得点として各参加者の不確定性動機が得られる。

　物語の内容が不確定性への接近や解決といった目標に言及しているなら，不確定性を克服したいという動機が表われている心像として得点化する。この心像は，矛盾した出来事や行動や考えを克服し，理解したいという願望か，予想不可能な将来にうまく対処したいという願望や気持ちとして現われる（Sorrentino et al., 1992）。不確定性を克服したいという強い動機をもっていることが何を意味するかを，読者の皆さんに正確に理解してもらうために，もう少し詳しく述べる。つまり，いかなる物語でも相互に矛盾する情報や，すでに存在する考えと対立する情報をテーマとしており，加えて，物語の主人公が直接そのジレンマに立ち向かい，解決しようと試みるときに限り，不確定性を低減しようという動機が表われているとして得点化する。これらの物語は，課題を期待したほどうまくやれなかった学生や，2人の友だちから矛盾する情報を与えられた人，既存のすべての知識を否定する発見をした科学者など，どんな内容であってもよい。それぞれの物語は，その主人公が直面している不確定性を解決しようと行為したときにのみ，不確定志向を表わしている内容として得

点化する。加えて，未知なるものへの接近，例えば新たな発見を追究するという物語は，不確定性を克服しようとする動機を示す証拠として採点する。不確定性の解決に対する関心を示す証拠が述べられているか否かだけでなく，不確定性動機の得点には，特定の物語のなかでテーマや関心事が生き生きと語られていることも反映している。

　不確定志向性の合成得点を構成する 2 番目の要素である権威主義は，チェリーとバーン（Cherry & Byrne, 1977）の権威主義尺度に基づいている。この尺度の得点が高い人は，よく知った確かな場面を志向する傾向が強いので，この尺度を確定性に対する個人の関心を推測するために利用できる（Kirscht & Dillehay, 1967 を見よ）。この尺度は 21 項目の質問紙からなっており，（− 3 から＋ 3 までの）6 件法で採点される。テスト—再テストによる .90 以上の信頼性が，性別に関係なく見いだされている（Sorrentino, 1977）。権威主義はよく知っているものに対する好みと，知らないものに対する不信感もしくは敵意を反映している。

　この権威主義尺度には外集団に対する敵意のような余分な要素が含まれているように思われるので，確定性への願望を表わす尺度として用いることに疑問が出されるかもしれない。この懸念は確かに理にかなったものではあるが，この尺度を用いる 2 つの理由がある。つまり，(a)確かなものやよく知ったものに対する志向性や知らないものへの恐れこそが，余分な要素としてあげられた他の傾向の原因であり，その背後に存在する。そして，この主張を支持するように，(b)この尺度は広範な研究領域で，多くの文脈における幅広い行動をうまく予測してきた。確定性へのより強い関心を測定するために，尺度全体から「より明確な」項目を選択して新しい尺度をつくろうと試みたが，（関連した行動の予測力から判断して）全項目を使った場合よりも望ましい尺度を構成できなかった。このことは，除外しようとした項目が，実際には不確定志向性の文献で強調される確定性への関心と密接に結びついていることを示している。

　不確定志向性の合成得点は，不確定性動機の標準化した得点から権威主義の標準化した得点を引くことによって個人ごとに算出される。このように不確定志向性得点を一次元上に分布させることに加え，その得点分布を 3 分割し，UO 群，CO 群，中間群とする。多くの動機づけ尺度における中間群の得点を

吟味したソレンティノとショート（Sorrentino & Short, 1977）によれば，中間群に含まれる人々の行動は研究ごとに異なっており，予測できない傾向にあることが示されている。また，不確定志向性理論は，不確定な場面に直面している接近志向の人，もしくは回避志向の人に話題の中心がある。つまり，これらの動機が葛藤状態にある人やどちらの志向性も示さない人（したがって，たぶん他の関心事によって行動していると思われる人）の行動を予測しようとはしていない。これらの理由から，わたしたちの測度上で極端なグループにいる人々を主に取り扱う。したがって，UOは不確定性の解決に向けての動機が高く，権威主義が相対的に低い。一方，COは全く反対であり，不確定性動機が低く，権威主義が高い，ということになる。

4 不確定志向性理論の展開

ソレンティノと彼の仲間たちによる不確定志向性の研究の前にも，そしてその最中にも，人はいかに不確定性を処理するのか，に関連した問題を性格心理学や社会心理学の多くの理論がさまざまな方法で検討してきた。いくつかの理論は，人が不確定性を直視すれば不確定性を一般的にうまく処理できると，明確にまたは暗に述べている。他の理論は不確定性と結びついた損失を強調し，不確定性からの回避を重点的に取り扱っている。あとで述べるように，従来のほとんどの理論家による研究との重要な相違点は，ソレンティノと彼の仲間たちによる研究が同じ理論のなかで両方の志向性を認めている点にある。不確定性に直面すると利益を得ることもあるし，不利益を被ることもある。このどちらの立場が個人の考え方を支配しているかによって人は異なる。けれどもまず，志向性の違いを例証するために，どちらか一方の志向性を一般的原理として強調するいくつかの理論を次に検討する。

1．新しい情報の利益を強調する理論

社会心理学や性格心理学の多くの理論は，自分を取り巻く世界や自分自身について知ることの重要性を強調してきた。これらの理論は，人は新しい情報に価値を見いだし，新しい知識をもたらす情報の獲得に動機づけられた「直観的

な科学者」であるという見解を暗示している。これらの多くの理論には，不確定性（ここでは主に知識の欠如による不確定性）は臆せず立ち向かい解決すべきものである，という前提が陰に陽に存在する。

　そのような理論のなかでも初期の例として，フェスティンガー（Festinger, 1954）の社会的比較理論がある。フェスティンガーによれば，人には自分の能力や意見を評価したいという動機がある。この動機に着目したフェスティンガーは，自分の能力水準や自分の意見の正誤を知るために，人は自分自身を他人とよく比較すると仮定している。多くの場合，客観的な指標がないので，人々は他者との比較のなかで自分自身を知ることに頼らざるをえない。特定の他者との比較を通して自分自身の能力や意見が明確になるほど，人はさらにその人と自分自身を比較しようとする。加えて，フェスティンガーは自分自身ととてもよく似た他者が最もよい比較の情報源になると仮定している。彼の理論は社会的行動に関して数多くの予測をおこなったが，そのすべてが自己について学ぶことはとても価値があるという前提に基づいている。この理論は多くの研究を生みだし（例えば，Suls & Miller, 1977を見よ），その仮定の多くは支持を得ている。社会的比較に関しては第2章でさらに詳しく検討する。

　フェスティンガーの理論は自己査定の動機を前提に成立しているが，主に社会的比較過程を重点的に取り扱っている。社会的比較理論によって生みだされた研究は，いつ自己を他者と比較するか，また誰と比較するかに焦点が当てられる傾向にあった。そこでは自己査定動機が一般的に仮定されてきた。トロープの自己査定理論（例えば，Trope, 1975, 1979, 1980；Trope & Brickman, 1975）はこの仮定に直接注目し，自分自身を知りたいという動機を強調した。トロープは，フェスティンガーと同様，正確な自己査定がもたらす長期間の利益を次のように強調している。

　　自分の能力に関する情報を得ることは不確定性を低減し，自分の最も高い能力を証明する活動を選択する主観的なチャンスをふやす。能力に関する事前情報がない場合，人は自分の能力が平凡であることを証明する活動や，時には自分の能力が低いことを証明する活動にさえ従事するであろう。したがって，学問や職業の領域のように長期間にわたる活動にとって，能力に関する十分な事前情報なしに

> 意思決定をすることは，結果として自己高揚動機が満たされないという慢性的な欲求不満をもたらす。(Trope, 1986, p.373)

　トープによれば，自分自身を知りたいという欲求は動機づけの1つの重要な原因となる。上記の引用にも述べられているように，より長期間の利益のために，短い期間において，この動機は自己高揚（ポジティブな自己観をもちたいという欲求，もしくは自己について快を感じたいという欲求）のような自己に関する他の動機に勝るかもしれない。言い換えれば，新しい情報によってある能力が劣ることが明らかになったとしても，人は長期間の利益のために正確な情報を探し求める。

　自己査定理論の主な仮定は，ある活動によって自己についての知識がふえ，自己についての不確定性が低減すれば，人はその活動をさらにおこなう，というものである。加えて，自己のある側面について「不確定性のレベル」が高まれば（すなわち，人が自己について知らなければ），そして「その場面の診断性」が高まれば（つまり，その場面に関わることによって不確定性が低減されるほど），その活動に対する動機づけは高まる。それで一般的に，人は自己知識を高める活動をおこなうように動機づけられるし，このことは，その人が現在ほとんど自覚していない自己の側面について特にあてはまる。トロープと彼の仲間たちは自己査定理論を検証するために計画した多くの研究をおこない，かなりの支持を得ている。次章においてこの研究をより詳しく取り扱う。

　これらの理論は情報のポジティブな価値や望ましさを強調している。この価値は大きくなったり小さくなったりするであろうが（例えば，不確定性が大きな条件で大きくなる），その範囲はニュートラルからポジティブである。動機づけがネガティブな状態からの回避によって生じるか（この場合の不確定性は知識の欠如によって定義される），望ましい状態（知っていること）への接近によって生じるかにかかわらず，情報の価値はその情報が求められているという意味でポジティブである。例えば，新しい知識を知ることは単純に快を感じられ（これは「好奇心」ということばに含まれているように思える），知識が欠如していると不快になるから，人は情報を求めようとするのかもしれない。好奇心に関するバーラインの見解（Berlyne, 1960）で力説されたように，知識はそれ自体ポジティブなものである。言い換えれば，知識をもつことそれ自

体は全く快な感情である。または，フェスティンガーやトロープが示唆したように，正確な知識のもつ長期間の利益こそが知識を望ましいものとする。いずれにしろ「知ること」はポジティブである。

　最近の1つの観点は，これまで言及してきた観点と一貫して，人を「動機をもつ戦術家（motivated tacticians）」とみなし，その人にとって知識は行為に役立つ（Fiske, 1992を見よ）というものである。このアプローチと他のアプローチとの主な違いは，自己査定（もしくは知識の獲得）が常に重要な問題であるとは仮定しない点にある。この観点によれば，情報探索を含む認知的な活動はいくぶん戦略的であり，人の変化しつつある目標や欲求を反映する。ある場面において，人は情報の検索や統合に，より多くの努力を費やすであろう。特に，生活のある場面において，その情報がとりわけ重要なときにはそうする。言い換えれば，人は情報をすばやく適切に処理するか，かたよった方法で処理する。確かに，この観点は情報探索に影響する動機を区別するけれども，どちらの場合でも，ある特定の目標に役立つ情報のポジティブな側面をまだ強調している。新しい知識は究極的には人の生活における予測と統制のために働き，知識の欠如は問題となる（1つの例は「無効の恐怖（fear of invalidity）」の考えである。Kruglanski, 1989を見よ）。いずれの立場も，人は新しい知識をもたらす情報を望み，探索する。

　動機をもつ戦術家のアプローチと同じく，多くの理論家は新しい知識のポジティブな価値を増加させる場面，すなわち新しい情報の探索と処理を高める場面を強調する。特にある理論家（例えば，Chaiken, 1980；Petty & Cacioppo, 1986；Tetlock, 1983を見よ）は，個人的に意味のある特性や行動，または重要な結果をもたらす特性や行動は，人の認知的努力を高めると主張している。たぶん，このような場面は，人々が自分の行為をコントロールするために役立つ多くの情報を必要とする場面である。これもまた，以下の章において詳しく扱うことにする。現時点においては，これらのアプローチの共通点，つまり情報の利点やポジティブな価値を強調しておき，情報のネガティブな価値を強調する理論を詳しく調べることが重要である。

2．情報による損失を強調する理論

　これまでに述べた理論とは対照的に，いくつかの理論は情報探索のネガティブな側面を強調している。このアプローチは，情報探索への志向性によって被ると考えられる損失（cost）に注目することにより，人間を直観的な科学者とみなす見解の限界を示唆している。情報と結びついた潜在的な損失を強調した初期の理論家の1人がフロイト（Freud, 1923/1962）である。フロイトによれば，ある情報はあまりにも苦痛なので意識的に認めることができない。そこで，その情報について考えなくてもすむように，人は防衛メカニズム（抑圧，抑制，否認など）をもっている。このことは少なくとも，ある情報はネガティブな価値をもつことを明示している。この基本的な立場を踏襲する現代の理論として，自己高揚理論（例えば，Greenwald, Bellezza, & Banaji, 1988；Taylor & Brown, 1988；Tesser, 1986）がある。この理論が示唆していることは，人は自分には望ましい特性があることを知りたいと思っているが，望ましくない特性について知りたいとは思っていない，ということである。これらの理論に従えば，ある情報のポジティブな価値やネガティブな価値は，その情報によって人が快になるか不快になるかに依存して決まる。これらのアプローチは，必ずしも情報がポジティブな価値をもつものではないことを強調するけれども，その焦点は情報それ自体にではなく，むしろ情報の情動的意味にある。この価値（感情価とよばれる）の原因は重要であり，本章の最後で検討する。新しい情報によって，人が自分自身の善し悪しを理解できるかどうかに関わらず，情報は混乱したり，曖昧であったりするのでネガティブなものとして経験される。スワン（Swann, 1990）は新しい情報のネガティブな価値に関する理論を提出している。スワンの提案した「自己確証理論（self-verification theory）」は，人は自己概念を確認する情報を好み，自己概念を否定する情報を好まないと主張する。自己確証理論が重要なのは，明確にネガティブな出来事や自己のネガティブな側面と結びついた情報のみならず，いかなる情報も価値的にネガティブになりうることを示唆した点にある。これは，すでにもっている自分自身の信念と新しい情報が一貫していないときは，いつでも起こりうる。このことに関して，スワン（Swann, W. B.）は次のように述べている。

> 認識論的観点から，安定した自己概念は船の舵のように働き，時には暗い海原と化す日常生活をうまく切り抜けるために必要な能力についての自信を支える。……この理由から，人々の自己概念を確認する出来事は人々の安心感を高めるし，自己概念を確認できない出来事は，自分はやはり自分自身について何も知らないのだ，という恐怖心を生みだす。(Swann, 1990, pp.414-415)

　上述の引用文の後半で述べられていることは，情報が不確定性や混乱といった形で人に損失を強いるということである。スワンと彼の仲間たちによる研究によって，人は自己概念がネガティブなものであっても，自己概念と一貫していない情報を回避するか，もしくは修正しようとすることが証明されている（例えば，Swann & Pelham, 1988 ; Swann, Wenzlaff, Krull, & Pelham, 1992 ; Swann, Wenzlaff, & Tafarodi, 1992）。言い換えれば，ネガティブな価値は情報そのもののなかに起こりうる混乱や不確定性といった形で存在する。自己確証に対する好みを示すものとして引用された理由（人生を通して自分の生き方を導いてくれる）が，フェスティンガーやトロープによって出された正確な情報を必要とする理由ととてもよく似ていることは興味深い（Swann, 1990を見よ）。正確な情報の重要さに関する，より一般的な記述が「認知的不協和理論」（Festinger, 1957）のなかにある。

　フェスティンガー（1957）によれば，「不協和」（認知間の論理的非一貫性）はできれば回避したい嫌悪な状態であり，不協和が起こるとそれを低減するように人は動機づけられる。したがって，この一般的な理論は，両立しない信念をもち続けることや，互いに葛藤する情報や，自分の信念と矛盾する情報にさらされることは不愉快であることを示している。不協和理論から導かれる（そしてスワンの研究と一貫した）1つの特殊な仮説は「選択的接触（selective exposure）」であり，自分の信念と一貫していない情報を回避し，自分の信念を確認する情報に意図的に注目する傾向についての考えである。

　フェスティンガーは自分の理論を支持する多くの研究をおこなった（Festinger, 1957，および本書の第7章を見よ）。また，より最近の「認知的シェマ（cognitive schemas）」に関する研究や理論はいくぶん違った説明を提示しているが，フェスティンガーの理論と一致している。シェマは人を取り巻く

世界や自分自身についての信念や知識に基づき体制化された構造である。一般的にシェマは複雑な世界の意味を理解して体制化する際に役立つので，人はシェマを維持することに関心をもつと主張されてきた（Crocker, Fiske, & Taylor, 1984 を見よ）。これもまた，スワンの自己確証の主張を含む，より一般的な記述である。矛盾する情報に直面した際，人は現在の認知状態を維持することを好むと指摘した研究（Lord, Ross, & Lepper, 1979；Ross, Lepper, & Hubbard, 1975；Vallone, Ross,& Lepper, 1985）は，人が世界を理解するために用いる知識構造の破綻を回避するという欲求が，そこに反映されていると説明している。

　これらの考えは，新しい情報が他の情報や信念と葛藤するとき，その新しい情報は，特に潜在的な曖昧さの点から損失と結びつくことをとても明確に例証している。曖昧さや非一貫性が不快なものであろうと（フェスティンガーが主張するように），確定さが望ましい状態であろうと（スワンのアプローチやシェマに基づくアプローチに従うと思われる），情報は潜在的にネガティブな価値をもちうる。

　他の情報や信念と葛藤するかもしれない情報を回避するという人の好みは存在するに違いない。なぜなら，確定性によって快を感じ，または確定性が望ましい状態であるからであり（スワンが主張したように，人の行為を理解し，コントロールすることが容易になるからである），また，結果として生じる不確定性はそれ自体（フェスティンガーが認知的不協和の理論に関する研究で述べたように）嫌悪なものであるからである。いずれの場合でも，重要な点は，情報の価値はネガティブでありうるし，人はそれを回避したいと望んでいる，ということである。

3．情報による利益と損失の統合

　これまで述べてきた理論は，新しい情報の探索に伴う利益か，または損失のいずれかを強調している。しかしながら，いずれを強調しても生じる問題は，人は一般的に新しい試みの結果がどうなるかをあらかじめ知ることはできない，ということである。新しい情報のポジティブな価値を強調する理論が示唆するように，人はたぶん，自分自身について新しく有益な何かを知ることがで

きる。つまり世界の多くのことを自分のシェマに取り込むことができる。他方，人はすでに知っていることや信じていることと葛藤することも，ちょうど同じように知ることになる。したがって，どちらのアプローチもそれ自体では，人がその場面で何をするのかを予測できない。なぜなら，新しく有益なものを知ることも，全くの混乱に陥ることもありうるからである。そこで本書の前提は，新しい情報に対する人の反応は，知らないものに直面することで得られる利益（新しい知識の点から）と予想される損失（混乱と曖昧さの点から）のどちらを，その人が相対的に重視するかを調べることによってのみ理解できる，ということである。

考えられる2つの志向性を統合し，不確定志向性理論の展開に強く影響したのがロキーチ（Rokeach, 1960）の理論「オープン・マインドとクローズド・マインド」である。ロキーチ（1960）は，不確定性を恐れるようには見えず，不確定性を解決できる人と，新しい信念や一貫しない情報に脅威を感じる人を区別した。前者は，「人は知ることに対する認知的欲求をもつ」とゲシュタルト心理学者が述べるときに彼らが心に描くタイプであり，後者は，「人は現実の脅威となる側面を避けたいという欲求をもつ」と精神分析家が考えるとき彼らが心に描くタイプである。しかし，ロキーチは両方のタイプに正当性を認めていた。

> したがって，すべての信念—不信システムは，葛藤する2つの強力な欲求，すなわち，知ったり理解するために認知的枠組みを求める欲求と，現実の脅威となる側面を避けたいという欲求に，同時に影響されていると仮定されている。知ろうとする認知的な欲求が支配的であり，脅威を回避しようとする欲求がないと，結果としてオープン・システムが生起する。知ろうとする認知的な欲求によって，多くの場合，外的なプレッシャーや非理性的な動機は脇に押しやられ，外部から得た情報はその場面の客観的な要請に沿って識別され，評価され，用いられる。しかし，脅威を回避する欲求が強くなるにつれ，知ろうとする認知的な欲求は弱まり，結果として，よりクローズドな信念システムが生じる。脅威がある場面では，情報と情報源は区別ができなくなり，権威によって割り当てられた報酬と罰に従って恣意的に評価される。(Rokeach, 1960, p.67)

ロキーチ（1960）は，相対的にオープンなシステムをもっている人はオープン・マインドであり，相対的にクローズドなシステムをもっている人はクローズド・マインドであると考えた。オープン・マインドの人はUOと似ており，クローズド・マインドの人はCOと似ている。しかし，不確定志向性理論におよぼしたロキーチの影響には注目すべきであるが，ロキーチの理論とわたしたちの理論との間には重大な差異がある。

　不確定志向性理論の展開にとって最後の決定的に重要な情報源はジェロム・ケーガン（Jerome Kagan）の研究である。ケーガン（1972）は独創的で影響力のある論文「動機と発達」において，他の動機（例えば，達成，親和，権力）があっても，不確定性の低減が最も強い動機であると主張している。彼は不確定性を「認知構造間や，認知構造と経験，認知構造と行動との不一致」と定義している（Kagan, 1972, p.54）。そのような不一致によって人は自己や環境について不確定な状態に置かれ，その不確定性を低減するように動機づけられる。しかしながら，ここでもまたケーガンの考えと不確定志向性理論との間には重大な差異が生じる。

5　不確定志向性における個人差

　先に考察した理論は一般的な原理によって述べられる傾向にあり，すべての人は多かれ少なかれ同じであると仮定している。ここでもまたロキーチは，彼の理論が個人差の理論であるという点において例外である。しかしながら，ロキーチの研究と不確定志向性理論を区別する重大な点は，ロキーチがすべての場面における固定した行動様式を規定する特性や類型を力説する点にある。例えばロキーチ（1960）は，彼の用いたオープン・マインドとクローズド・マインドを測定する尺度（すなわち教条主義）は，伝統的な知能検査つまりIQ検査と相関関係にはないが，真の知能検査の一部であるはずだと信じていた。ロキーチは教条主義が知能の標準的な検査と相関しないという事実は，彼の理論ではなく知能検査の問題であると，彼独特の友好的な表現で次のように主張している。

このことによって知能検査は実際何を測定しているのかという疑問がわく。わたしたちが採用した検査と参加者を用いたところ，知能は，オープンな心性，概念的で知覚的な分析と統合，新しい音楽システムを楽しむ能力とほとんど関係していない。わたしたちは，現在の知能検査で測定される知能とは異なった種類ではあるけれども，まちがいなく知能を扱っていると思っている。明らかに知能検査は，わたしたちがこの研究で記述している種類の認知機能を測定していない。これは矛盾しているように思える。しかし，本研究においても，知能検査が関心をもつとされる，まさにそれと同じ認知過程に関心がある。(Rokeach, 1960, pp. 407-408)

　ロキーチ（1960, p.57）にとって，この特殊な知能は，情報それ自体の価値に基づいて，人が外部からの関連した情報を受け入れ，評価して，行為できる程度によって特徴づけられる。それができるほど，その人はオープン・マインドである。それができないほど，その人はクローズド・マインドである。ここでのキーワードは「できる（can）」である。単にクローズド・マインドの人は，権威ある人を参照することなく，または今ある信念に依存することなく新しい情報を処理できない。不確定志向性はこのアプローチとは決定的に違う立場をとる。不確定志向性は知能と相関関係にあるとは主張しないし，COは情報の価値に基づいて新しい情報を処理できないとは主張しない。

　不確定志向性理論は「いつ（when）」をより重点的に取り扱う。単純にいえば，不確定志向性理論は「いつ」UOがCOよりも賢く見えるか（つまり，遂行がよいか）を特定する。しかし，それはまた「いつ」COがUOよりも賢く見えるかも特定する。さらに，「いつ」を特定するものは，その場面における不確定性の強さと重要度である。不確定志向性理論は，基本的に，個人の不確定志向性と知覚された場面の不確定性との交互作用によって多くの行動が影響されると考える。UOはある種の不確定性の処理を含む場面において最も動機づけられる。COは不確定性がない場面において最も動機づけられる。あとで説明するように，人と，その人がいる場面との「一致（match）」から生じる動機づけは，さまざまな形態を採りうる。大雑把にいえば，ソレンティノと彼の仲間たちは2つの関連したモデルを展開し，検証している。1つは人々の情

報処理の方法と不確定志向性を関連づけており，もう1つは人々の行為の仕方と不確定志向性を関連づけている。

1．不確定志向性と情報処理

図1-3は，個人の不確定志向性と，場面の不確定性もしくは確定性に基づき，UOとCOが情報を処理すると思われる方法を示している。この図はまた，不確定志向性理論が認知（Schneider & Shriffin, 1977 ; Shrifiin & Schneider, 1977）や社会的認知（Chaiken, 1980 ; Fazio, 1986 ; Petty & Cacioppo, 1986）の見解にある程度従うことも示している。この見解は情報処理の「非システマティックな形態（nonsystematic forms）」と，「統制された，またはシステマティックな形態（controlled or systematic forms）」とを区別する。

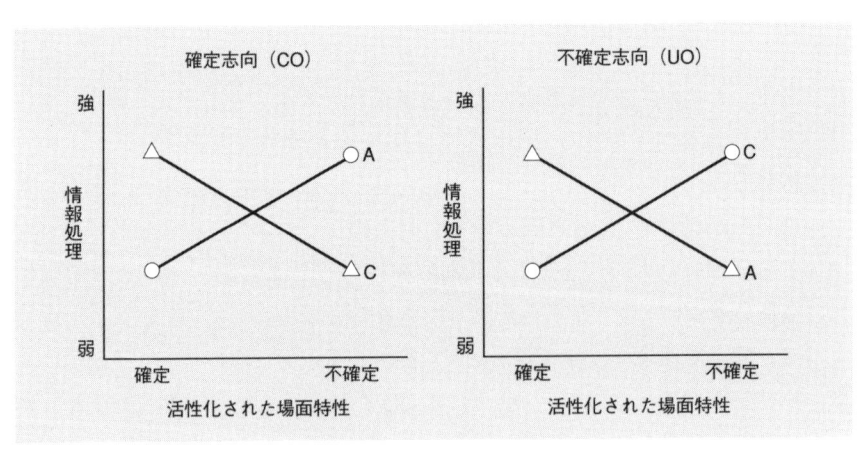

図1-3　不確定志向性（確定志向と不確定志向）×場面特性（確定と不確定）における情報のシステマティックな処理（統制的処理：C）と非システマティックな処理（自動的処理：A）

その見解に従えば，非システマティックな形態は全く非認知的なもの（例えば，条件づけられた反応や習慣）から，いくぶん認知的であるがかたよりのあるもの（例えば，情動的反応），もしくは努力を要しないもの（例えば，情報源の専門性や魅力，単なる議論の数のようなヒューリスティックなものへの依存）のいずれかである。システマティックな情報処理とは一般的に，情報それ自体の注意深く，統制された，かたよりのない処理である。ここでは，人は提

示された議論の強さや質に基づいて意思を決定する。第3章で示すように，情報処理を扱う認知や社会的認知のほとんどの理論家は，一般的に，自分にとって問題が重要であるほど，つまり個人的に関連しているほど，人はシステマティックな情報処理をおこない，非システマティックな処理に頼らなくなると仮定している。「認知的節約家（cognitive misers）」とか「動機をもつ戦術家」（以前に述べた）はそのような傾向を述べるために用いられる。しかしながら，不確定志向性理論は異なった立場をとる。

　ある人に関連することやその人にとって重要なことが不確定性を含み，その解決を求められる限り，その人の不確定性に対する特徴的な志向性が，その人の行動をガイドすると考える。たぶん，その場面と個人との関連が深いものになればなるほど，その人はその場の情報をより深く処理したいと思うであろう（従来のモデルが予測する際の仮定と同じ）。しかしながら，個人に関連する場面は混乱や曖昧さも含む。UOは新しい情報のポジティブな価値を，そしてCOはネガティブな価値を強調すると仮定できるので，個人的な関連性が増すと，UOは不確定なものに接近し，解決しようとする興味がわき，COは確かなものへ接近しようとする（そして，曖昧さを回避したり無視したりする）傾向がふえる。例えば，人が重要な職業決定をしなければならないとき，主に不確定性を解決することで得られる利益に注目し，多くの職業を考えることが最良の決定方法だと思われる。他方，（情報がもたらす潜在的な損失に注目して）混乱で身動きできなくなるという恐怖を感じると，その人はそのような重要な決定をおこなう際，考えるべき多くの職業を詳しく調べることはしないであろう。

　したがって，UOにとって，よく考えられ，統制された情報処理，例えば代案を考え比較することは，その場面における不確定性を増すことになる。この予測は，ふだん人が情報を処理する方法として，ほとんどの理論家が信じていることから外れていない。例として，ファジオ（Fazio, R. H.）による次の記述を見てほしい。

> 非常に重要な行動は注意深い分析を促進するであろう。どの大学に入るか，どんな仕事に就くかなどを決定するとき，人々は明らかに自己に注意を集中する。彼

らは具体的な行動目的を決めるために，自分の態度や関連する規範的な信念を注意深く考える理性的な意思決定者の方法を採用するであろう。ほとんどの日常行動は統制された分析を必要とするほど重要ではないと思われる。そのかわりに，たぶんほとんどの日常行動はかなり自発的であり，非意図的なものである。
(Fazio, 1986, p.238)

　上述のファジオの例はすべて，自己についての不確定性を解決しなければならない。しかしながら，本書でくり返し述べる点は，多くの人々が（たぶん，ほとんどの人々が）COのように行為しているにも関わらず，「ほとんどの理論家が，すべての人々がUOのように行為すると信じている」ということである。思いだしてほしいが，COは不確定性を処理するとき，すでに知っているものやよく知ったものに関心を向けやすい。したがって，COは自己や環境について解決すべき不確定性があるとき，統制的な情報処理をおこなわない。不確定な場面でシステマティックな情報処理をおこなうことは，定義上，不確定性を低減する直接的な試みとなる。さらに前に述べたように，この種の場面は，自分自身が不確かで混乱していることをCOが最も知りたがらない場面でもある。図1-3に示したように，不確定志向性のモデルはUOの行動とは全く反対の行動を正確に予測する。UOの行動は，ほとんどの理論家がすべての人々に対しておこなった予測と類似したものである。COは場面が相対的に不確定ではないとき（したがって，混乱による潜在的損失がより小さいとき），システマティックな情報処理を用い，非システマティックな形態への依存を低減する。場面が不確定なとき，COはシステマティックな情報処理を相対的に軽視し，自動的なもしくはヒューリスティックな形態への依存をふやす。このように，COは最も回避したいと思っている不確定性と直面しなければならない，ということはない。
　これは，行動の理性的な見解を受け入れている人々にとっては定説に逆らうものであり，まちがっているとさえ思われるかもしれない。しかしながら，人が過去の類似した場面でうまく機能したものに頼ることは不合理なことではない，ということは明らかなはずである。習慣は，それらがうまく働いたから生まれる。ヒューリスティックは，それらが以前にうまくいったから使われる。

したがって，どの大学へ入学しようか，どんな仕事が自分に合っているかを考えるとき，スクールカウンセラー（または親）といった専門家に相談することは，本当に非現実的で不合理なことであろうか。

　もし現実的で合理的であるならば，なぜもっと前に指摘されなかったのであろうか。なぜ多くの理論家はうまく予測できたのであろうか。以下の各章で考察するように，(a)ほとんどの理論家や研究者はUOであるように思われるし，(b)ほとんどの研究参加者はUOであるように思われる。理論家や研究者は大学の教授であることが多く，自分と似たような人々，つまり大学生を用いて自分の理論を検証する。したがって，これらの理論は参加者の不確定志向性もあわせて検討しない限り，大学の外ではうまく働くことはないであろう。さらに理論家は，人々の多くはCOのような人である，という事実がもつ意味を考える必要がある。より詳細はあとで述べる。

　そういうわけで「COは多くの心理学者の期待とは異なった行為をおこなう」というのが，不確定志向性の研究に関して本書で示される次のテーマとなる。図1-3は，ほとんどの理論家が予測するようにCOは行動しないということだけではなく，多くの場合，理論家が予測しない方法で，つまりUOとは全く正反対の方法でCOは行動することも示している。UOとCOの両者ともシステマティックな情報処理と非システマティックな情報処理を使える。彼らは，これら2つの処理方法を「いつ」使うのかという点においてのみ異なる。UOは不確定性との関わりがあるとき，情報を探し求め処理することに動機づけられる。そして，COは不確定性との関わりがないとき，情報に接近して処理することに動機づけられる。

2．不確定志向性と行為

　外顕的な活動や遂行は，図1-3で述べた情報処理パラダイムと類似した方法で取り扱われる。図1-4は，自動的処理と統制的処理のかわりに，達成関連動機の種類（訳注：具体的には成功志向と失敗回避）による遂行の違いを描いている。第4章で詳しく検討するように，不確定志向性理論において，不確定志向性と達成関連動機（そして，それ以外の動機）との違いは，不確定志向性が主に自己や環境一般に関する明快さを獲得するか，それとも維持するかに関係してい

る点にある。その際，情報の具体的な内容は問題にならない。そのために不確定志向性はいかなる領域にも限定されない。UOはどんな領域においても，一般的に不確定な場面へ接近し，不確定性を低減する試みのなかで，自分を取り巻いている世界や自己について新しいことを見いだし，一貫していないことを解決すると期待される。COは明快さを維持し，混乱を回避すると期待される。ここでもまた領域に限らず，COはよく知った予測可能な場面に接近し，一貫していない不確定な，そして混乱している場面を避ける。しかしながら重要な点は，いろいろな動機が個人の不確定志向性と交互作用するということである。

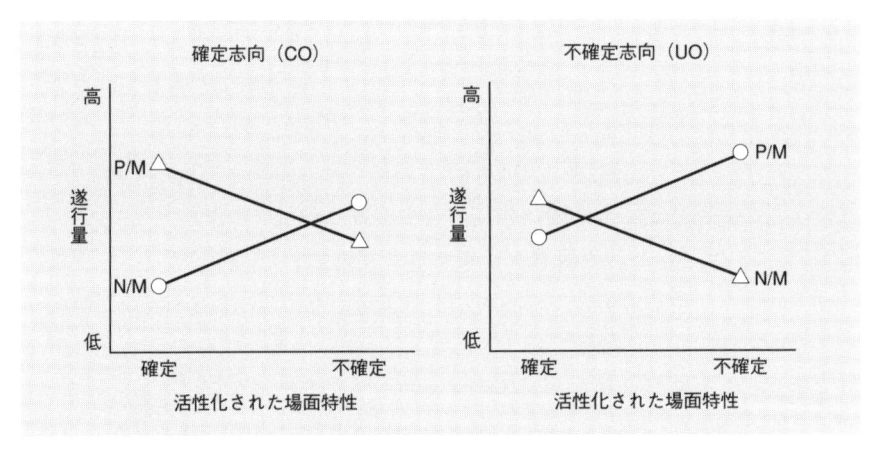

図1-4 不確定志向性（確定志向と不確定志向）×場面特性（確定と不確定）×動機づけ（ポジティブとネガティブ）における遂行量
注意：P/M＝ポジティブな動機づけ，N/M＝ネガティブな動機づけ

　達成関連動機のような多くの動機は，個人特性の感情的要素を反映している。レイナーとマクファーリン（Raynor & McFarlin, 1986）が指摘したように，人は新しいことを見つけ，混乱を避けたいと望んでいるだけではなく（彼らは情報価とよぶ），快を感じ不快を避けたいとも望んでいる（彼らは感情価とよぶ）。達成関連動機に関して，快は達成に伴うプライドから感じられる。不快は失敗に伴う恥から生まれる。成功志向の人は達成に伴うプライドを感じる高い能力をもつ人であり，失敗に対して恐怖を感じない。失敗回避の人は達成に伴うプライドをさほど経験せず，失敗による恥を強く感じる。

これら情報価（つまり，不確定志向性）と感情価（例えば，達成関連動機）が合成され，外顕的な行動が決定される。特に，UOは解決すべき不確定性がある場面において，COは相対的に確定的な場面において動機づけが高まる。個人の動機づけが高まるということは，その個人がより情動的に関与することを意味する（つまり，その人はその場面における結果に強い関心をもつ）。感情的な側面は関与の方向性を決定する。UOにとって，不確定性の低減を含む場面（例えば，新しい能力を見いだす場面）は，もしそのUOが同時に成功に方向づけられており，つまり達成に伴うプライドに価値を認め，失敗を恥ずかしくないと思う人なら，遂行が増加すると期待される。しかしながら，UOが同時に失敗回避であり，つまり失敗を恐れ，達成に伴うプライドをほとんど感じないのであれば，遂行は低下する。これとは全く正反対のことがCOに起こる。COは確定性を含む場面において最も強く動機づけられ，（達成関連動機に依存して）最もよいか，最も悪い遂行を示すと思われる。不確定性の活性化が単純にUOのよりよい遂行を導くのではなく，高い確定性の活性化がCOのよりよい遂行を導くものでもない。むしろ，不確定性や確定性の活性化によって，その人にとっての場面の重要さが決定され，動機によって，接近・回避のいずれの行動が起こるかが決められる（第4章を見よ）。

3．領域特殊性

上述の行為モデルから，本章での最後のテーマである領域特殊性の問題が生じる。ふだんの話のなかで，「わたしはある時はUOで，他の時はCOである」という話を聞く。人の不確定志向性に関する感覚は場面ごとに変化する。例えば，ある人は仕事のときはUOのように感じ，人と会っているときはCOのように感じる。その人は科学的な知識を得ることに伴う不確定性を好むが，多くの見知らぬ人がいる部屋へ入ることに恐怖を感じる。また，他の人はそれとは全く反対の感覚をもつが，ここでもまた，その人も場面ごとに志向性が変化していると感じている。しかしながら，不確定志向性理論の基本的な主張は「不確定志向性は領域に特殊なものではない」ということである。不確定志向性は場面ごとに変化しない。ある人がある場面でUOで，他の場面ではCOである，ということはない。

上で示唆したように，領域特殊性に関する疑問を解く鍵は，不確定志向性が領域に特殊な他の重要な次元と交互作用している，ということである。図1-4が，この基本的な主張をうまく例証しており，個人の不確定志向性と一致した場面（訳注：不確定な場面におけるUO, 確定な場面におけるCO）において，個人の動機づけが最大になると予測している。この予測される交互作用のパターンは第4章でさらに詳しく検討するが，単純な実験課題から大学の最終試験における実際の成績にいたるまで，不確定志向性と達成動機づけとの間に見られる持続的で確かな交互作用のパターンである。それにもかかわらず，このモデルには達成動機のかわりに他の動機や性格特性も同様に組み込むことができる。例えば，達成関連動機や抑うつ傾向（第6章を見よ）を用いたときと同じように，第5章では不確定志向性が愛着スタイルと交互作用することを示している。そこでの愛着スタイルは自分の親密なパートナーに対する信頼感に基づいており，不確定性は交際期間によって決定された。これら2つの現象を考え合わせると領域特殊性の疑問に対する回答が見えてくる。つまり，愛着スタイルと達成関連動機はおそらく互いに相関関係にないので，UOもしくはCOは達成関連動機と愛着スタイルとのいろいろな組み合わせの状態にあると考えられる。これらの組み合わせによって異なる場面において，多くの異なった行動や類似した行動が導かれる。

　最初の例に戻れば，不確定志向性が場面特殊でないなら，どのようにして達成場面でUOと感じた人が社会的場面でCOと感じ，またその逆が起こるのであろうか。表1-1は不確定志向性と達成関連動機と親和関連動機との交互作用，および，それら三者の組み合わせによるさまざまなタイプの人と行動パターンを示している。最後の親和関連動機は，親和に方向づけられた人（親和志向）と拒否を脅威に感じる人（拒否回避）を区別する（Short & Sorrentino, 1986 ; Sorrentino & Field, 1986, 加えてSorrentino & Shepard, 1978を見よ）。親和志向の人は相対的に他者と交わる動機が強く，社会的拒否に対する恐怖が弱い。彼らは親和的関係を形成し，維持し，修復することを楽しむ。拒否回避の人は相対的に親和動機が弱く，社会的拒否に対する恐怖が強い。彼らは他者から拒否されることをとても恐れるので，社会的な場面を避ける傾向にある。

　表1-1が示していることは，もしUOが成功志向で親和志向であるなら，

不確定性（例えば，成功についての不確定性や，親和的な関係を形成し，維持し，修復する際の不確定性）が含まれる達成場面や社会的な場面でポジティブに動機づけられる。もし，場面が相対的に確定的であれば，このポジティブな行動は減少する。しかしながら，もしUOがある場面でポジティブに動機づけられ，他の場面でネガティブに動機づけられるなら，動機づけの原因は確定的な場面と比較して不確定な場面において目立つことになる。したがって，成功志向で拒否回避のUOは不確定な達成場面において最もポジティブに動機づけられるが，不確定な社会的場面において最も抑制される。このタイプの人は達成場面では自分自身をまちがいなくUOといい，親和的な場面においてはCOというであろう。この人は，自分が感じているよりも自分自身が複雑なものであることを認識せず，場面的な決定因と交互作用している多数の性格特性の存在に気づいていない。同様に，達成場面に比べて社会的場面で，より「UO」らしく感じるなら，これも領域を越えた不確定性の差異を反映していると思われる。例えば，ある人にとって仕事はさほど不確定ではないが，結婚はかなり不確定なものであるかもしれない。この場合，対人関係の領域に処理すべき不確定性が存在するので，その人は対人関係の領域で，より「UO」と感じるかもしれない。しかしながらここでもまた，結婚における不確定性は，その人の親和動機づけによって異なった影響を受けていると期待できる。事実，UOで親和志向の人は対人関係における不確定性を好むが，UOで拒否回避の人はそ

表1-1　不確定な場面と確定的な場面における遂行に関する不確定志向性と他の動機との交互作用

不確定志向の人（UO）		
達成関連動機	親和関連動機	行動パターン
成功志向 ＋	親和志向	不確定な達成場面を好み，不確定な親和場面を好む。
成功志向 ＋	拒否回避	不確定な達成場面を好み，不確定な親和場面を恐れる。
失敗回避 ＋	親和志向	不確定な達成場面を恐れ，不確定な親和場面を好む。
失敗回避 ＋	拒否回避	不確定な達成場面を恐れ，不確定な親和場面を恐れる。

確定志向の人（CO）		
達成関連動機	親和関連動機	行動パターン
成功志向 ＋	親和志向	確定的な達成場面を好み，確定的な親和場面を好む。
成功志向 ＋	拒否回避	確定的な達成場面を好み，確定的な親和場面を恐れる。
失敗回避 ＋	親和志向	確定的な達成場面を恐れ，確定的な親和場面を好む。
失敗回避 ＋	拒否回避	確定的な達成場面を恐れ，確定的な親和場面を恐れる。

れを強く嫌うであろう（類似した例として，第5章で示す親密な関係性の研究の考察を見よ）。

　表1-1の組み合わせは，他の興味あるいくつかの領域にもあてはめることができる。例えば，失敗回避で親和志向のCOは確定的な達成場面でひどくいやな時間を過ごすが，確定的な対人関係場面で，とても大きな快を感じるであろう。これは，COであることが，失敗回避であることに影響しており，（予測できない達成場面とは反対に）予測可能な達成場面で最も恐れを感じるからである。他方，その人は反対に予測可能な親密な対人関係において最も大きな快を感じるはずである。

　一見して，これらのすべてを理解することは難しい。しかし，以下の章ではこれらの問題についてかなり詳細に述べ，関連する研究結果を提示している。またそれらの章では，行動は信じられているよりも複雑であるが，予測可能であることも示している。

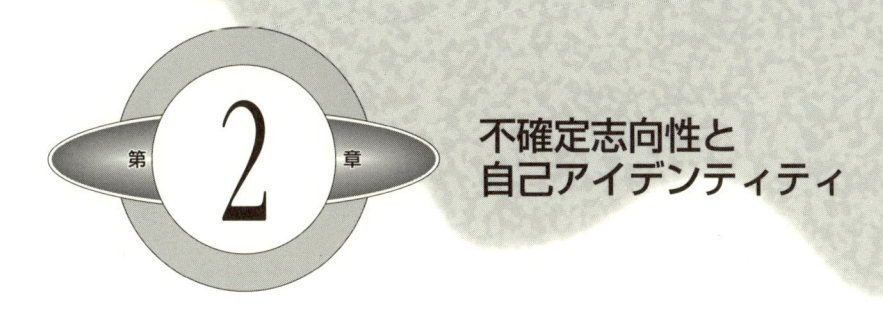

第2章 不確定志向性と自己アイデンティティ

　自己に関するさまざまな問題が現代の心理学で大きな関心を集めている。データベースPsycLitを検索すると，1974年から1989年までに48,049件もの自己に関する研究が検索できるし，1990年から1996年まででは新たに31,751件もの研究が発表されている。「自己概念（self-concept）」という用語に限定しても1974年から1989年までに5,382件，1990年から1996年までに2,851件の研究が見いだせる。多くの理論家は自己を心理学の中核的な次元であると強調している。例えばエリクソン（Erickson, 1968）によれば，アイデンティティの感覚がうまく発達することによって，人は健全な大人に成長する。人間主義にたつ理論家（Humanist theorists），特にカール・ロジャース（例えば，Carl Rogers, 1951）やエイブラハム・マズロー（例えば，Abraham Maslow, 1968）などは，自分自身を知ることや自分を最大限生かすこと（つまり，自分の潜在的な能力を発揮すること）の重要性を強調している。「自己成長（self-growth）」，すなわち自己の理解を深め，自分の価値を高めることが彼らのモデルの中心的な考え方であり，自己成長が心理的な幸福（psychological well being）にとって不可欠であるという発想である。

　社会心理学の多くの理論も自己概念の有用性を強調している。例えばバンデューラ（Bandura, 1977）は自己効力感（自分は何かを成し遂げられるという感覚）に関する著作のなかで，動機づけにとって自己がはたす役割の重要性を強調している。バンデューラによれば，自分に何ができるか（何ができないか）といった個人の感覚は，どのような活動を選択し，どの程度努力するかを決定する重要な要因となる（Bandura, 1977）。さらに，自己の感覚はこの世界における自分の居場所を実感させる有効な手段でもある。人は生活のなかで起こる出来事を関連づけず1つひとつ記憶しているわけではなく，情報を体制化する

枠組み，すなわちシェマを自己の感覚がもたらしている（Markus, 1977）。例えば，数限りない1つひとつのテスト結果を思いだすよりも，「テストではよい成績がとれる」とか「数学は得意だけれど，英語は苦手だ」といった自己観（self-views）を発達させたほうがより効率的である。

　自分の行動に指針を与えたり，自分自身に関する情報をまとめたり，解釈するための自己概念の重要性を強調する理論によれば，自己概念はレイナーとマクファーレン（Raynor & MacFarlin, 1986）がいう「情報価（information value）」を備えている。レイナーらによれば，人はポジティブな情報価（知っている状態）に接近したり，維持すること，およびネガティブな情報価（曖昧な状態や混乱した状態）を回避することに動機づけられている。自己概念によって人は生活をうまくコントロールできるので，自己概念はポジティブな情報価をもたらす。もし何らかの選択で困ったとしても，一貫した自己の感覚があれば，ネガティブな情報価を回避することもできる。

　レイナーとマクファーレン（1986）は，情報価は価値の1つのタイプに過ぎず，「感情価（affective value）」という別の価値があると考えている。「快を感じる（feeling good）」は「ポジティブな感情価」であり，接近し，維持されるべき状態である。一方，「不快を感じる（feeling bad）」は「ネガティブな感情価」とされ，回避すべき状態である。自己概念はこれがポジティブな情動の原因となる限り，ポジティブな感情価をもつ。つまり，このポジティブな感情価は，主に自己概念の内に望ましいと思える多くの能力や属性が含まれているときに生じる。しかし，望ましくない属性が自己概念に含まれていると，自己はネガティブな感情価の原因となる。

　レイナーとマクファーレン（1986）と同様，自分自身を知るプロセスを，何を考慮し，何を無視するのかという観点から見た以下の考察において，彼らの考え方は重要である。加えて，レイナーとマクファーレンは以下の考察との関連で検討されるもう1つの考えも提示している。その考察とは，人が自己概念を発達させるのはポジティブな情報価や感情価が得られるときのみであるのか，それともネガティブな情報価や感情価を回避できるときのみであるのか，というものである。

　本章では，人は自分をどのように知るのかに関する理論を概観したうえで，

不確定志向性の個人差の意味について考察する。これは自己指針（self-guides：わたしたちがそうありたいと望むもの）をUOとCOがどのように使用しているかという考察にまで展開していく。

1 自分自身を知ること

　自己知識（self-knowledge）の理論は一見矛盾しているような2つの過程に焦点を当てている。すなわち，正確な自己知識を得るために自分自身についての新しいことを学ぶ過程と，すでにある自己概念を積極的に維持する過程（つまり，自分自身がすでに信じている自分というものを変えることに抵抗すること）である。このそれぞれの過程を強調する有力な理論を以下で1つずつ検討するが，その両者にとって不確定志向性を考慮することの重要性も加えて考察する。ここで，まず注目すべきことは，自己知識に関するこれらの理論が安定した自己概念をもちたいという人の欲求を基本的な前提として共有しているという点である。したがって，自己知識に関するこれらの理論の相違点は自己知識を獲得する過程の質にあるということになる。

1．自己査定

　自己知識の過程を理解する1つのアプローチとして「自己査定理論（self-assessment theory）」（Trope, 1975, 1979, 1980, 1986；Trope & Ben-Yair, 1982；Trope & Brickman, 1975）がある。この理論は自分自身についての新しい情報を獲得しようとする欲求を強調し，自分の能力を正確に知りたいという欲求の動機づけ特性を強調するものである。この理論によれば，ある課題が能力に関連した情報をもたらすほど（課題の「診断性」が高いほど），人はその課題を遂行したいと思うし，その課題に懸命に取り組もうと動機づけられる。課題の困難さ（課題が中程度に難しいときに能力についての診断力は最大となる）を含め，多くの要因が課題の診断性を決定する。ある課題の診断力が高いと判断されると（そして，この診断性に関する個人の判断こそが最終的に最も重要である），その課題に対する動機づけは高くなる。

　何らかの課題によって明らかになるはずの能力について，まだ自分の力を知

らないのなら，人はその課題を選択して積極的に取り組むだろう。なぜなら情報に対する欲求がその課題で最大になるからである。もし，ある能力について自分の力をすでによく知っているのなら，その能力に関する追加的な事実は新しい情報を得るという観点からはあまり意味をなさない。要するに，自己査定理論は自分自身の能力を正確に知りたいという欲求が人にはある，という前提に立っており，人は，(a) ある能力に関して自分の能力が明確でないとき，そして，(b) その能力のよい指標になると考えられる課題に取り組むとき，最も動機づけが高まると考えられる。

自己査定理論を検証するためにトロープ（例えば，Trope, 1975, 1979, 1980, 1982 ; Trope & Brickman, 1975; Trope & Ben-Yair, 1982）が考案した１つの方法は，その後さまざまな形で用いられている。この方法では実施する課題（テスト）についての情報を実験参加者に前もって与える。その情報には，参加者の能力水準を判断する際のテストの診断力について異なる内容が含まれていた。この手続きでは「過去の研究結果」と称して，その課題（テスト）が参加者の能力をどの程度適切に高群・中群・低群に分類できるかを示す架空の情報を提示する。つまり，高診断力条件の参加者は遂行量に関して能力の異なる３群（高・中・低）間にほとんど重なりがない分布図を提示される。言い換えると，この分布図は，高群のほとんどの参加者は，中群のほとんどの参加者よりも課題における遂行が優れており，同様に中群のほとんどの参加者は低群のほとんどの参加者よりも優れていることを示すものである。これは３つのグループのほぼ重なりのない分類を表わしており，もちろん，高群と低群の間にも重なりがないことを示している。低診断条件では，能力に関する３群が実質的に相互に重なり合っている分布図を用いた点を除いて，高診断条件と同じ実験手続きがとられた。低診断条件で用いた分布図は，高群の参加者が中群の多くの参加者よりも，また低群の何人かの参加者よりも課題の成績が悪いことを示すものである。この点から，このテストでは個人の能力水準を的確に測定できないと思われ，相対的に診断性が低いということになる。この方法は自己の動機づけに関する数多くの問題を検討する際に応用しやすいものであることが知られている。１つの応用例として，自己の快感情についての関心と診断性の関心とを区別する研究を次に検討する。

上記の方法を活用してトロープと彼の仲間たちは診断テストに対する好き嫌いがあること（例えば，Trope, 1979 ; Trope & Brickman, 1975），とりわけ自分の能力について不確定性が高い状態においてそうであること（Trope & Ben-Tair, 1982），また，能力の診断力が高いと思われる課題の成績がよいこと（Trope, 1982）を見いだしている。したがって，自己査定理論とこれを支持する研究は正確な自己知識を得ることの重要性を示唆するものである。このことは，人は自分の行動に指針を与えるために自分自身を知ろうとしているという自己についての機能的見解に一致する。たぶん，最終的には何が得意であるかに加えて何が得意でないかを知ることがきわめて重要となるだろう。

2．自己確証

　自己査定とは対照的に「自己確証理論（self-verification theory）」（Swann, 1990を見よ）は自分自身についてすでにもっている信念を維持することの重要性を強調する。スワン（Swann, 1990）によれば，人は世界に対する予測可能性や制御可能性を維持するために，現在の自己観を確証する（そして，他の可能性に抵抗する）。おもしろいことに，これはトロープの自己査定の考え方の基本にあるもの，すなわち自分の行動に指針を与えてくれる自己概念への欲求といったものに類似している。人は自分を知るために自己査定動機によって情報を探し求める。一方，自分についてすでに正しいと信じている内容を確証する方略の使用が自己確証の動機によって引き起こされるため，自分に対する見方，つまり自己観の変更は相対的に生じないようになる。スワンは，人がもっている自分らしさとは異なる見方に出会ったとき，例えば，自分自身に対してもっている知覚とは全くかけ離れた知覚をもつ人物と出会ったとき，可能であればその人物を避けるか，もしくは自分に対するその人物の見方を積極的に変化させようとする（こうして人は自分の自己知覚を「戦い」の勝者としておく）。つまり，人は自分についての認識を傷つけないようにすることなら何にでも強く動機づけられるのである。スワンはまた，自分のある側面についての確定性が高まるにつれ，この傾向は強まると主張している。したがって，自分のことを「好感のもてる人物だ」と確信しているとすれば，自分自身に関するこの見方を維持することに動機づけられるだろう。

スワンと彼の仲間たちは，自己確証理論を検証するためにさまざまな研究をおこなっている。これらの研究者がしばしば用いたパラダイムでは，実験参加者に相互作用の相手として1人を選ばせ，その人がある属性について参加者の自己概念に同意しているか，同意していないかを伝えるフィードバックを操作した。この種の研究で，人は自分自身が見ているように自分を見てくれる他者を自分の相互作用のパートナーとして選択することが見いだされ，参加者の属性がネガティブなとき（例えば，自分の最悪の欠点）でさえ，この知見が支持されている（Swann, Pelham, & Krull, 1989）。事実，全体的にネガティブな自己概念をもつ人は自分に対して同じネガティブな見方をしている人をパートナーに選びやすく，対照的にポジティブな自己概念をもっている人はポジティブな見方をしてくれる人をパートナーに選ぶ傾向にあった（Swann, Wenzlaff, & Tafarodi, 1992）。相互作用の相手を選ぶ場合に加えて，相手が自分について一致した見解をもつ人の場合と一致しない見解をもつ人の場合では相互作用のあり方が異なるようである。明らかに，通常よりも極端に自分の自己概念が反映した方法で人は行為し（Swann & Hill, 1982），自己概念を確認する情報を相手から積極的に探しだすのである（Swann & Read, 1981）。全体的に見れば，この研究で示されたことは，人は自己知覚が脅かされる社会的場面よりも自己知覚を確認できる社会的場面を探し求め，いったんそのような場面に出くわすと，自分自身についての信念を確証できる方法で行為するということである。

2　自己査定理論と自己確証理論は矛盾するのか

　自己査定理論と自己確証理論は自己に関する動機づけについていくぶん矛盾した見解を示している。自己査定理論では正確な自己知識への願望が強調されているが，自己確証理論では人が信じている自己知識を（それが正しくても誤っていても）維持したいという願望が強調されている。トロープもスワンも自己の感覚が機能的なものであるという点では一致しており，両者ともここを理論展開の出発点としているが，自己の役割に関する考察において力点の置き方が異なっているように思える。
　トロープは，どのような行動をおこなうのかの決定に役立つ，情報のポジテ

ィブな価値を強調する。次の引用にこのことがよく表われている。

> 要するに，自己査定のために目の前にある課題を用いることの価値は，長期間にわたる自己高揚の利益にそれが役立つことに由来する。能力に関する事前の情報は自分の最も高い能力を他者に示せる領域を特定し，遂行それ自体がもつ固有の満足感をもたらし，……さまざまな社会的，物質的目標を達成するために役立つのである。(Trope, 1986, p.373)

　自己の価値についてのスワンの考察は起こりうる混乱や曖昧さを強調しており，自己についての感覚がこの混乱や曖昧さを受け流すことに役立つとして，以下のように示唆している。

> 自己確証の過程は，予測可能性やコントロールに関する自分自身の知覚を最大にしたいという人々の欲求によって動かされると，わたしは信じている。……安定した自己概念は船の舵のように働き，時には暗い海原と化す日常生活をうまく切り抜けるために必要な能力についての自信を支える。……この理由から，人々の自己概念を確認する出来事は人々の安心感を高めるし，自己概念を確認できない出来事は，自分はやはり自分自身について何も知らないのだ，という恐怖心を生みだす。(Swann, 1990, pp.414-415)

　トロープの研究は自己知識をもつことのポジティブな側面を強調しており，もし人が正しい自己信念をもっているのなら，その人にとってポジティブな結果をもたらす行動を最もうまく選択できるという考え方がその中心をなしている。スワンの研究は一貫した自己の感覚をもっていないことによって起こりうるネガティブな結果にいくぶん大きな強調点があり，一貫した自己概念をもてないときに起きると考えられるネガティブな感情を人は避けるという考えがその中心をなしている。これらの理論家たちは自己概念の使用に関しては意見が一致しているが，異なった側面を強調しているように思われる。
　スワン（1990）は，これらの動機に関する明らかな矛盾を解決する１つの方法として自己についての相対的な不確定性と確定性を重要な調整因として仮定

することを示唆した。つまり，トロープはある側面についての確かさが低下するにつれ，自己査定動機が強くなると仮定した。しかし，スワンは問題となっている側面についての確かさが高まるにつれ，自己確証動機は強くなり，ある側面ついて確定性が高まれば，人は自分の信念と矛盾する情報に対してより抵抗すると予測した。そして，この観点から，矛盾しているように思われる動機をどのように共存させられるか，その解決策を提示している。つまり，たぶん自分のある側面について確信をもっているときに自己確証の動機が起こり，確信をもっていないときに自己査定の動機が起こるのではないかというものである。

　しかしまだ，これら異なる動機をそれほど簡単に解決することはできていないように思われる。なぜうまく解決できていないのか，次の例を考えてほしい。例えば，ある女子学生は英語が得意であると強く信じていたが，大学で英語の初級コースを受講したところ，教授から英語の適性がないと告げられた。また，能力ではなくて性格特性の例ではどうであろうか。かねてから自分自身を無私無欲な人間だと考えていた男性が，セラピストから全く逆のことを言われたことを想像してほしい。これらの例でどちらの動機が強くなるのであろうか。自己査定（できれば，さらに，より正確な情報を求める）であろうか，自己確証（矛盾する情報を避け，反論しようと試みる）であろうか。まず一方で，例にあげた2人は強い信念をもっているので，自己確証が優勢になるはずだと主張できるかもしれない。確かに上記の例では，いま自分がもっている信念を維持しておくことも，よりポジティブである（つまり，感情価が高い）。しかし，現在の信念がネガティブなものであっても，人は新しい情報を避け，いまある自己信念を維持するとスワンは考えている。他方で，この新しい情報は不確定性を増加させ，したがって自己査定動機が優勢になる，と同様に主張できるかもしれない。この考え方に従えば，自分たちが「本当は」どんな人間なのかを見つけるために，新しい（いままでのものとは対立してしまう）自己情報を検討するための新しい活動をおこなうと思われる。問題は，人がいま信じているものと矛盾する強力な情報（例えば，信憑性の高い情報源からの情報）が，潜在的に不確定性の原因となるので，それぞれの動機を区別するための主な変数としては，事前の確定性や不確定性は使えない，ということである。引用した

例において，どちらの過程であっても，それが発生すると予測させるような議論が成り立ちうるのである。これらと類似した多くの場面において，確定性の程度が生起する自己の動機を決定するという考え方は予測というよりも事後的な説明（post hoc）であると考えられる。

　自己知識に関するこれらの異なる動機づけは個人差に注目するとうまく理解できるであろう（例えば，Roney & Sorrentino, 1995aを見よ）。自分の能力や性格についてどれほど確定的であるかといった点から考えるのではなく，むしろ，より興味深い疑問は，ある人は現在の信念が不適応的でまちがったものであるという圧倒的な証拠があり，変化をうながす強力な圧力があるにもかかわらず，その自己概念をかたくなに守るのに，なぜ他の人は人生のなかで劇的に変化し（ある事例では，自分が何者であるかについての核心的な部分さえ変えてしまう），場合によるとそのような変化が人生を通して何度も起こることもあるのか，といった点である。出発点として，例にあげた英語を学んでいる架空の女子学生やカウンセリングの来談者が直面した場面と同様の場面において，人はどのように反応するのかを考えることが問題を解く鍵になると思われる。第1章で述べた不確定志向性の論理に従えば，次のように理解できる。つまり，例にあげたような場面は，実際には対立する動機を活性化する。1つは世界について（この場合は自分自身について）知りたいという動機であり，もう1つは混乱や曖昧さを避けたいという動機である。これらのどちらが勝るかは前述のように個人の特性に依存する。UOは真実を求めてこの不確定性に臨むことを希望するはずである。COは場面が潜在的にもっている混乱を避けようとするので，自己と矛盾する情報に対して積極的に異議を唱えるかもしれない。けれども，COにとって，もっと効果的な方法は，たぶん情報と自分との心理的な距離をとることである（なぜなら，情報源に対して積極的に異議を唱えると，これに打ちのめされるかもしれず，結果としてより大きな不確定性をもたらすことさえある）。いずれにしても，自己知識のこれら2つの側面は不確定志向性の考え方と深い関係があるように思えるので，これらの可能性について検討した関連するいくつかの研究を次に紹介する。

3　不確定志向性と自己知識

これまでに検討してきたように不確定志向性の理論では，(a)新しい情報にどれほど心を開いているのか（と同時に，結果として生じる不確定性に耐えられるのか），また，(b)（不確定性や混乱を回避する手段として）すでに知っていることや信じていることにどれほど心を向けているのか，という2つの側面で人が異なることを示している。自己知識が重要なものであることを考えれば，自分についての情報を探索する（あるいは回避する）場面で，このような個人差は明らかになるはずである。UOは自分自身について知ることを望むだろうし，情報がもたらす何らかの混乱や曖昧さに取り組もうとするだろう（例えば，新しい情報がすでに信じていることや自分についての他の情報と矛盾する場合）。COは何よりも混乱や不確定性を回避することに動機づけられているので，自分についての新しい情報を探索することにあまり興味を示さず，その代わりに，それまで信じてきたことを維持することを好む。言い換えれば，UOは自己査定理論に適合する方法で行動することが予想される一方，COはそのようにはならない。COは自己確証的であり，自分が何者かという考えが脅かされる場面を無視または回避すると予想される。

これらの考えをソレンティノとヒュウィット（Sorrentino & Hewitt, 1984）のおこなった最初の実験では，トロープ（Trope, 1979）が開発した先述の研究パラダイムを使って検証している。実験参加者は最初にテストを受け，その後，このテストの成績について（架空の）フィードバックを与えられる。このフィードバックでは，参加者に対して今回のテストがいままで知られていなかった心的能力の新しい側面を測定するものであること，テスト課題は参加者の能力が高・中・低のいずれのレベルにあるかを識別するものであることを告げた。トロープのパラダイムを一部修正したものを使用することによって，上記のように実験者は能力の特定の側面についての不確定性（つまり，能力が高いとか低いということ）を作りだすことができ，他の側面では確定性を作りだすことができた。例えば，ある条件において，参加者の能力が「低くなかった」ことを示す第1回目のテストについてのフィードバックが与えられるが，参加

者の能力が「高い」のか「中程度」なのかは判断できなかった（上昇条件）。したがって，この条件において，参加者は，そのタイプの課題で自分の成績が低いわけではないということが確かにわかっているけれども，自分がとりわけその能力に恵まれているかどうかについてはわからないことになる。別の条件に割り当てられた参加者は，彼らの能力は高くないけれども中程度なのか低いのかはわからないという結果のフィードバックを受ける（下降条件）。自己査定理論によれば自己に関連した情報を求める願望は自分の明確でない側面に対して最も大きくなると予測されることが思いだされるであろう。したがって，自己査定理論が正しければ，この実験操作による 2 つの異なる条件において参加者は異なったタイプの情報を探し求めるはずである。すなわち，上昇条件の参加者は自分の能力が高いかどうかをはっきりさせるような情報を求めるし，下降条件の参加者は自分の能力が低いかどうかを教えてくれる情報を求めるはずである。

　トロープ（1979）の実験の第 2 段階では，参加者は 2 回目のテストを受けることになっていると教示されたが，テストの構成についての情報が事前に与えられる。参加者に与えられた情報とは，あるテスト項目は能力の高と中（平均）を識別するのに適したものであり（上昇項目），また，ある項目は能力の中と低を識別するのに適した項目であり（下降項目），さらに，別のある項目は能力の高低を明確には識別できない項目である（一定項目），といった内容であった。トロープが見いだしたのは，実験参加者が上昇条件では高能力と中能力を識別する項目を多く用い，下降条件では低能力と中能力を識別する項目を多く用いて 2 回目のテスト課題を構成したということであった（つまり，参加者は不確定性を解消する項目を多く選択したのである）。この結果は自己査定理論に基づく彼の予測と一致していた。このことは下降条件においてさえ正しいことが見いだされた。下降条件では，すでに能力が高くないことは知っているうえに参加者は自分の能力が低いことを知る可能性があるのである。言い換えれば，新しい知識によって自分が不愉快になる可能性が高いときでさえ，人は自分について知りたいと思うようなのである。

　トロープは自己査定一般に関する証拠を見いだしている。しかし，不確定志向性には，その人が所属している集団によって大きな違いがあるので（例えば，

前に述べた文化差や大学生と大学生でない人の差)，この研究の参加者が相対的に不確定性に志向した人であり，したがって自分自身についての新しいことを知ることが好きな人が多かった可能性もある。この考えられる個人差を検討するために，トロープ (1979) の実験を追試したソレンティノとヒュウィット (1984) は参加者の不確定志向性を測定したのである。この実験結果は図2-1に示されている。この図は，上昇条件のUOが（高能力かどうかの識別ができる）上昇項目をより多く選び，下降条件のUOが（低能力かどうかの識別ができる）下降項目をより多く選んでいることを示している。この結果はトロープの見いだした結果と同じであり，UOが自分の能力の不確定な側面を知りたいと思っていることを示している。一方，図2-1に示されたCOが選択した項目を見ると，COは実際にUOと正反対の傾向を示している。つまり，彼らは上昇条件と下降条件の両方において識別力の強い項目よりも識別力の弱い項目をたくさん選択していた。例えば，上昇条件において，自分の能力が低くないことをすでに知っているにもかかわらず，COは能力の低と中を識別する下降項目をより多く選択していた。

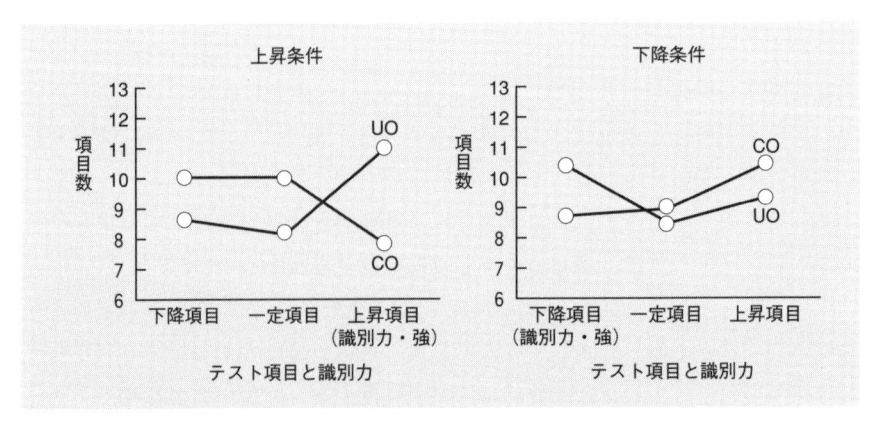

図2-1 不確定志向性（確定志向COと不確定志向UO）×実験条件（上昇条件と下降条件）におけるテスト項目（上昇項目・下降項目・一定項目）ごとに選択された項目数
出典：Sorrentino & Hewitt (1984)

この実験結果は，UOがCOよりも自己査定動機に強く動機づけられていることを示している。また，COが自分の能力についてすでに知っていることを

確認する項目を選択していることから，COが自己確証に動機づけられている可能性も考えられる。このことが上昇条件においても見られたことは注目すべき興味深い点である。上昇条件において自己確証をおこなった際に起こりうる結果は，彼らがすでに告げられたことに基づけば，自分の能力が低いという自分の確信を高めかねないのである。これは，ネガティブな自己信念に対しても自己確証は起こることを示したスワンたち（1989）の知見と類似している。けれども，COが一定項目（すべての能力レベルにわたって弱い識別能力しかないといわれる項目）よりも再確認項目（上昇項目と下降項目）を多く選んだわけではないことから，COが本当に自己確証をしたのか，ただ単に診断力の高い情報を回避したのか，この研究からはわからないことに注意すべきである。

　自己知識の探索においてUOとCOが異なるという見解を支持する他の研究もある。ロニーとソレンティノ（Roney & Sorrentino, 1995b）は価値に関する調査を学生を対象にしておこなった。この調査は理論的，美的，社会的，経済的，政治的，宗教的な価値（Allport & Vernon, 1931）を相対的にどれほど重視しているかを（コンピュータを使用して）調べるものであった。この調査をおこなった後で，実験参加者である学生は他の20名の学生がこの同じ調査に対してどんな回答をしたのかを知ることのできる機会が与えられた。他の学生の得点は上記の6種類について一度に1つずつの得点を見ることができた。また，参加者は希望すれば何度でも他者の得点を知ることもできたし，望まなければ知らないでおくこともできた。他者に関する情報は，自分が相対的にどんな位置にいるのかを理解すること，つまり自己評価に必要なものである（Festinger, 1954を見よ）。そこで，自己査定に関心がある人は自分を評定するために他者の多くの得点を選択して検討すると考えられる。図2-2が示すように，UOは比較のために6種類の価値すべてにおいて，より多くの比較をおこなっていた。価値に関するこの調査の実際の個人得点が全体的に予想通りであったことも興味深い（図2-3を見よ）。つまり，分析的な志向性や発見的な志向性を反映している理論的価値においてUOはCOよりも得点が高く，たぶん「単純明快な」志向性を反映していると思われる宗教的価値においてCOの得点が高かった。また，予想していなかったことではあるが，UOでは美的価値の得点も高かった。これは芸術的志向性の反映であり，理論的価値にある

ものとは別の特性をもつ発見的志向性の反映であると考えられる。ここでもまた，ソレンティノとヒュウィット(1984)の結果と一貫して，UOはCOよりも自己査定に興味をもっているようである。この場合の自己査定とは他者と自分自身を比較することである。COの得点が明確に高かったのは宗教的価値においてであった。これは道徳的な権威や広く流布している有力な宗教によって与えられる行為の指針を介して確定性を得ようとする願望を表わしていると思われる。しかし，COにとって最も重要なこの価値においてすら，UOに比べればCOは比較のために他者の情報を多く探索しているわけではないという結果は興味深い。COは自分にとって最も重要な価値においてさえ，ほとんど自己査定をおこなっていないことから，UOで見られた効果はそこがUOの重視する領域(達成に関する領域)であったために生じていたわけではないと思われる。

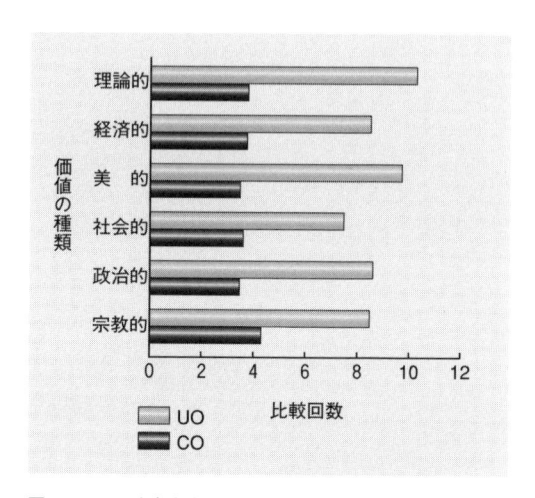

図2-2　不確定志向性（確定志向COと不確定志向UO）×価値の種類における社会的比較の回数
出典：Roney & Sorrentino (1995b)

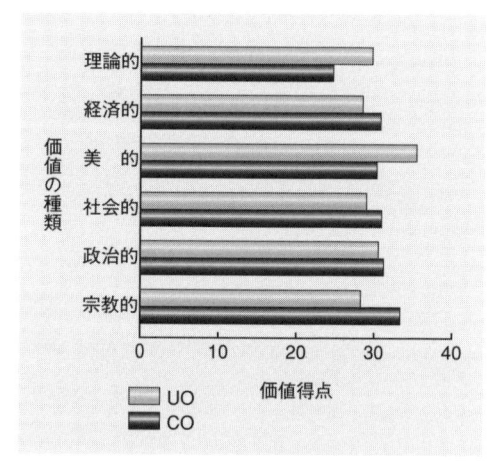

図2-3　不確定志向性（確定志向COと不確定志向UO）×価値の種類における価値得点
出典：Roney & Sorrentino (1995b)

ここまで例示した証拠は，すべての人が等しく自己発見に関心があるわけではないという考えを支持している。自己査定と自己確証の問題を解決する1つの方法として，幅広い個人の志向性を考慮に入れるべきであるということがここまでの研究結果から示されている。実際に，ある人は新しい情報へ開かれた志向性を発達させ，不確定性をうまく取り扱える一方，他の人は不確定性に閉じており，不確定性に対して回避的であるとすれば，この一般的な志向性についての考え方は自己知識の研究領域に展開できるものと期待される。この期待が妥当であることはソレンティノとヒュウィットの知見によって示唆されている。

4 自己の安定性

ここで考察された自己動機は自己概念の順応性（malleability）の問題ともつながっている。前にあげた例，すなわち自分が得意だと思っていた科目の適性がないといわれた女子学生と，自己概念が治療のなかで疑わしくなった人物はここでもよい例となる。これらの場面は彼らにとって，自分が本当はどんな人物なのかを知るために重要な場面になるのだろうか。それとも，すでにある自己概念を維持するために回避し，軽視すべき場面になるのだろうか。前者のアプローチをとるのであれば個人の自己概念は時間経過とともに劇的な変化を遂げていくことになるだろう。一方，後者のアプローチをとるのであれば安定性がもたらされると思われる。多くの場合に人が自己確証的であるなら，その人の自己概念は，少なくとも自己の核心部分については一生を通しても変化しないように思われる。しかし，自己概念はもっと動的なものであるかもしれない。つまり，自己概念は生活のなかでさまざまな出来事を経験することで形成され，変化していくものであり，また，ある場合には劇的に変化することもあるかもしれない。もし，自己査定の志向性によって人が自分自身について学び，成長する機会をもたらす場面を探し求めるとすれば，この自己査定の志向性は多くの変化を引き起こすように思われる。しかし，これは自分自身について得る情報の一貫性に依存すると考えられる。つまり，自己情報が一貫していれば，たぶん自己概念もまた非常に安定したものになるだろう。ところが，得られる

情報が変化しやすいほど，自己概念が変化する可能性も高まる。もし自己査定のために人が広範囲にわたり可能性や場面を経験していくならば，変化への機会もふえていく。先ほどの例に戻れば，自己査定に興味が高い人はさまざまな科目をもっと広く受講してみるかもしれないし，まず治療者に相談するかもしれない。少なくともある程度まで，自分に関連した情報の多様性は，その人が経験した場面の多様性に依存すると思われる。

　もう1つの可能性として，自分にとって重要な側面の安定性と不安定性に関する個人の信念が重要な問題となる。デュエック（Dweck & Leggett, 1988を見よ）の理論と研究では，知能を安定した，固定的な実体である（知能の固定説）と考える人と，知能をもっと流動的なもの，学習や変化，向上といったものが起こるものである（知能の増進説）と考える人の違いについて検討している。この種の能力の安定性に関する考え方の違いによって，人の行動も異なることが見いだされている。例えば，知能の増進説をもっている子どもは学校で「学びがいのある，難しい，新しい，いろいろな」場面を好んでおり，一方，固定説をもっている子どもは，「失敗をおそれなくともよい，おもしろくて容易な」場面を好むことが知られている（Dweck & Bempechat, 1983）。このことは自己を相対的に安定したものと見るか，変化しやすいものと見るかといった信念の違いと，自己について学ぼうとする傾向の違いとの間にある関係性を示している。知能が流動的で柔軟なものだと思っている子どもは自分の能力を知ることができる場面を好む傾向にある。しかし，知能は固定的であると考えている子どもは自分自身についての新しい情報をもたらさない場面を好む。ダニング（Dunning, 1995）による最近の研究は自己に関する動機づけを理解するために，その人の安定性―不安定性に関する信念との関連性を直接検討している。ダニングによれば，ある特定の能力が変わりうるものであると信じるようになった人は，その後のテストで，より多くのフィードバックを欲しがり，特にその能力が自分と関連したものであると感じられるときにこのことがよりあてはまることが見いだされる。また，その人がそれまでに成功してきたのか，失敗してきたのかに関わらず，人がより多くの情報を望むことは変わらなかった。言い換えると，この場面において新しい知らせが自分にとってよいものでも悪いものでも，人は自分の能力についてもっと知りたいと思っているのであ

る。

　不確定志向性の研究はこの問題を直接扱ったデータをいまだ得ていないが，UOは自分自身について，より流動的な見方をしており，相対的に自分を変化しやすいものと考えているように思われる。ダニング（1995）の研究における能力変化条件の知見は，ソレンティノとヒュウィット（1984）がUOに見いだした知見，つまり，UOは潜在的にポジティブであれネガティブであれ，新しい情報に興味をもつという知見にきわめてよく似ている。COは自分自身について，より安定的な見方をしているようである。安定した自己は曖昧さから比較的自由であるように思われる。つまり，「わたしは誰だ？」という問いに対していつも同じ回答で答えることができ，この答えに疑問をもつ必要はないのである。しかし，このことはCOがけっして変化しないことを意味するのであろうか。自己信念がまちがっているという数多くの圧倒的な証拠があるにもかかわらず，自己概念をけっして変えないというのは機能不全に陥っているように思える。これは推論に過ぎないけれども，COは変化への抵抗は大きいものの，いったん変化が起こると，むしろこれはより完全にかつ劇的なものになると考えられる。なぜなら，COは混乱や曖昧さを回避するので，COが1つの自己概念からもう1つの自己概念に変わるとき，その間で自分にとってどちらが最も適しているか，あれこれ考えて多くの時間を費やすことはたぶんしないので，もし変化が起こるとすれば，相対的に早く，劇的であると考えられる。

　いくぶん異なった側面の安定—不安定に関する問題が自己の多面性を強調する理論によって提起されている。これらの理論よれば，自己概念とは，人が自分自身であると現在信じているものだけではなく，将来ありうると考えている可能性としての自己をも意味するのである。例えば，キャンターら（Cantor, Markus, Niedenthal, & Nurius, 1986）は，「危ぶまれる自己（feared self）」とか「望まれる自己（hoped-for self）」といったさまざまな可能自己（possible self）も自己システムの一部であり，人の行動に指針を与える重要な役割を担っていると主張している。すなわち，異なった可能自己が異なった時期に現われるため，可能自己は自己の不安定さの原因となりうるのである。

　これらの動機づけの要素を自己概念に組み込むためには，自己概念といった観点

からではなく，より特定の今の自己概念という観点から考える必要がある。自己について考えるとき，自己概念をともに構成している自己に関する考え（self-conceptions）のすべてをいつも利用できるわけではない。ある部分集合が顕在化しているに過ぎないのである。このアプローチでは「作業自己概念（a working self-concept）」というものを仮定する。これは情報処理において現在オンラインとなっている自己の知識構造の部分集合，つまり，ある時点における自己概念である。（Cantor et al., 1986, p.103）

　自己に関する考えの総体が比較的安定していると，自己は安定している，と表現される。確かに，個人が成長し成熟するにつれて，自己に関する新しい考えが加わり，修正が起こる。しかしそれでも，ある特定の自己概念がいったん形成されると，これがめったに活性化されたり引き出されたりしなくても，この自己概念は自己概念の世界から消えることはないようである。しかし同時に，活性化されている自己概念の内容が変化するので，自己概念は変化しやすく柔軟であるようにも思える（Cantor et al., 1986, p.104）。これが意味するのは，変化とは個人にとって目立っている自己領域（self-sphere：想像された可能自己や想起された過去の自己を含む）の反映である，ということである。

　ここで述べたダイナミックな自己システムのさまざまな側面に，それぞれ異なったときに注目しているという意味で，人は一般的に変わりうる自己をもっていると思われる。しかし，どの側面が作業記憶のなかで多くの時間を費やされ，どの側面が一般的に作業記憶から消されるのかを何が決定しているのであろうか。これを決定するためには多くの要因が関与していると思われるけれども，次の節で1つの可能性に注目する。それは，自己システムのある要素が不確定性や確定性と関連する程度についてである。

5　不確定志向性と望ましい自己

　よりダイナミックな自己概念を示唆している理論（例えば，Cantor et al., 1986）によると，自己とは単に静的な構成体ではなく，自己概念と自分にとって可能と考えられる仮説的な自己概念との相互作用をも含んだものである。キャンターら（1986）が主張したように，さまざまな仮説的な自己が重要となり，

人の意識にのぼってくるにつれ，ダイナミックな自己概念は自己の不安定性の明らかな原因の1つとなりうる。望ましい可能自己に接近し，望ましくない可能自己を回避することは，1つの重要な動機づけの原因となることが示されている（Cantor et al., 1986）。この考え方に立つと，わたしたちがなりうる自分の姿を想像することにより，わたしたちは望ましい自己になろうとするように努力するし，懸念されるネガティブな将来の自己が現実のものとならないような行為に駆り立てられるのである。

　われわれの「現実自己」（あるいは自己概念）に加えて自己基準（self-standards）の役割を強調する別のアプローチがカーヴァーとシャイヤー（例えば，Carver & Scheier, 1990を見よ）による自己制御アプローチのなかに見られる。この理論によれば，人の行動制御に関連するフィードバック・ループが存在するのである。このループには人の行動の結果とその行動に対して人がもっている基準との一致度をモニターすることが含まれている。例として，ある学生が設定した学習目標があげられる。たぶんこの学生は関連した基準（この場合，学習目標）に対する実際の結果（授業での成績）の一致度をモニターして，（サーモスタットが温度を制御するのと同じように）自分の行動を制御するだろう。このモデルによれば，結果と基準が一致している限り，この学生は同じ行動（勉強の習慣，勉強に割く時間など）を続けることになる。結果と基準の不一致こそが「不均衡」をもたらし，不一致の解消を目的とする行為を動機づける。したがって，可能自己のアプローチとは異なり，このモデルでは可能自己そのものについて考えることが動機づけの主な原因となるとは考えず，「可能性」（基準）と比較して「現実」（結果）を評価するという段階が加わるのである。もし，ある学生がトップ集団に入るということに関する可能自己をもっているならば，上記の自己制御アプローチでは，人がいま感じる自己と望ましい自己との不一致を知覚したときにのみ，人は自分の行動を変えるため動機づけられると考える。可能自己のアプローチは自己の異なった側面，つまり，人がそうなることができると予想した自己の重要性を強調するのに対して，自己制御アプローチでは現実自己を再度考え，現実自己と想像された自己との関係性が重要であると示唆している。

　もう1つの理論，すなわち「自己不一致理論（self-discrepancy theory）」

(Higgins, 1987を見よ) においては，さまざまな異なるタイプの望ましい自己がそれぞれ異なる心理的な特性をもっており，これら望ましい自己に見合う行動に失敗することでそれぞれ異なる情動が発生することが説明されると考えている。この理論はカーヴァーとシャイヤーの自己制御アプローチ同様，現在，自分であると信じているものと，こうありたいと欲しているいくつもの仮定の概念とを比較する自己評価の過程を強調している。

自己不一致理論によると，「理想的」とされる望ましい自己（理想自己：ideal self，つまり切望される自己，期待される自己）と「あるべき」とされる望ましい自己（義務自己：ought self，つまり義務や強制を感じる自己）とを区別することが重要となる。これら2つの望ましい自己のいずれも，自分の理想や責務を表わしており，理想的には自分にそうあってほしい，そうあるべきであると他の人々が感じていると自分が信じているものを表わしている。自己不一致理論によると，理想自己は実際のポジティブな結果や予想されるポジティブな結果と結びついており，義務自己は実際のネガティブな結果や予想されるネガティブな結果と結びついている。現実自己と理想自己との不一致は，ポジティブな結果が存在しないことの経験からくる落胆の感情をもたらす（例えば，失望や不満）。現実自己と義務自己との不一致は，この不一致がネガティブな状態の存在を示すので，結果として動揺に関連した情動（不安や神経質）が生じると予測される。これらの情動に関する予測はさまざまな方法を用いた数多くの実験で支持されている（Higgins, Bond, Klein, & Strauman, 1986；Higgins, Klein, & Strauman, 1985；Strauman & Higgins, 1987）。

望ましい仮説的な自己を考えること，特に実践できないと思われる仮説的な自己について考えることで，人は現実に自分自身に関する不確定性と直面せざるをえなくなる。キャンターら（1986）およびカーヴァーとシャイヤー（1990）に一貫しているのは，これらの可能自己が，多くの場合，動機づけの原因として作用し，望ましい自己になるように人を動機づけるのではないかということである。[★1] 不一致がある場合，これは不確定な状態を表わしており，この状態

[★1] ヒギンズら（Higgins, Roney, Crowe, & Hymes, 1994）は，理想自己と義務自己のもつ動機づけ特性，つまり，自己指針について2つの異なるタイプの動機づけの性質を示す証拠を得ている。

で人は望ましい自己に沿ってうまくふるまえるかどうか必ずしもわからない。望ましい自己と現実自己が一致している場合，望ましい自己に沿って確かに行動していると信じているので，そのような不確定性は存在しない。クラスのなかでトップ集団に入る可能性を想像している前述の学生の例を考えてみよう。最初の宿題で平均点以下の成績を取ることは，まちがいなく最終的に望ましい自己に達成できるかどうかに関する不確定な状態を表わしている。したがって，この自己不一致はたぶんUOにとって，より関連があるものとなる。UOにとって自己不一致は乗り越えるべき課題や自分の能力に関する情報を得ることのできる自分のある側面を示してくれるであろう（Sorrentino & Roney, 1990）。自己不一致が（望ましい自己との一致に関して）不確定性を生じさせる限り，これはUOにとって，より関連が深いものと思われる。

　このことを検証するために，わたしたちはUOとCOの両方に対して，自己の不一致および多くの情動を測定するための質問紙を実施した（Sorrentino & Roney, 1990を見よ）。自己不一致は自己に関する質問紙（Higgins, Klein & Strauman, 1985）を用いて測定した。この尺度で参加者は，現実の自分を述べていると感じられるあらゆる属性，自分の理想自己を表わしていると思う属性，自分の義務自己を表わしていると思われる属性をリストアップするように求められる。そして次に，参加者にとって重要な他者（significant other）が参加者に対してもっている理想自己と義務自己について属性をリストアップさせた。属性のリストを作ることに加え，参加者は（現実自己のリストにある）属性を自分がもっていると感じている程度を，また，理想自己と義務自己のリストにある属性について自分が望ましいと思う程度（または重要な他者が望んでいると感じている程度）を示すように求められた。さまざまな自己の間にある不一致が研究対象であるということを伏せるために，これらの属性はすべて別のページにリストとしてあげられていた。次に，上記のさまざまなリストに基づき，一致，不一致を求めて得点化した。不一致（例えば，現実自己のリストで「だらしない」，理想自己のリストで「勤勉」がリストアップされている）がふえるほど，そして一致（現実自己のリストと，自分または重要な他者による望ましい自己リストで同じ属性が書かれている）が減るほど，不一致得点は高くなる。図2-4に示すように，より高い不一致得点がCOよりもUOで観察

された。この結果は，UOがCO よりも自己に関する不一致をよりうまく扱うという，わたしたちの仮説と一致するものであった。

自己概念の不一致の尺度に加えて，さまざまな情動の尺度も実施した。表2-1はUOとCOで明確な差異が認められた項目を示す。表からわかるように，UOはいくつかのネガティブな情動（無力な，不満な，罪意識，孤独な）でやや高い傾向にあり，3つのポジティブな情動（愉快な，穏やかな，平和な）では低い傾向にあった。明確な差異が得られなかった項目も多く，これらの差異は全体的に見て小さなものである。しかし，差異が見いだされた情動においてUOがネガティブな情動の方向にあったということは興味深い。これはUOが自己概念の大きな不一致を報告しているという結果ともうまく適合している。この研究は不確定志向であると，より大きな損失（コスト）を被るかもしれないということを示すものである。

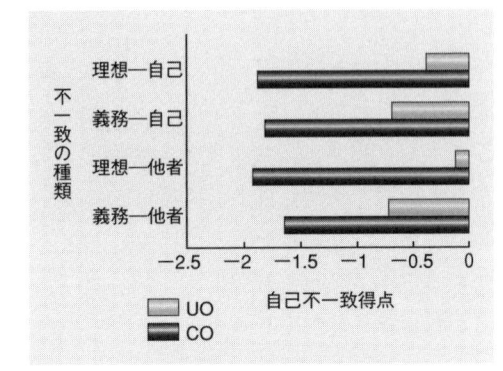

図2-4 不一致の種類別に見た不確定志向（UO）と確定志向（CO）の平均不一致得点
注意：負の値になるほど不一致は小さくなる
出典：Sorrentino & Roney（1990）

表2-1 不確定志向性と平均感情得点

	不確定志向性			
	UO	CO	t値	p
無力な	4.50	3.37	2.57	$<.05$
罪意識	4.00	2.87	2.57	$<.01$
不満な	3.38	2.37	3.09	$<.01$
愉快な	4.15	4.73	2.50	$<.05$
平和な	3.12	3.93	2.55	$<.05$
穏やかな	3.15	3.93	2.60	$<.05$
孤独な	1.97	1.33	2.22	$<.05$

注意：得点が高いほど強い感情を示す
出典：Sorrentino & Roney（1990）

この研究（Sorrentino & Roney, 1990のなかで報告されている）は，不確定志向性と自己概念の不一致との関係性を示しているものの，なぜこのような関係が存在するのかについては必ずしも明確にされていない。わたしたちが示唆したことは，不一致が不確定性の原因となりうるので，UOは実際に自己概念

の不一致に，より注意を向けているのではないかということである。UOは成長志向，発見志向であるため，特に不一致について考えるのだと思われる。なぜなら，これらの不一致はUOにとって重要な動機づけの原因となるからである。しかしながら，COにとって不一致は（不確定性と関わっている限り）不快なものであると考えられ，少なくとも一致していない属性を無視するか，現実自己と望ましい自己が一致した属性に関心を向けるのではないか。このことを前に述べた自己覚醒（self awareness）と関連づけて考えると，2つの可能性が生じる。1つは，(a)COは自分自身についてや，自己概念と行動との一致について考えるために多くの時間を費やさないので，結果的に不一致を経験することが少なくなるという可能性である。また，もう1つは，(b)不一致がある場合にのみ自己覚醒が回避されるという可能性である。後者の可能性は興味ある考え方である。つまり，ある人は他の人よりも慢性的に自己に意識を向けやすいというのではなく，人が自分自身を意識するのが「いつ」であるかは場面と人との相互作用によって決定されることを示しているのである。グループ間の他の差異によっても，この実験の結果は説明できる。例えば，UOはCOに比べると，よりネガティブ（あるいは現実的）な現実自己をもっているのかもしれない。しかし，最近の研究では，わたしたちの最初の考え方に一致した結果がでている。後の章では遂行の予測に関する不確定志向性の重要性を検討し，自己概念の不一致が特にUOを動機づけ，自己概念の一致がCOを動機づけることを示すいくつかの研究結果を提示する（Sorrentino & Roney, 1995を見よ）。このことは，人は個人の不確定志向性に応じて，多かれ少なかれこれらの異なった状態（関連した基準との一致と不一致）に注意を向けることを意味している。

　全体的に見て，少なくとも仮説的な自己を考える過程はUOとCOとでは異なっていることが支持されているように思われる。仮説的な自己を想像することは特にUOがおこなうことであり，少なくとも彼らの仮説的な自己と実際に彼らが見ている現実自己とが著しく異なっているときに，彼らはよく考えるのである。不一致が知覚される属性は特にUOの自己構造において目立ちやすくなるようである（つまり，UOにとって特に重要であり，大いに考えることになる）。もしCOが仮説的な可能自己についてたくさん考えるなら（COがその

ようなことをするのかどうかに関する直接的なデータはまだないが），少なくとも，COがあげている望ましい自己が現実自己と一致していることを（したがって，実際に全く仮説的ではない）データは示唆している．望ましい自己と一致していない属性は現実自己の重要な側面としては無視され，うち捨てられる．このようなことがどのように生じているのかを検証する今後の研究は非常に興味深いものになるだろう．

6　不確定な時代における自己

　本書の最初で提示した疑問に戻り，わたしたちが生活をしている不確定な時代を考えたとき，これまでの知見からどんなことがいえるのであろうか．事実，自己の問題はこの文脈で最も重要なものであると考えられる．国家が崩壊，統合され，グローバル化がますます強調されるにつれ，アイデンティティ（あるいは国民性）はますます曖昧なものとなっている．同様に，もし人々が人生をとおして何度も転職を経験するようになると，職業を自己のアイデンティティの重要な一部として利用することはますますできなくなる．何を信じるのか，どのようにふるまえばよいのかについて指針を与えてきた国民的価値や職業上の役割に人はますます頼れなくなると考えられる．そのうえ，バウマイスター（Baumeister, 1986）は現代において宗教の役割の低下に伴い，自己にかかる負担が増加し，人の信念や行動を導く外的なルールは乏しくなりつつあることを指摘している．つまり，自己にかかる負担はますますふえ，何をおこない，何を信じるのかを自分で決めなければならないのである．

　同時に，あるポストモダンの理論家たちは安定した永続的な自己という概念にあまり重きを置かず，その代わり，人が望むように容易に選択でき，変更できるようなアイデンティティ（または役割）の多様性を重視している（Gergen, 1994, 1995aを見よ）．モダンからポストモダンの時代へと発展していくなかで，人は（科学的方法を採用した過程によって解き明かされる）絶対的な真理があるという信念から，さまざまな信念システムが存在し，それぞれが等しく妥当で，それぞれが異なる現実を言い表わしているといった考え方に移行してきている．何が正しく，何がまちがいなのか（少なくとも，よりよいものとより悪

いもの）といった考えが緩んできたために，人は幅広く，いろいろな自己を自由に試しており，例えば特定のモラルとか文化システムにとらわれることはなくなったと論じられている。

> 正常に発達すれば，人は一貫したアイデンティティの感覚をもつようになるというような仮定は捨て去るべきであると思う。人間関係の豊かさを考えてみれば，人は自分が何者かということについてさまざまなメッセージを受け取っている。親，友人，恋人，教師，親戚，カウンセラー，知り合い，といった人々すべてが，それぞれ違ったやり方でわたしたちに接している。つまり，それぞれの関係のなかから人は自分自身に関する何か新しいことを学びとる。関係が変化すれば，受け取るメッセージも変化する。……実際のところ，人にとっての真の問題は，人が自分に満足しすぎているとき，つまり，あまりにも特定のアイデンティティにこり固まっているときに生じる。これは，わたしたちの環境が冗長になりすぎていること，つまり，何度も同じ人にばかり会い，同じ場面にばかり遭遇しているということを意味している。(Gergen, 1995b, pp.142-143)

ますます不確定性が増しているこの時代，人々はどのようにふるまっていくのであろうか。多様な自己があることの望ましさについてのジャーゲン（Gergen, K. J.）の示唆を展開して，ある人は多くの価値や役割を試す機会を歓迎するかもしれない。あなたを取り巻く世界やあなた自身について学ぶためには，さまざまな新しい場面に自分自身を置いてみることが，結局，最もよいことなのではないだろうか。これは発見志向であるUOの特徴をよく表わすもののようである。たぶん，現代の世界とは，人にとって自分自身や自分の能力について最大限の情報をもたらす究極の診断テストと考えることができる。この探求は時に痛みを伴うかもしれないものの，新しいものへの興奮や新しい領域へ踏み込むことで得られる潜在的な進歩は，ある人たちにとって特にはっきりしたものであるだろう。

COについての検討から明らかなはずであるが，COが新たな不確定性から特にポジティブなものの見方を得ることは期待薄である。実際，混乱や曖昧さを回避することにまず動機づけられている人ならば，いまよりも落ち着きを失

う不快な場面を想像することは困難であるだろう。では，このような人はどんな反応をするのであろうか。考えられる反応の1つは，それまでの生活と類似した自分の生活の残された部分にしがみつくことかもしれない。数多くの確定性の源泉が残存している例を考えれば，地球規模の不確定性といったものは，いくぶん誇張されたものである。一例をあげれば，宗教の役割が全体的に小さくなったとはいうものの，バウマイスターもいうように過去の多くの人が感じていた宗教の重要性が現代においてなくなってしまったというわけではない。同様に，グローバル化が強調される一方で，多くの人々が民族とか言語に基盤を置くローカルなナショナル・アイデンティティに，より激しく向かっているように思われる。人々が，現代社会がもたらす不確定性を回避し，確定性に向かうために用いる方法にはさまざまなものがあるうえに，このような傾向が，ある人々のなかでは以前よりも強くなっているように思える。これは確定性の源が脅威にさらされているからである。

　わたしたちが暮らしている不確定な世界には誰が最も適応できるのであろうか。おそらく，どちらの志向性も有利な点をもちうるだろう。そうでないのならUOやCOといったパターンを人々が発達させることもないだろう。しかし，どちらの人が不確定で変化に富んだ世界への対応能力を備えているのだろうか。不確定志向的であるほうが変化をポジティブにとらえ，何を学べるかに目を向けているという点で，より勧められるものであるようにも思える。しかし，そういった人々が，このような環境がもたらす可能性のすべてを処理していくことで困惑してしまう可能性はないだろうか。また，「自分は誰なのか」という問題を全くオープンに考えるとすれば，この不確定な時代ではあまり望ましいとはいえない結果か，かえって悪い結果をもたらす可能性のほうが多いかもしれない。つまり「自分は誰なのか」という問題にはただ1つの解答があるわけではないということに気がつくことになるからである。もしそうであるならば，少々皮肉なことではあるけれども，非常に不確定な時代において，COは自分が見いだせる確定性で安全策を講じながら，最もうまく適応していけるのかもしれない。

　全体的に考えれば，不確定志向性に付随すると思われる変化への順応性と開放性は，人に対して，変化に富んだ時代に適応するための下地をもたらし，人

の生活のなかに，よりポジティブな出来事をもたらすことになるだろう。しかしながら，UOもCOも不確定な時代に適応可能であるし，心理的な危機に出会うこともあるけれども，結局のところ，それぞれに特徴的なやり方で適応していくことになるのである。

第3章 思考における不確定志向性

　第2章では，人が自分自身をどのように知ろうとするのかを理解するためには，不確定志向性を考慮することが重要であることについて論じた。本章ではこの議論を広げて，「一般的に，人はいつ，どのように情報を処理するのか」ということと不確定志向性とが，どのように関連しているかについて考える。ソレンティノとショート（Sorrentino & Short, 1986）は，不確定志向性は主に認知的な次元であり，達成動機や親和動機など，その他の動機は本来，感情的な次元（情動に関連したもの）であると述べている。第2章では，情報価と感情価の区別（Raynor & McFarland, 1986）に続き，「わかる（finding out）こと」と「快を感じる（feeling good）こと」の関係を扱い，この認知と感情の違いを述べた。本章では，COとUOが何に注意を向けるのか，そして，場面ごとに両者がどのように考えるのか，という両者の違いを示す研究を紹介する。ここでの議論は，動機づけと思考の関係についての一般的な問題を考えることにつながる。

1　不確定性についての思考

　不確定性について人がどのように考えるのか（また，考えているのか）を検討するためには，不確定性が相対的に小さい場面に対する考えと，不確定で曖昧な場面に対する考えを比較検討する必要がある。もし，UOが接近したいと思っているものが不確定性一般であれば，UOはCOよりも不確定性や曖昧さを伴う場面に注意を向けやすいはずである。ドゥリスコルら（Driscoll, Hamilton, & Sorrentino, 1991）は，不確定性を含んでいる場面と，不確定性を含んでいない場面について，人がどのように考えるのかについて検討した。

ドゥリスコルら（1991）は，実験参加者に，ある人物（名前はボブ）についての短い記述を読ませて，ボブがどんな人物なのか，その印象を形成させた。そのために，ボブに関して，(a)友好的な，(b)友好的でない，(c)知的な，(d)知的でない，の4タイプのいずれかの印象を与える記述を準備した。続いて，参加者には，ボブがとった一連の行動を読ませ，ボブに対する全体的な印象を作るように求めた。その一連の行動のいくつかは，最初の人物記述が示す印象と一致し，いくつかは一致しておらず，さらにいくつかは印象とは無関係であった。例えば，ボブが友好的であるという記述を読んだあとに，参加者は，ボブが「自転車を修理している少年を手伝った」（一致行動）や「ウエイトレスに料理をすぐに持ってくるように強く言った」（不一致行動），「市場に買い物に行った」（無関連行動）を読んだ。参加者は24の異なった行動（一致行動12，不一致行動6，無関連行動6）を読んだあと，この印象形成とは関係のない課題をおこなった。そして次に，参加者にボブの行動をできるだけ多く思いだすように求めた。不確定性や曖昧さに注意を向けやすい人は不一致に最も敏感であるために，不一致な情報を最も多く思いだすであろうと予想した。一方，一致情報はボブがどのような人物であるかについての確信や明快さをもたらすので，確定性を好む傾向にある人は一致情報に注目し，一致情報をより多く思いだすと考えられる。この方法をもちいて，ドゥリスコルら（1991）はUOとCOの思考を検討した。

ドゥリスコルら（1991）の主な結果を図3-1に示す。この図はUOとCOが思いだした一致行動と不一致行動の割合を描いている。この図から，UOが思いだした一致情報と不一致情報の差異が最も大きくなることがわかる。すなわち，不一致情報は一致情報よりも思いだされやす

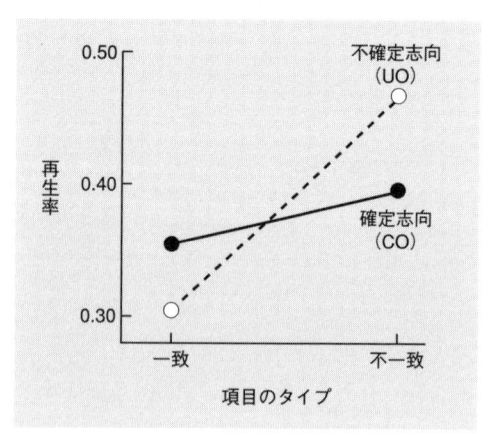

図3-1　不確定志向性から見た一致項目と不一致項目の再生率

出典：Driscoll, Hamilton, & Sorrentino (1991)

かった。COにおいて，これら2つの情報タイプの想起に明確な差は認められなかった。

COとUOの思考に関して，ドゥリスコルらの研究結果が何を意味するのか，従来の関連した研究が解明の手がかりを与えてくれる。多くの場合，これまでの研究者が見いだしたことは，人は一致情報や無関連情報よりも不一致情報を思いだしやすい，ということであった（例えば，Bargh & Thein, 1985；Crocker, Hannah, & Weber, 1983；Hastie, 1980；Srull, Lichtenstein, & Rothbart, 1985を見よ）。この知見が得られる理由は，不一致な情報は人の期待と対照的であるために目立ちやすく，人は不一致な情報をより長く，そして，より注意深く考えるためであると思われる。しかし，ドゥリスコルらの研究結果は，この知見がUOにしかあてはまらないことを示している。対人印象における曖昧さを生みだす情報は，UOの念入りな思考を生起させるが，COにはあてはまらない。このことは「なぜ」不一致情報は一致情報よりも目立つのかという疑問を提起する。

不確定志向性の考え方では，不一致情報は人が世界について新しいことを知ろうとするときに目立つと考える。この場合，不一致情報は，新しいことを知ることができるので特に意味がある。このような不一致情報は，その不一致を解決することを目的とした思考を引き起こすので，より注目されると考えられてきた（Hastie, 1980；Srull, 1981を見よ）。それに比べて，すでに知っていることと一致した情報から新しいことは何も得られず，そのような情報を理解するために特別な注意や思考は喚起されない。この見解と対照的に，確定性を維持する（曖昧さを避ける）ことが本来の志向性である人（CO）は，不一致情報をやっかいなものとみなすはずである。すでにある考えと一致しない情報は，自分の確定性の感覚にとって脅威となり，不一致な情報に注目すると不確定性，すなわち，COが回避しようとするものへ注意を向けることになる。したがって，COは一致情報に注意を向けやすいと予想されたが，支持は得られなかった。おそらく，COはひとたび印象を形成すると，新しい情報をその印象と関連づけて精査することさえせず，その人がどんな人なのかについて新たな曖昧さが表面化しないようにしているのであろう。もしそうだとすれば，新しい情報は既存の印象と関連づけて処理されないので，不一致情報はもはや重要では

なくなる。しかしながら，これは推論の域をでていない。重要な点は，UO（そして，人間の記憶に関する既存の理論）とは対照的に，COの記憶の中で不一致情報が目立つとは考えられない，ということである。いずれにしても，ドゥリスコルら（1991）の結果は，UOとCOの思考における違いを明らかにしている。すなわち，不確定性や曖昧さを高める情報は，COではなく，UOの心のなかで目立つと思われる。これらの知見は，キングとソレンティノ（King & Sorrentino, 1988）による以前の研究結果とも一致している。

ドゥリスコルら（1991）と同様に，キングとソレンティノ（1988）は，UOとCOにとって，確定性と不確定性は違ったように受けとめられることを見いだしている。キングとソレンティノ（1988）による研究の参加者は，ある人物についてのさまざまな行動記述（全部で12）を読んだ。これらの記述内容は，相対的に不確定性を志向した行動と，確定性を志向した行動を反映するように選択された。以下にそれぞれの例を示す

> ドナルドはいったん何かをしようと心に決めると，それがどんなに時間がかかろうとも，どんなに難しくても，成し遂げることをよしとする。変えたほうがもっとよくなるだろうと思われるときでさえも，彼はめったに決心を変えない。

> ドナルドは，他人に自分の考えや見方を押しつけるような人ではない。彼は，ものごとをおこなうのに唯一正しい方法はなく，唯一正しい見方もないと感じており，他人の考えや行為を受け入れ，尊重する。

これらの記述に関するその後の記憶テストにおいて，研究者は参加者による記憶の歪みを観察した。参加者は，実際よりも，それらの記述をポジティブなもの，あるいは，ネガティブなものと記憶していた。これらの記述を読んでから1週間後，UOは不確定性に関連した記述をより不確定な方向に歪めたし，COは確定性に関連した記述をより確かな方向に歪めた。これらの結果は予測と一致しており，UOとCOが不確定性や確定性をどのように考えるのかの違いを反映しており，それぞれの志向性と記述内容が一致していると，よりポジティブな評価をおこなった。しかしながら，驚いたことに，（記述を読んで15

分後の）直後の再生テストでは反対の結果が認められた。つまり，参加者の志向性とは反対の記述に対して，記述内容と一致する方向の歪みが認められた。おそらく，参加者の期待と記述内容との不一致が，最初に注意をひき，何らかの対比効果が生じたと考えられる。例えば，不確定志向の人に関するニュートラルな記述は，不確定性を志向した行動をネガティブと考える人にとっては，ポジティブに思えるようである。しかし時間が経つと，それらの情報は参加者が本来もつ評価的な期待に沿うように歪められると考えられる。いずれにせよ，この研究は，同じ行動や態度に対するUOとCOの見方の違いを明示している。

2　認知構造の堅さ

　前節で示唆したように，もし一般的に，UOがすでにもっている考えや先行情報と一致しない情報に注目する傾向にあるなら，その傾向は（COとの）認知構造の違いを反映する（もしくは作りだす）かもしれない。特に，不一致情報を重視する人は，重視しない人に比べて，白黒をはっきりさせる堅い認知構造をもたないと思われる。これから述べるように，不一致情報は，何か新しいことを学習するという点において，多くの内容を与えてくれる。同時に，不一致情報は世界についてすでにもっている考えの明快さ（確定性）にとって大きな脅威となる。なぜなら，不一致情報は堅い認知構造を維持することを困難にするからである。

　COとUOの認知構造を調べるために，ロニーとソレンティノ（Roney & Sorrentino, 1987）は，COとUOが用いる人物カテゴリーの特徴を検討した。この研究では，近接したカテゴリーの明確な区別を維持することにより，人がもっている人物カテゴリーが明快さや確定性をもたらす程度に，特に興味があった。例えば，「会社の重役」のような社会的カテゴリーのメンバーに対する見方は，「学生」のような社会的カテゴリーのメンバーについての見方と著しく異なるのだろうか。カテゴリーのメンバーが相互に明確に区別されていれば，人のカテゴリー構造も明確に区別されている（すなわち，弁別性が高い）とみなされる。この例において，人物カテゴリーの構造は，あるカテゴリーのメンバーと他のカテゴリーのメンバーの違いを強調することで，最も大きな明快さ

がもたらされる。したがって，これらのカテゴリーのメンバーについて考えるとき，人は曖昧さ，つまり不確定性を感じないだろう。つまり，会社の重役は，通常一貫して，その他の社会的カテゴリーのメンバーとは異なると考えられるので，このカテゴリーの成員性（membership）に基づいたその人に対する判断の確かさ（確定性）が増す。この理由から，COはより明確に区別された（すなわち，ほとんど重複しない）カテゴリーをもつと予想される。

　カテゴリー間の類似性を認めることは，カテゴリー化することによって得られる確定性を低減する。つまり，ある人が会社の重役であることを知っても，他のカテゴリーのメンバーと比較して，その人がどのような人なのかについて，実際には確かなことがいえない。このことは，ドゥリスコルら（1991）の結果によって示されたように，UOにおいて起こりやすいと思われる。なぜなら，UOは先行情報と一致しない情報に特に注意を向けやすいからである。カテゴリーに関していえば，UOは自分のカテゴリーに基づく期待を裏切る情報に特に注意を向け，考えやすいことを意味している。もし，カテゴリーに基づく期待が「会社の重役は保守的である」というものであったとしたら，「非常に進歩的な重役」といった期待とは逆の情報が提示されたときに，UOは最もよく考えるであろう。このようにカテゴリー間の類似性を認める常習的な傾向によって，UOはカテゴリー間を明確に区別する堅いカテゴリーを形成しにくいと考えられる。

　これらのアイデアを検証するために，ロニーとソレンティノ（Roney & Sorrentino, 1987）は，キャンターとミシェル（Cantor & Mischel, 1979）による研究を部分的に追試した。研究参加者には，人物カテゴリーのリスト（会社の重役，学生，主婦，会社員）と，別の用紙に書かれた人物の属性に関するリストを与えた。そして参加者に，各人物カテゴリーの下に，そのカテゴリーをよく表わす人物の属性を書くように求めた。弁別性がこの追試の目的として最も重要な指標であり，複数のカテゴリーで重複して書かれた人物属性の数によって判断された。つまり，カテゴリーが区別されているほど（すなわち，カテゴリー間で共通しているとみなされる属性が少ないほど），その人物カテゴリーは弁別性が高いとみなされた。ロニーとソレンティノ（1987）は，COはUOよりも弁別性の高い人物カテゴリーを実際にもっていることを見いだし

た。また，UOは，さまざまなカテゴリーにあてはまる属性として，より多くの属性をあげる傾向にあったが，カテゴリーについてあげられた属性の全体数を考慮した場合にも，このことはあてはまった。そして，予測したように，COがもっている人物カテゴリーの認知構造は，UOよりも弁別的であった（つまり，カテゴリー間のより明確な区別を示していた）。

　COがより弁別的なカテゴリーをもつという知見は，認知的動機づけと認知構造との間に想定される関連性について，いくつかの疑問を提起する。1つの可能性は，認知的動機づけの違い（例えば，新しいこと，なじみのないこと，不確かなことを探し求めたり重視すること）が認知構造の違いを生みだす，というものである。確かさやすでに知っていること，なじみのあることに関心を示すほど，明確な境界をもつ認知構造が結果として生じると思われる。もう1つの可能性は，認知構造が認知的動機づけの原因となりうる，というものである。おそらく，相対的に堅く，弁別的な認知構造によって，新しい情報の探索は促進されないであろう。なぜなら，カテゴリーの成員性に基づいて，すでに多くのことを知っていると思っているのであれば，新しい情報が必要とされることはないからである。そして，3番目の，わたしたちから見てもっともらしく思える可能性は，認知構造と認知的動機づけの双方が，より基本的な志向性を反映している，ということである。例えば，確定性への志向性（または，曖昧さ，すなわち不確定性を回避する志向性）によって，曖昧ではなく，親しみがあり，知っていることに注意が向けられるであろう。結果として，認知構造における明快さ（明確に区別できるカテゴリーの場合のように）が好まれるのであろう。そのために，この明快さに脅威をもたらすかもしれない情報をあえて探そうという特別な動機づけは生じない。一方，もし世界について知りたいと動機づけられた場合，不一致情報は多くの新しい知識をもたらすので，最も大きな注意が向けられるだろう。しかし，そのことで弁別的なカテゴリーによる明快さは傷つくかもしれない。認知的動機づけに従った結果，認知構造における明快さを維持し，増進するという全体的なパターンか，あるいは，明快さと対立する新しい情報や予想外の情報を重視する，すなわち明快さとは対立するパターンが生じると思われる。

　人が何について考えるのかという思考の本質や，認知の構造に関する研究は，

認知的動機づけについての疑問を提起する。すなわち，いつ，そして，どのように，異なったタイプの情報を重視しようと動機づけられるのだろうか。これらの疑問は次節で検討するが，不確定志向性と関連した認知的動機づけの本質は，当初の予想よりも複雑で，興味深いものであることが明らかになる。

3　考える動機：精緻化見込みと動機をもつ戦術家

　1970年代から1980年代にかけて，社会心理学では社会的認知が非常に注目される領域になった。当初，人物カテゴリーや対人認知の本質に関する問題や，対人印象の記憶に影響をおよぼす過程に対して，多くの関心が寄せられた（Fiske & Taylor, 1991を見よ）。本書におけるこれらの問題についての議論では，思考の内容を強調した。しかし，社会的認知において，動機づけの問題がますます重要になってきた。例えば，人はある情報については注意深く考えようと動機づけられるのに，他の情報にはほとんど注意を払わないのは，なぜだろうか。人が，ある情報を求め，ある情報には無関心で，また，ある情報に対しては明らかに避けようとするのはなぜなのか，そのダイナミックスをどのように理解すればいいのだろうか。本章における前の議論が示すように，UOはCOよりも不一致情報に注意を向け，COは明快さの大きい（曖昧さが少ない）認知構造をもっているようである。このことから，わかりたいという欲求と曖昧さを避けたいという欲求は，認知的動機づけを理解する際の，基本的に重要な２つの論点であることを意味している。したがって，ここでの議論は，次に，考えることに対する動機づけを理解する主なアプローチを検討し，このアプローチと不確定志向性との関連性について吟味する。

　認知的動機づけ一般に焦点を当てた理論や研究が現われるなかで，自己知識（self-knowledge）に興味をもつ理論家のアプローチとはいくぶん異なったアプローチが展開された。このアプローチでは，情報の検索や評価において注意深く，思慮深い処理を生起させる場面と，表面的で，おおまかな情報処理を生起させる場面を吟味することが強調されている。自己知識の研究では，自己を知ることは一般的に重要なことであると仮定されている。したがって，自己に関する理論では，自己についてすでに知っている側面か，まだ知らない側面の

いずれかを強調する。言い換えれば，自己モデル（self models）では，自分自身について考えようとする高い動機づけが仮定されている。より広い認知モデル（cognitive models）においては，いつ，わたしたちが対象について注意深く考えようと動機づけられたり，動機づけられなかったりするのかということが，重要な問題となっている。

　認知的動機づけを強調するモデルが重視されてきた1つの研究領域として，説得がある。説得の研究者たちは，どんな種類の情報が人の態度変容に最も効果的であるかという疑問を理解することに長く関心をもち続けてきた（例えば，Hovland, Janis, & Kelley, 1953）。そして，社会心理学がより認知を重視するようになるにつれて，それらのモデルはさらに発展した。そのようなモデルの1つが，ペティとカシオッポによって提唱された（例えば，Petty & Cacioppo, 1981を見よ）。彼らのアプローチでは，人が説得メッセージを評価するときに，いつ，思慮深く，また，注意深くなるのか（説得の「中心ルート」と彼らがよぶもの），そして，いつ，表面的な手がかりによって影響を受けやすくなるのか（説得の「周辺ルート」と彼らがよぶもの），といった違いが強調されている。チェイキンは，これらを表面的な手がかりとよんでおり，説得と密接に関連したモデルにおいては，時々，ヒューリスティック（heuristics）とよんでいる（Chaiken, 1987を見よ）。

　ペティとカシオッポは，自分たちの理論を精緻化見込みモデル（elaboration likelihood model）と名づけた。この理論によれば，人は能力と動機づけがあるときにのみ説得メッセージを注意深く評価する。言い換えれば，（例えば，メッセージの内容を理解できて，考える時間があるときには）与えられたメッセージを処理することもあるだろうし，そして，そもそも，その議論を注意深く評価するために必要な努力をすべきかどうか（つまりヒューリスティックな処理ですませるか，システマティックな処理をおこなうか）を考慮して，そのメッセージを扱うだろう。同様に，チェイキン（Chaiken, 1987）は，時間がなかったり，その内容について注意深く考えようと動機づけられていないときには，要求されるまま，説得メッセージを効率的に処理するためにヒューリスティックを用いることを示唆している。そのような場合，人は意見を決めるために，メッセージを伝える説得者の専門性や好ましさのようなヒューリスティ

ックに頼ることになる。

　多くの研究が（その説得内容について考える動機づけを高めるために）説得内容に対する自己関与度（personal relevance）を操作し，この操作が説得におよぼす効果を検討している。ペティら（Petty, Cacioppo, & Goldman, 1981）による研究は，これらの研究の考え方を示している。この実験で扱われた問題（説得内容）は，大学は，学部教育の卒業要件として強制的な総合試験を導入すべきか否かであった。この問題に対する，実験に参加した学生にとっての自己関与度を高める，または低めるために，最初に，大学はこの試験を1〜2年以内（学部1年生である参加者にとっては自己関与度が高い）か，5〜10年以内（この参加者たちにとって自己関与度は低い）に導入することを考えていると伝えた。

　人がどのくらい注意深く情報を処理するのかを検討するために，説得の研究者は，議論における情報の質を操作する。もし，人が説得メッセージを注意深く処理するならば，弱い議論よりも強い議論によって，その人は説得されるはずである。また，研究者は特定のヒューリスティックな手がかりの有無を操作して，それが説得に影響をおよぼすのか否かを検討することにより，ヒューリスティックの効果を検討している。ペティら（Petty et al., 1981）は，この点を検討するために，メッセージに責任をもつ人の専門性の水準を操作した。半数の実験参加者には，そのメッセージが教育学の教授によって書かれたものであると告げ，残りの半数の参加者には，高校3年生によって書かれたものであると告げた。（メッセージの内容とは無関連な）情報源の専門性によって説得されるほど，その人はヒューリスティックな手がかりを用いる。精緻化見込みモデルとチェイキンのヒューリスティック・モデルによれば，自己関与度が高くなると，弱い議論の条件に比べて，強い議論の条件において説得がふえるはずである。これは，議論の質に注意が集中されると，メッセージのより注意深い処理が起こることを表わしている。同時に，自己関与度が高まれば，専門性の高い条件と低い条件における説得の差異が減少すると考えられる（メッセージを注意深く評価しようとする動機づけが高まるにつれ，あまりヒューリスティックに頼ろうとしないことを表わしている）。これは，まさしくペティら（Petty et al., 1981）が見いだしたことである。つまり，人はその問題が自分と関係していると考えると，議論の質により敏感になるのに対して，その問題が

自分と関係していないと考えると，ヒューリスティックな手がかり（専門性）から大きな影響を受ける。

したがって全体として，これらの理論から，人は動機づけによって影響される思考パターン（どこで心的なエネルギーを使うか）をもつ「動機をもつ戦術家（motivated tacticians）」であると考えたくなる（Fiske & Taylor, 1991を見よ）。一般的に，この理論におけるこの考え方は，場面が人にとって重要であればあるだけ，結論をだす前に人はより注意深く情報を検索し，評価し，別の選択肢までも考える，ということである。人にとってそれほど重要でない場面では，人は自分の資源を節約し，安易に結論を出すために"目の子勘定"（ヒューリスティック）を用いる。したがって，この考え方によれば，心的資源（mental resources）は戦術的に使われる。次節では，UOとCOの個人差を考慮した研究を紹介して，この考えに対する疑問を提起する。

4　不確定志向性と認知的動機づけ

以前に論じたUOとCOの違いをふり返ると，前節で述べた内容から，動機づけが思考におよぼす影響について，いくぶん異なった見方が提出される。議論についての注意深い考察によって説得が決定されるとみなすペティとカシオッポの中心ルートでは，説得が起こる前に，すべての関連した議論が用心深く評価される（議論が十分に納得できないときに説得は起きない）。このアプローチは，世界について学びたがっている「発見志向」の人から連想されるものに，いくぶん類似している。すべての情報は，基本的に何かを学ぶために役立つので，吟味され評価されるであろう。一方，異なる議論は異なる結論を支持するので，多くの場合，このようなアプローチは不確定性に対する耐性を必要とするであろう。もし，COのように，主に曖昧さを避けることに動機づけられていると，さまざまな議論を注意深く考慮することは，結論が混乱してしまうという結果になりやすいために危険な側面もある。注意深い検討はCOにとって必ずしも意味のあることであろうか。以前に述べたモデルは，話題がその人にとって重要であるとき，人は注意深く，思慮深い情報処理をおこなうと述べているが，混乱を招くことを忌み嫌う場面では，そういうことは起きないの

ではないだろうか。もしもそうならば，COはモデルと全く反対のやり方，すなわち，場面が重要であるほどメッセージを注意深く評価しないようにふるまうことが予想される。けれども，重要な場面においても何らかの決定をしなければならないので，COはどのようにふるまうのであろうか。おそらく，比較的曖昧でない意見をもたらしてくれる範囲で（少なくとも，はっきりした明確な答えに導いてくれるタイプの）ヒューリスティックを用いるだろう。したがって答えは，重要性が高く，同時に混乱している場面において，(a)システマティックな情報処理が減少し，(b)明確な答えをだしてくれるヒューリスティックな情報処理への依存がふえるであろう，ということである。

　この論法に従えば，動機づけと思考の本質についての全く異なった見解が明らかになる。この見解は，個人にとっての重要性が増すにつれ注意深い情報処理が促進されるのではなく，場面が重要になるにつれ世界を理解する個人に特徴的な方法が用いられやすくなる，ということを示唆している。重要性が増すと，おそらく自分にとって不確定な問題について何かをわかりたいという欲求が高まり，UOは利用可能な情報を注意深く検討する。しかし同時に，場面の重要性が増すことは，考えられる混乱に伴う損失も増大するので，COはヒューリスティックを用いることになり，特定の議論に対する注意は低下するであろう。

　ソレンティノら（Sorrentino, Bobocel, Gitta, Olson, & Hewitt, 1988）は，上述の仮説を検証するために2つの実験をおこなった。これらの実験は，精緻化見込みモデルとチェイキンのヒューリスティック・モデルから得られた仮説を検証する実験に基づいていた。この実験手続きには，説得内容が個人にとって重要であると思わせる教示か，またはさほど重要でないと思わせる教示を含んでおり，この操作によって，個人が情報そのものか，それとも利用できるヒューリスティックな手がかりのいずれを重視するか，その効果を測定した。

　ソレンティノら（1988）によっておこなわれた研究の1つは，前節で紹介したペティら（Petty, Cacioppo, & Goldman, 1981）の研究の追試であった。問題は総合試験を大学の卒業要件にすべきか否かであり，個人にとっての重要性を，総合試験が1〜2年以内か，もしくは5〜10年以内に導入されると述べることにより操作したことを思いだしてほしい。また，議論の質も変え（強い

4 不確定志向性と認知的動機づけ

議論と弱い議論)，メッセージ源といわれる人の専門性も操作した（教育学部の教授と高校3年生）。ソレンティノらの研究の主な関心事は，（情報の専門性によって影響される）ヒューリスティックの利用と対比した場合の（議論の強さによって影響される）議論の注意深い検討におよぼす自己関与度の効果における，UOとCOの違いを示すことであった。

まず議論の強さについてみると，ソレンティノら（1988）は，自己関与度が変化することにより，COとUOに異なった影響があることを見いだした（図3-2を見よ）。ここで興味あることは，強い議論と弱い議論の条件における説得効果の違いであり，この違いは人が議論に対してより注意深くなるほど，その違いは大きくなるはずであった。図3-2は，UOの場合，精緻化見込みモデルが示唆するように，自己関与度が高い条件でこの差が大きいことを示している。ところが，COの場合，それとは反対になっており，自己関与度が低い条件よりも高い条件において，強い議論と弱い議論の差が小さくなっている。これは，先述した論理的根拠と一致したものである。すなわち，混乱や曖昧さが嫌悪的なものであり，場面の重要性が高くなるほど，COは確定的な結論が得られず，矛盾した結論が得られるかもしれない議論を注意深く吟味しないと考えられる。他の理論が予測するように，個人的に重要な条件において中心ルートの情報処理がふえるのではなく，この条件においてCOはメッセージを注意深く考えないようである。

では，専門性の効果はどうだろうか。図3-3は，ソレンティノら（1988）の結果を，情報源の専門性と自己関与度，不確定志向性について表わしたものである。チ

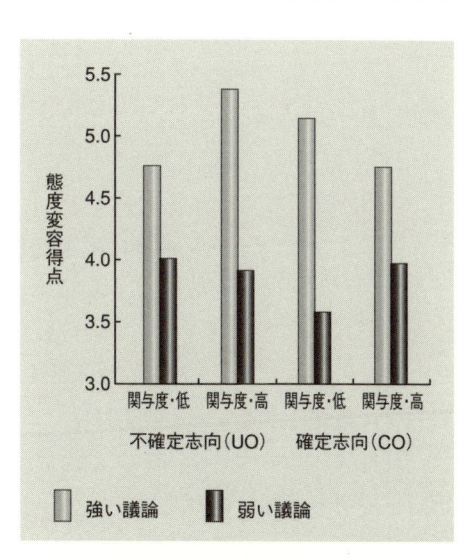

図3-2 不確定志向性（確定志向COと不確定志向UO）×自己関与度×議論の強さにおける態度変容得点
出典：Sorrentino, Bobocel, Gitta, Olson, & Hewitt（1988）

ェイキンのヒューリスティック・モデルや精緻化見込みモデルのような理論では，メッセージを注意深く考えようと動機づけられていないときに，ヒューリスティックの使用が多くなると予測することを思いだしてほしい。UOについては，ふたたび，これらの予測を支持する結果であった。専門性の高い条件と低い条件の（ヒューリスティックな手がかりの使用を示す）説得効果の差異は，自己関与度が低い条件において大きかった。これは，UOは議論の強さに影響されないという先の条件と同じであり，メッセージについて考えるために多くの認知的努力を払わない

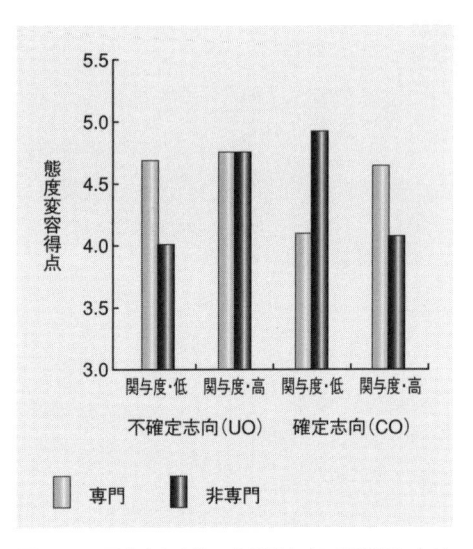

図3-3　不確定志向性×自己関与度×情報源における態度変容得点
出典：Sorrentino, Bobocel, Gitta, Olson, & Hewitt（1988）

場面において，人はヒューリスティックを利用するという考えと一致している。

　COについては，ここでもまたUOとは全く反対の結果となった。COにとって，説得内容に対する関与度が高いとき，専門性の高い条件と低い条件の差異が大きくなった（これは，非専門家よりも専門家から説得を受けやすいという，予想された方向であった）。これはまた，議論の強さの操作による影響が少ない条件であったので，メッセージの内容を慎重に評価しようとしない場面では，人はヒューリスティックに依存するという考えと一致している。さらに，メッセージに関する思考リストの結果は，このことを支持していた。思考リストとは，説得メッセージについて考えていたときに，どのようなことを考えていたのかを実験参加者に自由記述させたものである。自己関与度が高い条件では，情報源についての思考がCOの態度変容を明確に予測したが，情報内容についての思考はCOの態度変容を予測しなかった。これは，UOについての結果や，ヒューリスティック・モデルや精緻化見込みモデルが予想するものとは全く反対の結果であった。つまり，重要な場面において，情報内容の思考は情報源の

思考よりも重要であると考えられてきたが，これらの理論の予想に反して，問題が重要であるとき，COはメッセージの内容よりもヒューリスティックに依存していた。

ソレンティノら（1988）によって報告されたもう1つの研究でも，COとUOの認知的な処理におよぼす個人にとっての重要性の効果が示されている。この研究は，総合試験の問題に関して自己関与度を変化させた前述の研究と似ていた。しかし，この研究では議論の強さや主張者の専門性は操作せずに，メッセージの質のみを操作した。半数の参加者は，総合試験の導入に肯定的な4つの強い議論を含むメッセージを読んだ（前の研究の強い議論条件と同じであった）。残りの半数の参加者は，ポジティブな同じ4つの強い議論に加えて，試験の導入に否定的な2つの強い議論を含むが，最終的には損失よりも利点が大きいと結論づけるメッセージを読んだ。言い換えれば，前の条件はすべての議論が一貫しており（一面的な），あとの条件は，賛成の議論が提示され，次に反対の議論が提示された（二面的な）。この操作には，特定のヒューリスティックな手がかりを含んではいなかったが，確かさと曖昧さの次元に対応していた。つまり，一面的なメッセージは，考えたり決心したりするための対立した情報を提供しない（すなわち，確定性を提供する）が，二面的なメッセージは，この話題について不確定性をもたらす。ふたたび，先述した考え方に基づけば，発見志向的な人にとって自己関与度が高まると，その話題について理解する重要性が高まると期待され，意思を決定する前に賛成・反対の議論を慎重に考えようとする。しかし，曖昧さを回避する人にとって関与度が高まると，混乱による損失が高くなり，一貫していない情報を含むメッセージよりも一貫したメッセージの影響を強く受ける。この考えに基づき，ソレンティノら（1988）は，UOの場合，自己関与度が高まることによって二面的なメッセージの説得効果が高まるが，COの場合，一面的なメッセージの説得効果が高まると予測した。

図3-4が，この研究の結果である。全体的に一面的メッセージ条件のほうが，説得の効果が高かったので，一面的メッセージ条件と二面的メッセージ条件の差異を検討するよりは，条件別に，自己関与度の操作の影響を考えるほうが有益であると判断した。この方法で結果を検討したところ，予測通りに，

UOは，自己関与度が低いときに比べて高いときのほうが二面的なメッセージによって説得されやすかった。これに対して，COは，自己関与度が高いときに二面的なメッセージによって説得されなかった。対照的に，自己関与度が高まるとUOに対する一面的なメッセージの効果は低下していたのに，COに対する一面的なメッセージの効果は高まっていた。

従来の研究では，初めは同意していなかった問題について説得しようとするとき，特に二面的メッセージの説得効果が強い，と考えられてきた（Hovland, Lumsdaine, & Sheffield, 1949）。これは，両サイドの議論を知らせ，一方の議論が他方の議論よりも優れている点を示すことによって特に説得しやすくなる，という考えに基づいていた。ソレンティノら（1988）の結果によれば，自己関与度が高まればその考えがUOにあてはまることが判明した。おそらく，その話題について理解しようとする動機づけが強くなるからであろう。しかし，COにとって，二面的メッセージの説得性は関与度が高まれば低下する。おそらくここでも，曖昧さや不確かさに伴う損失が大きくなり，COはそのようなメッセージに耐えられなくなったのであろう。もし，自己関与度がCOの明快さへの欲求を高めるのであれば，二面的なメッセージは明快さを提供しないので，二面的なメッセージの説得効果は割り引かれるだろう。しかし，自己関与度が低い条件において，すなわち，曖昧さに伴う損失がより低いと考えられるとき，自己関与度が高い条件のUOのように，二面的なメッセージによってCOが説得されていたことは興味深い。この意味については，さらにあとで論じる。

一面的なメッセージについては，これまでヒューリスティックを反映するも

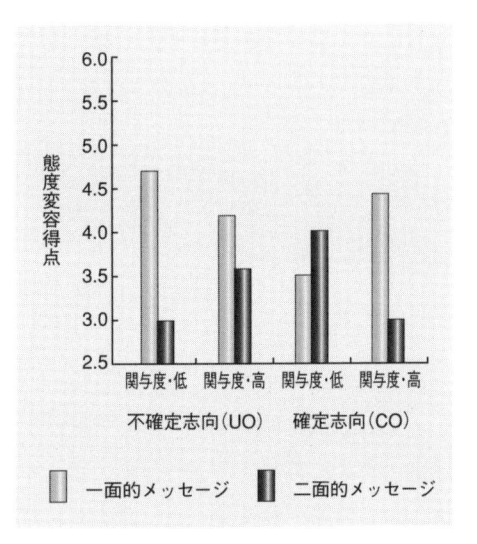

図3-4 不確定志向性×自己関与度×メッセージの質における態度変容得点
出典：Sorrentino, Bobocel, Gitta, Olson, & Hewitt（1988）

のとして特に議論されていないが，一面的なメッセージは，ヒューリスティックと同様に，問題に関する比較的簡単な評価を与えてくれるし，明確な結論も与えてくれる。自己関与度の低い条件において，この一面的なメッセージによって，UOはいくぶん説得されやすい傾向にあった。これは，ヒューリスティックな情報処理の考え方に一致するが，自己関与度の高い条件でも，その説得効果は高い水準であった（おそらく，議論が強いものであったことを反映しているのだろう）。しかし，COにとって，自己関与度が高まると一面的なメッセージの説得効果を高めていた。おそらく，一面的なメッセージが彼らにとって，ますます重要になっている明快さをもたらしてくれたからであろう。

　ソレンティノら（1988）の2つの実験結果によって，人の思考におよぼす動機づけの影響は，従来の理論が予測したよりも複雑であることが示された。特に，不確定志向性に相当するものが，これら従来の理論には欠けていると考えられる。従来の研究に不確定志向性を導入すれば，第1章で簡単に紹介したように，いくぶん異なる動機づけと情報処理のモデルが得られる。このモデルは，自己関与度や場面の重要性が高まれば，その人にとっての本来の志向性が促進されると主張する。UOにとって，個人的な重要性の増加は，自分自身や世界について知りたいという関心から，不確定性へ接近し，処理する傾向を強める。その場面が重要でないとき，UOは手早くて安易な方法をとる。これは精緻化見込みモデルなどの理論が，すべての人がこのようにふるまうと予測したものと基本的に同じである。ソレンティノら（1988）の結果によれば，COは場面が重要になるにつれ，混乱を回避する傾向が強まることも示唆している。これは，従来の理論が一般法則として予測したことと反対の傾向である。興味深いことに，COは，場面が重要でないとき，これらの問題に潜在的な不確定性を処理しようとしているように思える。おそらく，それは混乱による損失が低いからと考えられる。ソレンティノら（1988）は，実験で用いた自己関与度の操作，つまり総合試験が近い将来に導入されるという可能性によって，診断的な場面が構成されたと指摘している。次章で紹介する遂行に関する研究は，COは自分の能力について診断的でない場面において，一貫して動機づけを高めることを見いだしている。これは，診断的でない場面において，COがメッセージについて考える高い動機づけを示しており，ここで生起したことと同じこと

なのかもしれない。もしそうならば，自己関与度は低いが，診断性は低くない場面においては，この逆転は示されない可能性がある。

　ソレンティノら（1988）の実験結果は，いままでのところ，情報処理における相反する2つのスタイルを代表するものとして，不確定志向性という概念を最も強く支持しており，その他の類似した性格特性と不確定志向性とを明確に区別している。自己関与度を高める同じ操作によって，両者のそれぞれの傾向が強められた事実は，ある属性をどのくらい強くもっているか，という問題ではないことを示している。例えば，仮に確定志向が単純に学習志向の欠如を示すとすれば，重要な場面において，説得者の専門性により依存したり，一面的なメッセージに影響を受けやすくなることを予測することはできない。不確定志向性とその他の特性を比較するという点において，不確定志向性が関心を示している認知側面の本質の解明に，表面的に類似した性格特性が少しは役立つのかもしれない。

5　不確定志向性と認知動機

　第1章で議論したように，不確定志向性理論と類似した問題を扱うその他のアプローチとの重要な相違点の1つは，不確定志向性の次元を基本的に相反する2つの志向性を表わすものとみなす点にある。1つの特性は，不確定性を解明し，新しい知識を得ようとする関心を反映し，もう1つの特性は，主として曖昧さや混乱を回避しようとする関心を反映している。これまで論じてきた精緻化見込みモデルを検証する説得研究の流れのなかで開発された「認知動機（need for cognition）」と，不確定志向性とを比較することは，モデルの違いを明確にすることに役立つだろう。不確定志向性と同様，認知動機は，認知変数という大きな領域に含まれると考えられる。

　認知動機は「骨の折れる分析的な活動に従事したり，その活動を楽しんだりする特性的な傾向にある人と，そのような傾向にない人」を区別する（Cacioppo, Petty, & Morris, 1983, p.806）。この考え方によれば，ある人は，ある話題に関する議論を注意深く評価するという特性をもっているので，そうすることに動機づけられる，ということになる。この変数は，自己関与度の操

作に対応する個人特性として導入された。つまり、ある人たちはそのような認知的な活動をいつも楽しむので、認知的な努力をおこない、情報を分析することに動機づけられていることが示唆されてきた（一方、関与度の操作は、正確さが重要となるので、認知的活動の動機づけが高まると仮定されている）。この変数を含む研究は、認知動機の低い人がヒューリスティックを多用すると主張しているのではなく、認知動機の高い人が議論を注意深く検討する、すなわち、中心ルートによって説得されやすくなることを主張している。この考えを検討するために、カシオッポら（1983）による2つの実験では、議論の強さが操作され、認知動機の高い人と低い人におよぼす効果が測定された。これらの研究の1つの結果を図3-5に示す。議論の強弱による説得効果の違いは、認知動機の低い人に比べ、認知動機の高い人のほうが大きいことが示されている。

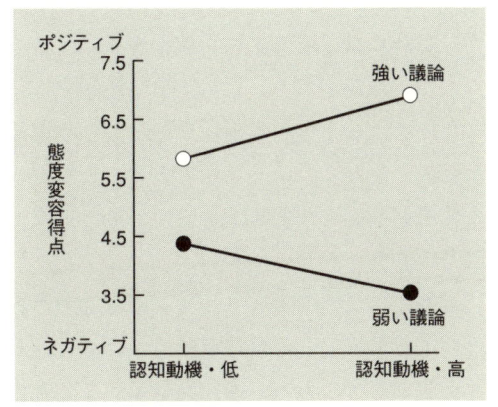

図3-5　認知動機×議論の質における態度変容得点
出典：Cacioppo, Petty, & Morris（1983）

ところで非公式な議論において、この変数を扱うことの多い研究者は、不確定志向性と認知動機との明白な類似性を指摘し、両者が同じものではないかと尋ねてくる。しかし、一定の類似性はあるものの、2つの特性は実際には同じものではない。その違いを比較することは、不確定志向性がどのように思考と関連しているのかについての理解に役立つ。最も明白な違いは、他の認知的な性格特性の場合と同様、認知動機の研究には1つの動機しか含まれないことである（努力を要する認知的課題に取り組もうとする動機づけの高い人と低い人を区別する）。一方、不確定志向性はUOとCOを量ではなく質で区別する。COは、単純に、不確定性への志向が弱いのではなく、ソレンティノら（1988）による2つの実験で示されたように、全く異なる行動パターンをとる。認知動機の次元には、確定志向に対応するものが欠けている。

この点を考慮すれば，考えるべき次の疑問は，認知動機の高い人はUOと同じであるか，ということである。実際，かなり類似しているように思えるが，これらの特性は等価であろうか。しかし，そうではないことを示す多くの理由がある。第1に，実証的に，不確定志向性と認知動機との間には，あったとしても弱い相関しか得られていない。ソレンティノら（1988）は，弱いながらも有意な相関（$r = .20, p < .01$）を見いだしているが，ギッタ（Gitta, 1988）は，認知動機に関してUOとCOに有意な差異を検出できなかった。しかし，ギッタ（1988）は，認知動機が教条主義（dogmatism）と関連していることを見いだした。理論的にも，COが努力を必要とする認知的活動を好まない，と予測しなければならない理由はない。むしろ，彼らにとっての問題は，曖昧さよりも明快さを好むということである。したがって，認知的課題の性質と予想される結果に依存して，COはUOと同様，努力を要する認知的活動を実際に楽しむこともある。

　最後に，ここで提案された不確定志向性の概念と認知動機のような他の概念との主な相違は，それらが動機づけや行為との関係について仮定されているダイナミックスにある。認知動機はかなり直接的な動機づけを仮定する。すなわち，認知動機が高いことは，認知的な努力をおこなう動機づけが強いことをさす。しかし，ソレンティノら（1988）の2つの実験結果は，このことが不確定志向性にはあてはまらないことを示している。たとえ，認知動機の高い人との類似性が考えられるUOのみに注目したとしても，その効果はより複雑であるように見える。つまり，自己関与度によってUOの行動は完全に変化し，UOにとって問題が重要なとき，UOは努力を要する認知的処理を示すが，問題が重要でないとき，UOはヒューリスティックを使用する傾向が強くなる。言い換えれば，不確定志向性は自己関与度の効果を単純に映しだすのではなく，自己関与度と交互作用する。UOにとって，ヒューリスティックを使用することや，単純な手段の影響は（一面的なメッセージなど），自己関与度が低い場面で増加する。これはおそらく，新しい情報の重要性が低いからである。COは，自己関与度が低いとき，まちがいなく情報の内容に対して注意を向けようとする（メッセージの質による影響を，より強く受ける）。おそらく，話題の混乱に伴う損失が低いためと思われる。これらのUOとCOにおける逆転は重要で

ある。なぜなら，この逆転は，UOもCOも努力を要する分析的な認知的処理をおこなうので，両者の違いを認知的処理に由来する内発的な喜びの差異に求めることはできず，UOとCOが異なる場面で認知的処理をおこなっていることを単純に示唆しているからである。

6　不確定志向性と認知能力

　前節の議論は，第1章で簡単にふれた問題につながっている。それは，不確定志向性の違いは，認知能力の違いによるのではないという考えである。例えば，COは，多くの複雑さを扱う認知能力をもっていないために，彼らがCOである，ということではない。ソレンティノら（1988）による2つの実験は，COが時として実際に複雑な情報処理をする（議論を注意深く吟味し，二面的なメッセージを考える）ことを明確に示している。ただし，それは，その話題がCOにとってそれほど重要でないときに限られている。もし，COの認知能力が低ければ，議論の強弱を弁別することもできないし，二面的なメッセージを要約することもできないのだから，そのような場面において説得効果が高くなることはないだろう。

　個人的な重要性が増加するにつれ，UOとCOに特徴的なパターン（不確定性や曖昧さに接近したり処理したり，あるいは，それらを回避したりする）がいっそう明示されるという事実から，能力ではなく，動機づけの問題であると主張される。このことはUOとCOの遂行を扱う次章において，さらにはっきりとする。それらの研究において，UOは単純にCOよりも優れているわけではない。むしろ，UOとCOは異なる場面で違う遂行を示すのである。したがって驚くことではないが，不確定志向性と知能の間には，ほとんど，あるいは，全く相関が見られない（King & Sorrentino, 1988 ; Sorrentino, Brouwers, Hanna, & Roney, 1996）。

　不確定志向性は，認知能力ではなく認知的動機づけを反映すると思われるので，この認知的動機づけの正確な特性を含む疑問が次にでてくる。この疑問は，ある程度，議論の余地を残しているが，不確定志向性に関する研究は，能力ではなく，強調点や関心点における違いを示している。人が情報（新しい活動に

よってもたらされる情報も含む）を収集するとき，最終的な結果は，新しい理解を獲得するか，混乱や曖昧さが残るかである。したがって，人が新しい情報を求めようとする動機づけは，その人が関心を向けているものに依存する。UOにとっての第1の関心は，新しい知識の可能性にある。COにとっての第1の関心は，明快さを維持する（すなわち，混乱を避ける）ことにある。これらの異なる関心は，結果として異なる行動パターンを引き起こす。UOの場合（新しい知識や成長を強調する），その人は新しい情報を探すために努力して進み，そのなかで生じると思われる（できれば一時的な）曖昧さを克服して活動する。COの場合（曖昧さの回避），個人はそのような場面を全く回避し，その代わりに権威ある人物に頼り，曖昧さを含む情報を無視する。ソレンティノら（1988）が用いた自己関与度の操作は，いずれかの関心（新しい情報が価値をもつか，混乱が問題となるか）を促進するので，COとUOに対して正反対の効果をもったと考えられる。

　ここで紹介している不確定志向性の基礎をなす動機づけの考え方は，認識的動機づけ（epistemic motivation）に関するクラグランスキーのモデル（Kruglanski, 1989, 1990を見よ）と類似している。クラグランスキーは，認識的動機づけを「特定帰結（specific closure）」の場合と「非特定帰結（nonspecific closure）」の場合に分けて論じている。これらの用語は，基本的に，知識が特定の疑問（わたしはよい人間か）に関連する場面と，より一般的な疑問（わたしはどんな人間か）に関連する場面とを区別している。それで，ある場面（特定帰結）では，人は特定の結論を導く特定の情報（例えば，わたしはよい人間であることを支持する情報）を選択的に検索する。一方，より一般的な場面（非特定帰結）では，いろいろな情報（例えば，わたしはよい人間であることを支持する情報や，わたしは悪い人間であることを支持する情報）を探し求める。この非特定帰結は「知ることと曖昧さ」の問題一般について言及することになるので，非特定帰結が不確定志向性と関連しているように思われる。自己高揚の関心（第2章で扱った，自分自身のよいところを知りたがる傾向）のような問題は，知ること一般ではなく，むしろ，何か特定のことを知ったり，信じたりしたいという願望であるから，特定帰結を含んでいる。

　クラグランスキーの理論は，もう1つの区別，つまり，帰結を求める動機と

帰結を避ける動機を区別する。「非特定帰結を求める動機（need to seek nonspecific closure）」は，（その答えが特定なものであるか否かにかかわらず）ある問題の結論や答えに到達させようとする圧力をさす。言い換えれば，不確かであるよりも答えをだすことである。確定志向との類似性は明らかである。対照的に，非特定帰結を回避する動機は，問題を開かれた状態のままにし，早急に決定を下すことを回避する動機づけをさす。この観点から不確定志向性は特に述べられていないが，ここでもまた，問題を開かれた状態のままでいることは不確定性に接近し，直面することであると考えられるので，両者は類似している。

　クラグランスキーの理論は，不確定志向性の研究と密接に関連しているように思え，実際，両方のアプローチは大筋で対応しているが，ともに指摘している強調点において違いがある。クラグランスキーが述べた動機の基礎は，次のように説明される。つまり「すべての認識的な動機づけと同様，非特定帰結の動機は，その結論を得ることで認知される利益と，それを失うことで認知される損失の両方，もしくは一方と比例すると仮定される」（Kruglanski, 1990, p.337）。それから，クラグランスキー（1990）は，損失対利益の分析結果に影響をおよぼすと考えた，（時間的切迫のような）場面要因と（不確定志向性を含む）性格変数について論じている。このアプローチは，以前に述べた動機づけをもつ戦術家の考え方ととてもよく似ている。この考え方は，人の認知動機は大部分，戦術的もしくは戦略的なものとみなされており，人が労力を費やすことが，その人にとって最も大きな利益となると感じる場面においてのみ一生懸命に考えるということに表われている。クラグランスキーのアプローチは類似しているように見えるが，接近志向の動機と回避志向の動機（結論にいたらないかもしれないさまざまな情報への接近と，さらなる曖昧さからの回避）を区別する不確定志向性のアプローチに近いだけである。

　クラグランスキーのアプローチ（および，動機をもつ戦術家アプローチ一般）と不確定志向性のアプローチとの強調点の違いは，先述したソレンティノら（1988）の2つの実験結果をふり返るとよく理解できるかもしれない。損失対利益アプローチは，性格変数と場面変数の双方がそれぞれ効果をもつと予測する。このアプローチは結論をだすか，結論を回避することによって，損失か利

益をふやすと考えられている。したがって，例えば，自己関与度によって早急に結論をだすということで損失が高まれば（まちがった結論をだすと損失が高い），関連した情報を探し求め処理するはずである。もし，不確定志向性が結論をだすことを回避する動機ならば，この特性も情報一般を探し求めることと結びついているはずである。しかし，場面変数と性格変数が組み合わされたときに，問題が生じる。損失対利益アプローチは，これらの加算効果を主張しているように思われる。すなわち，両方の変数が情報検索を促進し，両方が併存するときに情報検索を最も促進する。ソレンティノら（1988）の結果は，このことが単純にあてはまらないことを示している。すなわち，クラグランスキーのモデルは，多くの点でUOのモデルとよく似ている（簡単に対応づけることができる）が，方略的な損失対利益モデルの強調点は，不確定志向性に関する多くの考え方や知見と一致しない。わたしたちの強調点は，基本的に，個人が示す関心の本質にあって，場面がその関心をどの程度喚起するのかにある。

7 不確定な時代に対する示唆

　本章で議論した問題は，多くの人々が現在直面していると思われる不確定な時代において，人々がどのように対応しているのか，その理解に寄与するさまざまな意味を含んでいるように思える。不確定志向性が認知能力における違いをさすのではないことは朗報であろう。人がある場面に対処することを援助する必要があると思うなら，その人の不確定志向性を変えることも可能かもしれない（ただし，最終章における不確定志向性の発達に関する議論のなかで説明したように，それはやさしいことではないだろう）。例えば，話題に対する自己関与度が比較的低いときに，COは，弱い議論よりも強い議論によって，または二面的なメッセージによって説得されやすいと思われる。したがって，COが不確定性を処理しないのは，能力が欠如しているからではない。

　不確定性全般に関わると思われる特定の問題には，本章で検討した問題を考えることによって理解されるものもあるであろう。例えば，グローバリゼイションへの圧力について考えてみよう。社会的なグルーピングを考えるとき，人は，ますます，自分自身の分析単位の変容を迫られている。例えば，ヨーロッ

パにおいて，ヨーロッパ人のコミュニティは，少なくともある側面において，各人の国籍に置き換えられる。しかし，まだ多くの人がこの考え方をはっきりと拒否するし，時には，暴力的になる。ロニーとソレンティノ（Roney & Sorrentino, 1987）の研究に照らして，この問題を考えてみよう。ある人たち（CO）は，白黒を分ける堅い人物カテゴリーをもっているが，それは，認知的効率性に優れていて，相対的に明確で曖昧さのない世界観を提供する。しかし，その人物カテゴリーの境界が脅かされると損失が生じる。第1章で述べたように，アラブ・イスラエル和平活動において暴力を行使するネオ・ナチ集団や過激論者たちのような，極端で暴力的な反応は，単に，明確な人物カテゴリーを維持する問題であると述べることは，おそらくあまりにも単純化のしすぎである。しかし少なくとも，これらの要因は関与しているであろう。例えば，「価値の危機（value threat）」は，極端な偏見の強さを促進する重要な要因であることを示す研究がある（Haddock, Zanna, & Esses, 1993；Zanna, 1994を見よ）。したがって，グループ間の違いを強調する過程は，その違いには価値が含まれていると仮定されるので，とても簡単に，統合やグローバリゼイションに対する暴力的な抵抗に寄与する要因となると考えられる。

第4章 行為における不確定志向性

　前章では，人が自分自身やまわりの世界をどのように考えているのかを理解するのに，不確定志向性が有用であることを示した研究について述べた。思考におけるそのような違いは不確定志向性を理解する本筋だが，この構成概念の起源は行動を検討した研究にある。本章では，まずその起源となった研究を述べる。その研究はもともとアトキンソンの達成動機づけに関する理論（Atkinson, 1964；Atkinson & Feather, 1966；Atkinson & Raynor, 1974）から導かれた予測に対する1つの疑問がきっかけであった。次に，達成動機づけにおける自己の重要性は不確定志向性によって変化することを示す研究を紹介する。

　しかし，行動に関する研究に入る前に，多くの場合，読者の皆さんを混乱に陥れる，本研究における重要な要素を明確にしておく必要がある。行動に対する不確定志向性の重要性を検証した研究は，達成関連動機における個人差を考察したアトキンソンの考え方に依拠している。この研究によれば，人がある課題の遂行に情動的に関与し，その遂行を気にかけることが遂行に影響するが，その効果は，その人がもっている動機に依存して逆転する。したがって本章でも，不確定志向性が，どの場面で人が遂行に従事するかを決める重要な決定因であることを証明する研究も紹介する。不確定志向性に関する研究の複雑な予測（主な予測は一般的には二次の交互作用である）の基礎をなす理論を展開するために，達成関連動機の議論から始める。

1　達成関連動機，関与，遂行

　なぜ，ある人は一生懸命にものごとに取り組み，うまくやろうとするのに，他の人はそうしないのだろうか。これは，達成動機づけの研究領域に，多くの

研究者たちの関心をひきつけた最初の疑問であった。その研究の流れから展開してきた最初の構成概念が、「達成動機（need for achievement）」と名づけられた動機であった(McClelland, Atkinson, Clark, & Lowell, 1953)。この動機は、仕事において、できるだけうまくやることや、「卓越さの基準（standard of excellence）」に挑むことへの関心を反映しているように思える（McClelland et al., 1953)。後に、アトキンソン（Atkinson, 1964）は、この動機の主な支柱として「達成における誇らしさ（pride in accomplishment）」を経験しようと努力することの重要性を強調した。この動機をもっている人は、その動機の発露として、精力的に遂行場面にアプローチし、通常、それをうまくこなすことが予想される。

　当初、この変数は、個人差の構成概念として、この動機が高い人のほうが低い人よりも優れた作業をするといった主効果を示すだろうと考えられていたが、まもなく、フレンチ（French, 1955）の研究が必ずしもそうではないことを明らかにした。達成動機、すなわち、nAch（達成動機に関する投影法的な測度に基づく、McClelland et al., 1953を見よ）の高い人と低い人が、テストの見かけの重要性が変化する条件で課題を遂行した。半数の参加者たちは、その課題は知能に関係しており、人生における成功を予測する能力を測定する重要な課題であると信じ込まされた。一方、残り半数の参加者たちは、そのテストは必ずしも重要な能力を測定するものではないと告げられた（遂行に関する限りリラックスした状況が設けられた）。フレンチは、これらの条件を、それぞれ課題条件とリラックス条件とよんだ。この研究の結果を表4-1に示す。著しく高い遂行成績を示したのは、課題条件の達成動機の高い人であった。この結果は、この動機が遂行を高めるには、場面が重要であり、人がその場面に真剣に取り組むこと、および、その人が達成に動機づけられていることの両方が必要であることを示している。おそらく、リラックス条件の参加者は、うまくやることが彼らにとって意味をもたないために、一般的に、その場面に真剣には取り組まないと考えら

表4-1　達成動機と遂行条件による遂行量の差異

達成動機	遂行条件	
	リラックス	課題 （重要性・大）
高	17.73	29.80
低	15.40	16.66

出典：French (1955)

れる。したがって研究の初期から，動機づけの高さを予測するためには，個人と場面の両方の特性を考慮しなければならないことが明らかになっていた。

アトキンソン（1964）は，遂行を規定する個人の動機に関するこの考え方に基づいていた。アトキンソンによれば，達成動機は全体像の半分しか語っておらず，人の動機づけや遂行に影響する個人の動機を完全に理解するためには，人の遂行を妨げるネガティブな力についても考えることが求められる。とりわけアトキンソンは，遂行に関する不安と関連した失敗を回避する動機（時として，失敗恐怖とよばれることもある。例えば，Sorrentino, Short, & Raynor, 1984を見よ）を提唱した。アトキンソンは，この動機は基本的に達成動機と相反するように働き，遂行を妨げると考えた。フレンチ（1955）の研究と同じ方法を用いて，この点を例証するために，サラソン（Sarason, 1961）による研究を見ることにする。年度当初，実験参加者は（失敗回避動機の測度として使用した）テスト不安を測定する質問紙に回答した。のちに，この学生たちは再度実験に参加し，フレンチ（1955）の研究とよく似たリラックス条件と重要条件において，ある課題をおこなうように求められた（サラソンの研究では，脅威条件と非脅威条件とよばれており，前者には，テストはＩＱに関係している情報が含まれており，後者には，質問は難しいがすべての質問に答えなくても気にしなくてよい，という教示が含まれていた）。これらの結果が表4-2に描かれている。テスト不安が高い学生は，その課題が重要なときに遂行量が実際に低かった。すなわち，達成動機を用いたときと同様，特に，場面が重要であったり，真剣に取り組んでいるとき，この失敗回避動機も課題遂行に影響しており，この場合は遂行を抑制するということが明らかになっている。

したがって，達成関連動機のダイナミクスを十分に理解するためには，達成動機と失敗回避動機の双方を考慮する必要がある。アトキンソン（1964）は，これらの動機が独立して存在することも示唆している。すなわち，ある個人は両方の動機において，それぞれ高いことも低いこともあり

表4-2　テスト不安と遂行条件による遂行量の差異

テスト不安	遂行条件	
	非脅威 （リラックス）	脅威 （重要性・大）
高	5.31	3.54
中	3.49	4.73
低	4.04	4.92

出典：Sarason（1961）

うる。これらは相反する動機なので，人がどちらか一方の動機を主にもっていると，その人の行動は正確に予測できる，とアトキンソンは主張している。アトキンソンは，達成動機が強く，失敗回避動機が弱い人を「成功志向」とよび，失敗回避が強く，達成動機が弱い人を「失敗回避」とよんでいる。2つの動機がともに高い，あるいは，ともに低い人の行動は，たやすく予測することはできない（実際そうであることを示す証拠として，Sorrentino & Short, 1977を見よ）。

　次に，この考え方は動機が行動におよぼす影響を理解するために不可欠な基礎を提供する。この考え方は複雑であり，上述の動機が場面と交互作用して遂行を決定すると考える。人が真剣に取り組んでいる場面では，成功志向の人は遂行を促進し，失敗回避の人は遂行を抑制すると考えられる。また，人が真剣に取り組んでいない場面では，これらの動機は行動に影響しない。実際，あとで述べる多くの研究が示すように，このようなリラックスした真剣に取り組まれない条件では，しばしば遂行に逆転が生じ，失敗回避の人が成功志向の人より優れていることがある。この逆転のダイナミックスは十分に解明されていないが，[★1]指摘しておくべき重要なことは，この遂行の逆転が能力の違いではなく，動機の違いを反映していることである。つまり，ある特定の場面において失敗回避の人は，成功志向の人の最もよい遂行と同じ水準の遂行を示す。

　人がもつ達成に関連する異なった動機を検討することに加えて，アトキンソンは，そのような動機を喚起する場面を予測する達成動機づけの理論を展開した（Atkinson, 1964 ; Atkinson & Feather, 1966）。期待×価値アプローチの考えに従って，アトキンソンは，達成動機と失敗回避動機の双方が最も喚起され

★1　これらの逆転現象はいろいろと解釈できるであろう。そのなかの1つは，遂行に関する自信と正の動機づけとの関係が，（達成動機に関する理論のように）一次的ではないというものである。また，別の解釈としては，アトキンソンとバーチ（Atkinson & Birch, 1970）の「行動のダイナミックス」がある。この考え方には，完了価（consummatory value，ポジティブな動機づけが最近どのくらい費やされたかの程度であり，費やされればポジティブな動機づけが低くなる）と，抵抗力（force of resistance，ネガティブな動機づけが最近どのくらい費やされたのかの程度であり，費やされればネガティブな動機づけが低くなる）の考え方が含まれている。自我関与が低い課題は抵抗力が低い状態であり，失敗恐怖の人は遂行を促進する。同時に，自我関与が低い課題はポジティブな動機づけが費やされた（すなわち，活性化しない）状況であるために，熱心に取り組もうとする動機が低く，低い遂行につながる。

るのは，とてもやさしい課題やとても難しい課題ではなく，中程度に難しい課題を遂行するときであると述べている。やさしい課題での成功はそれほど価値をもたないし（また，失敗は起こりそうにない），とても難しい課題は成功の期待が小さく（失敗してもネガティブな価値は低い）ので，いずれの場合も中程度に難しい課題のときほど真剣に取り組むことはないと予想される。すなわち，中程度に難しいと思っている課題を遂行するときに，人の動機（成功志向か失敗回避）が強く遂行に影響する，とこの理論は予測する。しかし，この予測，特に失敗回避の人は中程度に難しい課題で成績が最も悪くなるという予測は，ほとんど実証的な支持を得ていない。中程度に難しい課題で，すべての人がうまくおこなえる可能性（そして，その課題を好む可能性）は，課題の困難度がどのように動機づけに影響をおよぼすのかに関して，いくつかの考え方を導く。中程度に難しい課題における成功や失敗の原因は，課題ではなくその人の能力に帰属されると主張されており（Weiner, 1974），その人の能力について，より診断的であるとみなされている（Trope & Brickman, 1975）。したがって（第2章で議論した）自己査定の動機づけは，中程度に難しい課題をおこなうとき，最も強くなると考えられる。

　ソレンティノら（Sorrentino, Short, & Raynor, 1984）も，課題の困難度に関するアトキンソンの期待×価値による分析を問題とし，やさしい課題や難しい課題よりも中程度に難しい課題のとき，遂行に関する不確定性が最も高いと考えた。また，先述したように，中程度に難しい課題の重要な側面が診断性にあるのならば，不確定志向性は，この課題場面に対する反応の仕方を決定するときに重要となるはずである。この考えによって不確定志向性の構成概念に関する最初の研究（Sorrentino et al., 1984）がおこなわれた。その研究では，さまざまな遂行場面において，不確定志向性と達成に関する動機によって変化する遂行を検討した。また，不確定志向性に関する仮説を検証することに加えて，この研究は不確定志向性に関する重要な現実的な意味も提供した。つまり，遂行におよぼす不確定志向性の効果である。

2 行動の予測：不確定志向性，達成関連動機，課題属性

　もし，（やさしい課題や難しい課題に比べて）中程度に難しい課題の重要な特徴が不確定性にあるならば，不確定志向性の個人差はアトキンソンが展開した行動予測において重要な調整変数となるに違いない。これがソレンティノら（1984）によって提出された主な予測であり，実証的に検証された。特に彼らは次のように考えた。つまり，UOは中程度に難しい課題に取り組む。なぜなら，その課題場面には不確定性が含まれているからである。しかし，COはやさしい課題か難しい課題に取り組む。なぜなら，その課題場面には，見込まれる結果について高い確定性（予想される成功と失敗）が含まれているからである。アトキンソンによって検討された2つの動機による行動予測は複雑なので，個人の不確定志向性を考慮すると，どんな場面に取り組むとしても成功志向の人が最も高い成績を示し，失敗回避の人が最も低い成績を示す可能性がある，とソレンティノらは予測した。そして最終的にだされた仮説は，達成関連動機と不確定志向性，課題特性（この場合は，認知された難易度）の3要因による二次の交互作用であった。彼らの仮説は次の通りであった。つまり中程度に難しい課題を遂行するとき，成功志向のUOは最も高い遂行を示し，失敗回避のUOは最も低い遂行を示すであろう（これは，アトキンソンの達成動機づけの理論からの予測と一致する）。しかしCOの場合，やさしい課題か難しい課題を遂行するとき，成功志向のCOは最も高い遂行を示し，失敗回避のCOは最も低い遂行を示すであろう。後者の予測は，他の動機づけと遂行に関する理論から導かれるいかなる予測とも異なる。ソレンティノら（1984）によれば，場面が個人の不確定志向性と一致するか否かが重要となる。不確定性の解消に動機づけられているUOにとって，中程度に困難な課題は彼らが従事すると期待される課題である。不確定性を回避したいと思っているCOにとって，彼らが従事できるのは高い確定性をもたらす場面である。

　これらの仮説を検証するために，ソレンティノら（1984, 研究1）は，学年歴の早い段階で，学生の不確定志向性と達成関連動機を測定する実験をおこなった。そして，学年歴の後半で，同じ学生たちが実験セッションに参加した。

その実験において，学生たちは，とてもやさしい課題（成功確率80％），または，中程度に難しい課題（成功確率50％），さらには，とても難しい課題（成功確率20％）と思い込まされたいずれかの課題を遂行した。図4-1は，この実験結果を表わしており，仮説と一致していた。そこには予測された不確定志向性と達成関連動機，課題の困難度の3要因による二次の交互作用が認められた。

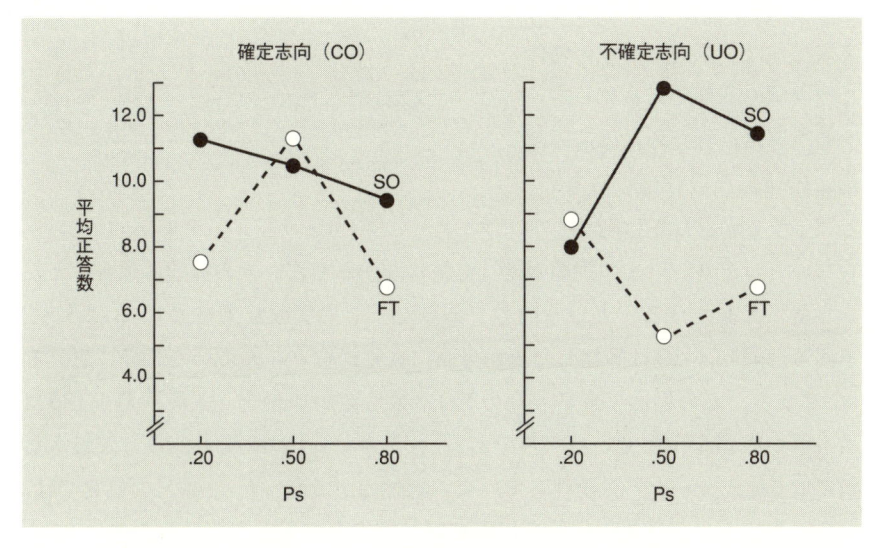

図4-1 不確定志向性×成功確率（Ps）における成功志向（SO）と失敗回避（FT）の平均正答数
出典：Sorrentino, Short, Raynor（1984）を一部修正

ソレンティノら（1984）は，不確定志向性と遂行に関する彼らの仮説を検証するために，さらに2つの研究をおこなった。この2つの研究は，相互に関連した課題を取り扱えるようにアトキンソンの達成動機づけの理論を拡張したレイナー（Raynor, 1974）のモデルに基づいていた。レイナーは，将来の目標と結びついた一連の課題は，目標と結びついていない課題よりも従事されやすいという仮説を立てた。課題の困難さの場合と同様，ソレンティノら（1984）は，高次の目標と結びついた一連の課題は，同時に，高い水準の不確定性を含んでいることに注目した。要するに，相互に関連した課題には不確定性が伴うので，たとえ，ある人が一連の課題のなかの1つの課題を遂行する自信（つまり，確

定性）があったとしても，高次の目標を達成するために求められるすべての課題を完全にやり遂げられるか否かについては，依然として不確定なままである。そこでソレンティノら（1984，研究2）がおこなった実験操作は，課題は一連の随伴した課題の一部である（つまり，次の課題に進むためには前の課題に成功しなければならない）と教示するか，課題は随伴していない（つまり，いまの課題の遂行結果にかかわらず，次の課題に進むことができる）と教示する，という内容であった。この実験結果を表4-3に示す。予測した通り，UOは随伴した課題場面に真剣に取り組んでいたように思える（なぜなら，この場面で成功志向のUOは最も高い成績を，失敗回避のUOは最も低い成績を示していたからである）。しかし，COの場合，彼らが最も真剣に取り組んでいたのは随伴していない課題場面であった。3番目の研究では，ある科目における学生の成績を用いて同じ問題を検討した。学生たちに，「心

表4-3 不確定志向性×達成関連動機×課題条件における反応数と正答数（研究2）

志向性と動機	反応数		正答数	
	非随伴	随伴	非随伴	随伴
不確定志向				
成功志向	12.53	14.53	10.45	11.75
人数	20	17	20	17
失敗回避	12.38	10.75	10.62	7.75
人数	8	8	8	8
確定志向				
成功志向	13.67	11.20	11.11	9.20
人数	9	10	9	10
失敗回避	11.94	13.10	9.88	10.40
人数	16	10	16	10

出典：Sorrentino, Short & Roynor（1984）

表4-4 不確定志向性×達成関連動機×知覚された有用性における学業成績（研究3）

志向性と動機	中間テスト		期末テスト		最終成績	
	有用性なし	有用性あり	有用性なし	有用性あり	有用性なし	有用性あり
不確定志向						
成功志向	64.27	72.06	62.33	71.75	67.33	74.94
人数	15	15	15	16	15	16
失敗回避	69.12	59.62	61.50	53.92	68.88	59.46
人数	8	13	8	13	8	8
確定志向						
成功志向	63.71	53.17	64.71	58.00	67.71	62.67
人数	7	12	7	12	7	12
失敗回避	56.93	60.43	52.93	56.43	59.33	60.43
人数	15	21	15	21	15	21

出典：Sorrentino, Short & Roynor（1984）

理学入門」が彼らの将来の目標に役立つか（言い換えれば，随伴課題場面に対応するか），それとも彼らの長期間にわたる目標にとって必要ではないか，と尋ねた。表4-4には，科目の有用性，不確定志向性，および達成関連動機に関わる「心理学入門」の成績を示している。ここでもまた，予測された二次の交互作用がはっきり現われている。すなわち，遂行は，その場面に取り組むか否かを左右する不確定志向性によって決定され，その取り組みによって遂行が促進されるのか，抑制されるのかは，達成関連動機に依存すると考えられる。

3　達成の文脈における感情と情報

　ソレンティノら（Sorrentino et al., 1984）の3つの実験は，達成場面に本来備わっている不確定性もしくは確定性の程度は，その場面において人がどれだけうまく遂行できるかを左右する重要な要因であることを示唆している。理論的な水準では，不確定志向性と達成関連動機が独立に遂行を予測でき，また，両者が交互作用する形で遂行を予測できるという事実は，達成に関連した2つの異なる特性が存在することを示唆する。このことは，これら2つの特性が，レイナーとマクファーレン（Raynor & McFarlin, 1986）によって述べられた特性，すなわち，情報価と感情価に対応するという考えをもたらす。以前の章で述べたように，不確定志向性は情報価（わかること，混乱すること）に関係しており，達成関連動機は感情価（快を感じること，不快を感じること）に関係している。これは，わたしたちの能力についてわかることと混乱することを含む問題は，成功して快を感じたいと思ったり，失敗のための不快を避けたいと思う問題とともに，達成行動に関する重要な決定因であることを意味している。

　情報的な関心と感情的な関心の双方が達成場面において重要であるという考えを支持する1つの証拠が，ソレンティノら（Sorrentino, Roney, & Hewitt, 1989）によって報告された合成達成動機に関するメラービアンの尺度（Mehrabian, 1969）の再分析で得られている。その研究によれば，メラービアン尺度の項目のうち，ある項目は達成の感情的側面を強調し，また，ある項目は達成の情報的側面を強調していることが判明した。例えば，「わたしは成功を求めるより

も失敗を嫌っていると思う」は感情を反映していると考えられる。他の項目「わたしはしばしば，できると確信しているやさしい課題よりは自信のない難しい課題に挑戦する」は，まちがいなく，より情報的である。ソレンティノら（1989）は，各項目がどれだけ不確定志向性と達成関連動機に関係しているかを確かめるために，すべての項目を下位尺度に分類した。メラービアンの全体的な尺度における個人差は，達成関連動機と不確定志向性の双方と関連していることが見いだされた（表4-5を見よ）。感情に関連した項目と情報に関連した項目を別々に分析したところ，前者は達成関連動機と関連しており，後者は不確定志向性と関連していることが示された。この結果は，情報的な関心と感情的な関心が達成場面に含まれており，前者は不確定志向性と関連しており，後者は達成関連動機と関連しているという考えを支持している。

表4-5　メラービアン尺度における感情項目，情報項目，および合計項目の得点と達成動機と不確定志向性

得点	メラービアン尺度の合計 高	メラービアン尺度の合計 低	感情項目 高	感情項目 低	情報項目 高	情報項目 低
達成動機						
相関係数	.32	-.39	.16	-.56	-.06	-.32
人数	66	50	64	49	71	44
有意水準	p<.01		p<.01		n.s.	
不確定志向性						
相関係数	.39	-.19	.15	.02	.24	-.21
人数	198	208	276	189	224	185
有意水準	p<.001		n.s.		p<.01	

出典：Sorrentino, Roney, & Hewitt（1989）

ソレンティノら（Sorrentino, Hewitt, & Raso-Knott, 1992）は，この問題を明確にするもう１つの一連の実験を報告している。これらの実験はリスク・テイキング行動を検討している。アトキンソンの達成動機づけの理論によれば，先述したように，中程度のリスク場面は，期待×価値の値が最大になるはずなので，成功志向の人から好まれ，失敗回避の人から好まれない。つまり，中程度のリスク場面はその場面の感情的な側面を最大にする（例えば，成功志向の人は適切な成功確率を予測でき，選択された課題はそれほどやさしい課題ではないので，その成功が誇りに関わる感情を引き起こす）。しかし，ソレンティ

ノら (1992) は，中程度のリスクは最も高い不確定性とも対応しており，したがって最終的には，情報的価値，すなわち不確定志向性と関連しているであろうと述べている。実験参加者が不確定性の高い場面や低い場面に置かれ，課題を遂行するように求められた遂行に関する研究とは異なり，リスク・テイキングのパラダイムでは，基本的に参加者に場面を選択させる。この場合，不確定志向性と達成関連動機の効果は交互作用的にではなく，加算的に働くことが予測される。もし，情報的な側面と感情的な側面が実際に分離しているなら，誇りを感じる可能性と自分の能力をわかる可能性の予期は，両者とも同時に生じる（恥の感じや不確かさの感じと同様に）。ソレンティノら (1992) は，この仮説を輪投げゲームを用いて検証した。このゲームでは，参加者は自分が望む距離から輪を投げることができた。したがって距離は課題の困難度を表わしており，遠いところほど難しいことを示していた。達成関連動機と不確定志向性が，能力課題に関連したリスク・テイキングに独立した影響をおよぼすこと，および，成功志向の人（SO）と不確定志向の人（UO）は，中程度に困難な課題を好み，失敗回避の人（FT）と確定志向の人（CO）は，やさしい課題場面と難しい課題場面を好むと予測し，この予測を支持する結果が得られた。これらの結果が図4-2に描かれている。

ソレンティノら (1992) による2つの追加的な研究は，この知見を興味深い方向に展開している。1つめの実験は，遂行課題におけ

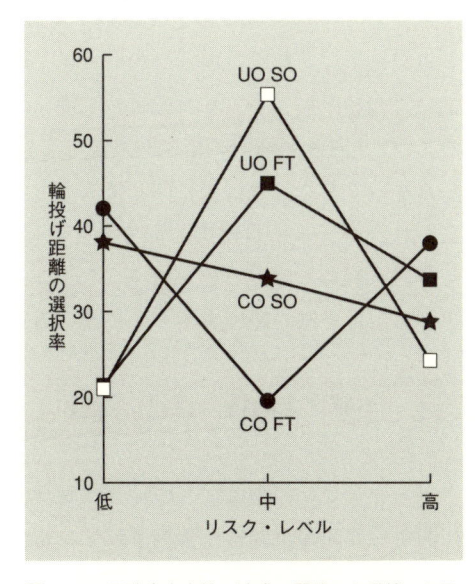

図4-2 不確定志向性×達成に関連した動機から見たリスクの異なる輪投げ距離の選択率

注意：UO SOは不確定志向で成功志向（$n=49$），UO FTは不確定志向で失敗回避（$n=21$），CO SOは確定志向で成功志向（$n=20$），CO FTは確定志向で失敗回避（$n=50$）をさす

出典：Sorrentino, Hewitt, & Raso-Knott (1992)

るリスク・テイキングを検討した。個人がリスクのレベルを選択できて，より高いリスクがより高い報酬に結びついているが，結果はその人の遂行によるのではなくむしろ運によって左右される場面ではどうなるであろうか。アトキンソンとバーチ（Atkinson & Birch, 1970）は，この場面を用いて，中程度のリスクが本当に期待×価値の値を最大にして，その課題が好まれるかどうかを検証した。この場合，遂行は結果を決定しないので，誇りや恥が問題となるはずがなく，不確定性の主効果のみが期待された。自分の結果と結びついた誇りや恥はもはや問題にならないが，この場面において，結果に関する不確定性は依然として変化しており，中程度のリスクが最も高い不確定性を示す。このことを考慮して，ソレンティノら（1992）は，個人の能力が要因でないときでさえ，不確定志向性はリスク・テイキングに影響をおよぼすと予測した。2つの研究によって，中程度のリスクを選択する好みは，COよりもUOにおいて大きいことが見いだされた（Sorrentino et al., 1992, 研究2と研究3）。特に，COについての結果は（多くの場合そうであるように），注目すべきである。なぜなら，COは期待×価値の値から判断して最も適切でない場面に対して好みを示したからである。感情価に関して失うものは何もないので（例えば，偶然に左右されるゲームに負けても恥ずかしくはない），COは一般に不確定性よりも確定性を好むということになる。COの好みの傾向は，合理的な期待×価値モデルによる予測の範囲を明らかに超えるものである。

4　不確定志向性，自己，遂行

　アトキンソンの理論に基づく達成動機づけに関する多くのモデルでは，自己に関する問題の重要性が強調されている。1つの例は，先に検討したトロープの自己査定理論である（例えば，Trope, 1975, 1979, 1980, 1982 ; Trope & Brickman, 1975 ; Trope & Ben-Yair, 1982）。このモデルによれば，自分の能力をわかりたいという願望は動機づけの主な原因である。ある課題が，自分の能力水準について新しい情報をもたらすと気づくと，わたしたちは，いつでも，その課題に熱心に取り組み，その課題を辛抱強く続けるように動機づけられる。トロープは，この考えが，アトキンソンが提唱した課題の成功確率と動機づけとの関

係についての真の基本的な説明であると考えていた。トープによれば，中程度に難しい課題は，とてもやさしい課題やとても難しい課題よりも，個人の能力について，一般的に診断的である（Trope & Brickman, 1975を見よ）。この理由から，人は中程度に難しい課題を最も好み，最も真剣にその課題に取り組むと主張された（アトキンソンの理論における失敗に関する恐怖はこの説明のなかでは考慮されていない）。そこで，トープは認知された課題の診断性を操作した多くの研究をおこない，この操作が課題の嗜好性や持続性，遂行におよぼす効果を測定して，能力の診断性が高いと信じ込まされた課題において，それぞれの効果が最大になることを見いだした。

　トープの研究は，自己査定（self-assessment）が1つの重要な動因であることを明確に証明しているが，これがすべての人に等しくあてはまるかどうかを疑いたくなる多くの理由がある。例えば，第2章におけるソレンティノとヒュウィット（Sorrentino & Hewitt, 1984）の研究を思いだしてほしい。その研究において，UOは診断的な遂行テストを構成したが，COはそうしなかった。また，中程度に難しい課題がより診断的であり，人がこの課題場面に熱心に取り組む理由を理解するために，この診断性が重要であるならば，COはとても難しい課題やとてもやさしい課題を遂行するときに，最も熱心に取り組むというソレンティノら（1984）の知見はどのように説明されるのだろうか。可能性のある1つの答えは，UOにとって能力の査定は重要な動因となるが，能力の査定がそれほど問題とならない場面（自分の能力についての新しい疑問，すなわち不確定性が生じそうにない場面）によってCOは動機づけられやすい，というものである。

　ソレンティノとロニー（Sorrentino & Roney, 1986）は，これらの考えを確かめる研究をおこなった。彼らは，トープ（Trope, 1982）にならい，実験参加者がこれからおこなうテストの遂行に関して，高能力グループ，中能力グループ，低能力グループを代表していると告げられた参加者の得点分布を提示して，テストの診断性を操作した。診断性の高い条件では，3グループの分布がほとんど重なっていないので，そのテストの診断性が高いことを示す分布図（遂行結果は明確に能力を示している）を見せた。診断性の低い条件では，3つのグループの分布が大部分重なっており，テストは能力の異なる3グループ

を明確には区別できないことを示す分布図を見せた。この操作に引き続き，すべての実験参加者は，動機づけ研究でよく用いられる課題（複雑な計算問題）をおこなった。その課題は，時間が制限されており，できるだけ早く，2行に並んだ数字をそれぞれ順番に計算していき，上の行の答えと下の行の答えを比べ，上の答えが大きいときは2つの答えを足しあわせ，下の答えが大きいときは下の答えから上の答えを引くという，骨の折れる課題であった。

　ソレンティノとロニー（1986）の結果は（操作チェックで確認されたように）診断性の操作がうまくいかず，課題の診断性に関する参加者の認知が変化しなかったために，いくぶん複雑なものであった。確かに，操作の失敗は結果の解釈をいくぶん複雑なものにしたが，課題の診断性に関する参加者の信念を操作の代わりに用いると，この実験結果は解釈できるものとなった。遂行成績は，認知された課題の診断性（高・低）と，不確定志向性，達成関連動機による二次の交互作用として予測された。表4-6はその結果を示している。UOの場合，課題が診断的であると信じたとき，その課題への取り組みが最も強かった（成功志向のUOの遂行がよく，失敗回避のUOの遂行が悪いことに表われている）。COの場合，それとは全く反対の結果となった。つまり，能力の診断性が低いと信じたとき，その課題における取り組みが最も強くなった。したがって，これらの結果はソレンティノら（1984）による3つの実験について得られた結果と同じであった。ただし，今回は，課題の困難さや目標との随伴性ではなく，課題の診断性についての分析に基づいていた。先述したように，課題

表4-6　達成関連動機，不確定志向性，および知覚された診断性における反応数と正答数

達成関連動機	確定志向				不確定志向			
	診断性・高		診断性・低		診断性・高		診断性・低	
	平均	人数	平均	人数	平均	人数	平均	人数
反応数								
成功志向	12.25	12	12.11	9	11.95	19	11.00	11
失敗志向	14.50	18	9.75	8	9.90	10	12.00	11
正答数								
成功志向	10.83	12	11.11	9	10.68	19	9.82	11
失敗志向	13.33	18	8.88	8	7.50	10	10.45	11

出典：Sorrentino, & Roney（1986）

の困難度は認知された課題の診断性に関連していると考えられてきた（Trope & Brickman, 1975）。目標に随伴した課題も，随伴していない単独の課題よりも診断的であろう。なぜなら，随伴課題によって，人が自分の目標に到達できるかどうかがわかるからである。したがって，自分の能力についての不確定性を解決する（つまり，わかる）能力や，診断性の低い場面において，自分の能力についてすでに信じていることを維持する能力によって，ソレンティノら（1984）による実験結果を説明することができる。

ロニーとソレンティノ（Roney & Sorrentino, 1995c）による一連の実験は，達成動機づけと遂行における自己過程（self-processes）の関連性をさらに示している。この研究では，ある人の遂行基準と遂行結果との不一致（あるいは，一致）が，その後の遂行におよぼす影響を検討している。個人の遂行が遂行基準（例えば，目標）からズレている不一致な場面では，UOは特に積極的に取り組むと推測された。なぜなら，この場面では自分の目標を達成できるのであろうかという問題が生じ，不確定性が高まり，能力に関する問題（自分は目標を達成できるだけの能力があるかという問題）が未解決のまま残るからである。しかし，すでに基準を満たしている場面（一致）では，COが特に積極的に取り組むと期待される。なぜなら，この場面では，自分にできることがわかっている能力水準を維持することが問題となるからである。

ロニーとソレンティノ（1995c）の2つの実験は，ソレンティノら（1984）と同じ方法，つまり，あらかじめ不確定志向性と達成関連動機を測定し，その後，異なる条件下で遂行を観察するという方法を用いて，これらの考えを検証した。1つの実験において，参加者は，最初の遂行課題における目標を示すように求められ，実際に遂行したあとで，参加者が自分の目標を到達できた（一致）か，あるいは，目標に少し足りなかった（不一致）というフィードバックが与えられた。こののち同じ能力を測定すると告げられた2番目の課題を遂行した。2つ目はフィールド実験であり，心理学入門クラスでのテスト成績を調べた。そこでは，自分が以前に設定した基準（到達しなければならないと感じているレベル）を成し遂げた人と，自分の基準を達成できなかった人の，その後の成績を比較検討した。これらの実験の結果を表4-7と表4-8に示す。両方の表とも予想された通りの結果を示しており，ソレンティノら（1984）の結

果とも類似していた。その課題を遂行することが不一致を解決する場面において，UOの課題に対する関わりを高めるようである。そこでは，失敗回避よりも成功志向の人の成績がよい。しかし，COの場合，成功志向と失敗回避の違いは一致条件で最も大きくなっており，すでに到達したレベルを維持することは，COの関わりを高めることが示唆されている。このCOに関する結果は重要な意味をもつ。というのも，コントロール理論（control theory）のような従来の理論では，自分の目標や基準との不一致な状態は，動機づけの主要な原因であると考えられていたからである（例えば，Campion & Lord, 1982；

表4-7 不確定志向性×達成動機×一致・不一致条件における正答数の平均（第1課題成績によって調整された値）

志向性と動機	不一致条件		一致条件	
	平均	人数	平均	人数
不確定志向				
成功志向	9.70	30	8.07	32
失敗回避	7.41	9	10.91	13
確定志向				
成功志向	8.35	13	10.64	13
失敗回避	9.62	23	8.71	27

出典：Roney & Sorrentino（1995c）

表4-8 不確定志向性×達成動機×一致・不一致条件における学業成績

志向性と動機	不一致条件		一致条件	
	平均	人数	平均	人数
不確定志向				
成功志向	71.17	24	73.92	39
失敗回避	63.31	13	72.25	20
確定志向				
成功志向	62.63	16	72.55	18
失敗回避	66.33	22	67.25	32

出典：Roney & Sorrentino（1995c）

Carver & Scheier, 1990を見よ）。COにとっては明らかに，これとは反対のことがあてはまり，すでに達成された目標を維持することが，COの積極的な取り組みを高める。

　ロニーとソレンティノ（1995c）が報告している3つ目の実験は，同じ予測をいくぶん異なった方法で検討している。ヒギンズ（Higgins, 1987）の自己不一致理論（self-discrepancy theory）によれば，希望や願望として人が考える基準（理想自己：ideal self）は，その状態に到達していないときに，不満足な感情を引き起こす。また，義務や責務として人が考える基準（義務自己：ought self）は，その状態に到達していないときに，神経質な状態や不安を引き起こす。ヒギンズら（Higgins, Strauman, & Klein, 1986）は，理想自己との

相違に反映されるパターンは，アトキンソンの成功志向の人たちの心理過程の基礎をなし，義務自己との差異に反映されるパターンは，失敗回避の人たちの心理過程の基礎をなしているかもしれないと述べている。もしこの考えが正しければ，理想自己との差異は，関与が高いときには遂行を促進し，義務自己との差異は，結果として遂行を抑制することが期待される。ロニーとソレンティノ（1995c）は，ヒギンズが考えだした方法（例えば，Hinggis, 1987を見よ）を使って，自己概念における不一致（self-discrepancy）を測定し，あわせて，不確定志向性も測定した。その学年の後半に，これらの参加者たちは，ふたたび実験に参加した。この実験では，最初に，実験者が参加者に，彼らの希望や願望に関する短いエッセイ（理想プライム：ideal prime）か，義務や責務に関する短いエッセイ（義務プライム：ought prime）を書かせて，自分自身の理想自己の基準か，義務自己の基準のいずれかを活性化した。実験者は，以前の実験セッションを手がかりに，参加者が自分自身を，活性化した基準を達成できる（一致している）と見ているのか，達成できない（一致していない）と見ているのかを区別することができた。言い換えれば，この活性化操作によって，参加者は，理想自己との不一致，理想自己との一致，義務自己との不一致，義務自己との一致のいずれか1つについて考えさせられた。その後，この実験とは関係ないと告げられた実験において，参加者は短い遂行課題（先述した複雑な計算課題）をおこなった。この実験結果を表4-9に示す。UOの場合，結果はヒギンズら（1986）が予測した通りであった。すなわち，UOにおいては，不一致を伴わない基準を活性化するよりも，理想自己との不一致を活性化することが遂行を促進し，義務自己との不一致を活性化すると遂行が低下した。COの場合は，ここでもまた反対の結果が生じた。彼らについては，不一致がないときに，理想自己を活性化することが遂行を促進し，義務自己を活性化することが遂行を低下させた。ロニーとソレンテ

表4-9 不確定志向性×慢性的な不一致×活性化条件における正答数

志向性と動機	慢性的な不一致・大		慢性的な不一致・小	
	平均	人数	平均	人数
不確定志向				
理想プライム	11.94	16	9.36	11
義務プライム	9.55	11	12.20	10
確定志向				
理想プライム	7.00	3	11.33	18
義務プライム	9.83	12	8.55	11

出典：Ronny & Sorrentino（1995c）

ィノ（1995c）によって報告されたその他の2つの実験の成功志向と失敗回避を，理想自己との不一致と義務自己との不一致に置き換えると得られるパターンは基本的に同じである。すなわち，全体としてこれらの結果が示していることは，現在の状態とは異なる（すなわち，まだ達成していない）何かを達成しようとする活動は，UOにとっての積極的な取り組みを高め，一方，現在の望ましい水準を維持しようとする活動は，COの関わりを高めるようである。

5　不確定志向性と遂行：動機づけか知能か

　不確定志向性は遂行と直接的に関連しているのだろうか。単に，UOはCOよりも頭がよいのだろうか。第3章で検討したように，UOとCOの認知的差異は，問題を深く考える能力を反映するものではない。同様に，ここでも，不確定志向性による遂行の違いは動機を反映するものであり，能力の違いを意味するものではない。ソレンティノら（1984）やソレンティノとロニー（1986），ロニーとソレンティノ（1995c）の研究で得られた結果のパターンから，このことが示唆されている。すなわち，これらの知見は，個人の特性と，その人がいる場面の属性を含む複雑な交互作用を反映している。知能には，高い知能の人は高い遂行を示すといった主効果が伴うと考えられる。しかし，不確定志向性を扱った研究では，知能に関するそのような主効果が見いだされる傾向にはない。なぜなら，ある場面においては，COがUOよりも一貫して高い遂行を示している（加えて，他の場面においては，UOがCOよりも一貫して高い遂行を示している）からである。

　ソレンティノら（Sorrentino, Brouwers, Hanna, & Roney, 1996）による最近の研究において，この点がより説得的に主張されている。その研究では，不確定志向性と達成関連動機，およびテスト場面の特徴（この場合は，診断性の操作）によって遂行が変化するのか否かを検討するために，従属変数として知能テストの成績を用いた。本章で紹介した他の研究と同様に，不確定志向性，達成関連動機，認知された課題の診断性の間に二次の交互作用が確認された。したがって，この結果から，知能は不確定志向性の差異を説明するものではなく，達成関連動機やテスト場面の特徴との組み合わせによって，不確定志向性

が知能テストの成績を予測するものであることが示唆されている。

6　不確定な世界における遂行

　もし実際に，人々がかなり不確定性の高い世界に暮らしているとすれば，本章で紹介した研究は，達成の観点から，成長が期待される人や努力している人にとって意味をもつ。話を簡単にするために成功志向の人を例に考えてみる。失敗回避の人は別の問題となる。成功志向でUOの人は不確定な時代において成長すると期待される。ただし，本章で紹介した研究が，課題遂行によって自分の能力について何か新しいことが示されるかどうか，といった点を強調していることに気づくであろう。たとえ，ある側面（例えば，雇用の安定性）の不確定性が高くても，それとは反対に確定性を助長する傾向も存在する。すなわち，低い賃金で特別な技術をほとんど求められない「ファーストフード店の仕事」(Coupland, 1991) のようなサービス業の増加である。また，コンピュータの操作技術のように特定のスキルに対する需要もふえている。しかし，これらの仕事に従事することよって，人々が自分の能力を高めたり，新たに獲得するといったことに向かうのであろうか。さらにはこれらの仕事は特定の技術を単に機械的に使用することを人々に求めているのか，明らかでない。同様に，企業の縮小（downsizing）によって，個々人の仕事量はふえるが，それらの仕事はすでにおこなっている仕事が単にふえるということではなく，仕事の増加によって，人々が実際に新しいスキルを獲得したり，自分自身について学ぶことができるのか，これから見きわめなければならない。

　それぞれのタイプの人に合う場面（仕事）はまちがいなく異なるので，問題はどちらのタイプの仕事の数がふえているのかである。もし，職場（例えば，危機管理）における不確定性が増加しているときに，UOに向いている仕事の数が減っていくとしたら皮肉なことである。

第5章 対人間・集団間関係における不確定志向性

　対人関係や集団に関する研究がふたたび増加傾向にあることは喜ばしい。研究者が動機づけと認知との理論的な関係（Nisbett & Ross, 1980；Sorrentino & Higgins, 1986の第1章を見よ）を検討していた長い間，その背後に隠れていたが，最近，集団研究や集団間研究さらには対人関係の研究がとてもよく目にとまる（Sorrentino & Higgins, 1996を見よ）。この隆盛は，第1章で述べたように，新世紀を取り巻く多くの現実的な問題によって引き起こされたのかもしれない。また，動機づけと認知との理論的な問題の解明が一息つき，研究者たちが個人のレベルで得た研究成果を対人関係の文脈に適用しようとしている，とも考えられる。このめざましい復活の理由が何であれ，その理論と研究の中心的な構成要素が不確定性（uncertainty）であることに注目したい。

　不確定性とその解決が，対人関係，集団，集団間関係を論じる理論において中心的な役割をはたしていることは，それほど深く文献を検討しなくても容易に理解できる。ベルガーとカラブリーズ（Berger & Calabrese, 1975）は，対人コミュニケーションの最終的な目標は，伝達されたメッセージについての不確定性と，コミュニケーション相手との関係性についての不確定性を低減することである，と主張している。ホルムズとレンペル（Holmes & Rempel, 1989）は，不確定性の低減をパートナーとの信頼感を形成する際の中心的な目標とみなしている。グループ・ダイナミックスの領域において，ホッグとエイブラムス（Hogg & Abrams, 1993）は不確定性の低減をグループのメンバーシップを規定する中心的な目標と考えている。ブリューアーとハラスティ（Brewer & Harasty, 1996）は，集団を統一体とみなす欲求や集団への所属感の背後にある重要な影響因として不確定性の低減をあげている。

　さらに，集団間関係の領域にはタジフェル（Tajfel, H.）の跡を継ぐ社会的

アイデンティティにたずさわる理論家たち（例えば，Turner, Haslam, McGarty やOakes）の有力な研究グループがある。これらの理論家たちは，内集団や外集団に関する人の知覚は自己アイデンティティや集団アイデンティティについて確固とした感覚をもちたいという欲求に基づいている，と主張している。言い換えれば，内集団と外集団に対する知覚は，「わたしは誰？」という問いに伴う不確定性を回避することに役立つ。また，集団間の葛藤を解決しようとしている研究者（例えば，Sheriff, Pettigrew, Stephan, C., & Stephan, W.）の大きなグループもある。彼らは，外集団との接触は外集団に関する不確定性を低減するので，よりよい集団間関係を導くと信じている。本章では，対人関係や集団に関する研究知見を考察し，わたしたちの関連した研究を提示し，この領域における進行中の研究と将来の研究について検討する。

1 対人行動

1．不確定志向性と親密な関係

　親密な対人関係の研究に不確定志向性を適用するきっかけとなったのは，西オンタリオ大学（the University of Western Ontario）の心理学部で非公式におこなわれたホルムズ（Holmes, J. G.）の発表であった。ホルムズはパートナーに対する信頼感を高・中・低の3つのタイプに分類できると指摘した。そして，高と低のタイプはかなりはっきりしており，高い信頼感を示す人はパートナーを全面的に受け入れ，低い信頼感を示す人はパートナーを完全に拒否する。しかし，中程度の信頼感を示す人は自分のパートナーを常に検証し評価している，と述べた。発表のこの段階で本書の著者の1人（R. M. S.）はびっくりして，信頼感は社会経済的地位と関係していないか，またその関係は2次関数（逆U字型）ではないかと訊ねた。煙に巻かれた表情でホルムズが答えた。「いったいどうしてわかったのですか」と。もちろん答えは簡単であった。不確定志向性は社会経済的地位と相関すると仮定されており（Sorrentino, Roney, & Hanna, 1992を見よ[★1]），UOは仮説検証を好むので（第3章を見よ），パートナーに対して中程度の信頼感を寄せるはずである。反対に，COはパートナーに対する不確定性や曖昧さに耐えられないので，人をとても信頼するか，とても

疑うかのいずれかである。

　ホルムズとの一連の協同研究のなかで，親密な関係と信頼感に関する研究領域では不確定性の概念が数多く用いられていることが明らかになった。事実，さまざまな研究者が，不確定性の処理がパートナーとの関係において重大な問題であり，パートナーに対する個人の心的表象（mental representation）を形づくる際の主な動機づけ因になる，と主張している（例えば，Brehm, 1988；Brickman, 1987；Holmes & Rempel, 1989；Murray & Holmes, 1993）。

　ソレンティノら（Sorrentino, Holmes, Hanna, & Sharp, 1995）は，不確定志向性は対人関係の領域にも適用でき，パートナーに対する不確定性の処理法に影響すると仮定した。彼らは，3つのセッションからなる調査に参加する同棲のカップル77組を募集した。最初のセッションで，カップルは不確定志向性と信頼尺度を含む1組の診断用質問紙に回答した。そして第2セッションで用いる手続き（Sharp, 1995が作成した日記法）の訓練を受けた。第2セッションの日記には，参加者1人ひとりが3週間以上にわたる12日間の記録日ごとに生じた「情動的に意味のある」対人的な出来事を記述し，その出来事の属性について評定をおこなった。その日の気分と満足度に関する手短な評定も，この12日間毎日おこなった。第3セッションにおいて，個人の日記からランダムにポジティブな出来事とネガティブな出来事を1つずつ選択した。このターゲットとなった出来事が起こってから約5週間後，参加者はその出来事について自分が書いた短い記述を見せられ，その出来事が生じたときの，その出来事に対する感情と属性の評定値を思いだすように求められた。

　その結果，不確定志向性と信頼感との間に2次関数の関係が実際に存在することが示された。つまり，UOの男女はCOの男女に比べて明らかに中程度の信頼感を示しており，COは高い信頼感もしくは低い信頼感を示していた（図5-1を見よ）。ソレンティノら（1995）は，他にも興味ある多くの結果を見いだしたが，ここでは簡単にしか述べられない。たぶん最も印象深い結果は，症

★1

　　ソレンティノら（Sorrentino, Roney, & Hanna, 1992）で報告したように，UOはCOより教育水準が高いということを見いだした。この知見はここで述べる以下の研究においても確認されている。

状のチェックリストに対する反応であった。表5-1が示すように，反応結果に関して，女性のUOとCOと信頼感の高・中・低との間に有意な交互作用が認められた。つまり，UOの女性は信頼感が低いとほとんどの症状を示し，信頼感が中程度であると信頼感が高い場合とよく似た徴候を示していた。COの女性では信頼感が中程度の場合，最も重い症状と結びついており，信頼感の低いCO女性の症状は信頼感の高いCO女性の症状と類似していた。COの女性では中程度の信頼感を示すとき最も高い水準の精神病，神経症，うつ病，恐怖不安，強迫神経症的行動や，そのほか全般的な精神病理が報告された。COの男性は精神病理に関して類似した証拠は得られなかったが，全体的に見て，低い信頼感を示すCOの男性や高い信頼感を示すCOの男性に比べて，中程度の信頼感を示すCOの男性は，関係性の満足度に関する報告のなかで記憶の歪みや，より大きな食い違いが認められた。

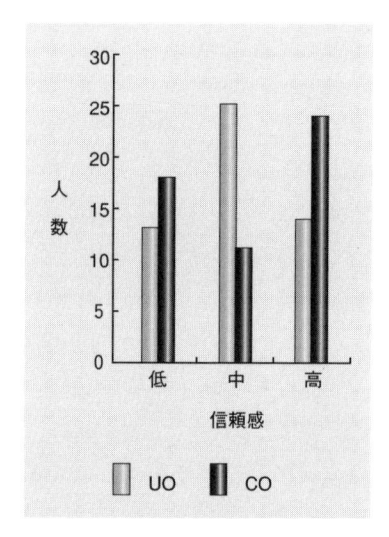

図5-1 信頼感から見た確定志向（CO）と不確定志向（UO）の人数
出典：Sorrentino et al.（1995）

　ソレンティノら（1995）のデータから見いだされた特に興味深い知見があと2つある。1つは，日記に書かれた以前の出来事を思いだし，その出来事に対する当時の感情を報告するように求めたとき，COの男女はパートナーに対する信頼感をヒューリスティックな手がかりとして用いて，実際の場面についての記憶を歪めていた。UOの男女は記憶の歪みやヒューリスティックへの依存を示さなかった。2つめに，ソレンティノらは，信頼感の水準を無視したとき，UOの女性は，UOの男性およびCOの男女と比較して，パートナーとの関係と仕事について最も満足していない，という全体的な徴候を見いだした。これは不確定志向性×性の交互作用を示す最初の知見であった。ソレンティノら（1995）は，UOの女性はUOの男性と同じ目標をもっているが，UOの男性やCOの男女には目標を達成するために社会的に認められたやり方があるのに対

表5-1 女性における不確定志向性と信頼性から見た簡易症状調査の平均下位尺度得点

下位尺度	不確定志向性	信頼感					
		低		中		高	
		平均	人数	平均	人数	平均	人数
一般的重篤指標	CO	0.48	10	0.72	7	0.57	12
	UO	1.28	4	0.44	12	0.38	8
精神病	CO	1.40	10	6.00	7	3.42	12
	UO	11.25	4	2.67	12	1.38	8
恐怖不安	CO	1.20	10	2.29	7	1.75	12
	UO	3.50	4	0.83	12	0.25	8
妄想観念	CO	3.30	10	5.43	7	3.33	12
	UO	8.25	4	2.33	12	1.63	8
抑うつ	CO	3.00	10	6.00	7	5.25	12
	UO	10.75	4	2.42	12	3.75	8
強迫神経症	CO	5.50	10	6.86	7	6.42	12
	UO	10.75	4	5.58	12	2.50	8

注意：CO＝確定志向，UO＝不確定志向
出典：Sorrentino et al.（1995）

して，UOの女性にはUOの男性と同じやり方が認められていないので不幸である，と解釈している。UOの男女は伝統的な男女の役割を意識しない傾向にあり（androgynous, Clayton, 1982），COの男女はその意識が強い（sex typed）。したがって，以前は男性的と考えられていた希望をもつ女性は，UOの男性やCOの男女よりも仕事や家庭生活において辛い時間を過ごしているといえるのかもしれない。

　純粋に大学の外でおこなわれた不確定志向性に関するこの最初の実証的検討はじつに実り多いものであった。不確定志向性は確かに他者との関わり方に深く関与しているように思えるし，パートナーに対する信頼感の水準および情動反応と相互に深く結びついていると思われる。次に報告する研究は，対人関係の領域で不確定志向性がいかに重要であるかをさらに例証している。

2．信頼と愛着スタイル

　前に述べた研究の追試において，カースウェルとソレンティノ（Carswell & Sorrentino, 1999）は，愛着の安定型（secure styles）と不安定型（insecure styles：すなわち，対人関係における回避や不安）を区別する愛着のスタイルを検討できるように不確定志向性理論を展開した。近年，愛着理論は大人の親密な対人関係を吟味する有用な心理メカニズムとして概念化されてきている。愛着の観点から恋愛関係を論じたハザンとシェイバーの独創的な論文（Hazan & Shaver, 1987）は，愛着のスタイルと対人関係を関連づけた多くの研究を生みだした（例えば，Collins & Read, 1990；Feeney & Noller, 1990；Simpson, 1990）。これらの研究を貫く基本的な前提は，ボールビィ（Bowlby, 1969, 1973, 1980）によって展開され，エインズワースと彼女の仲間たち（Ainsworth, Blehar, Waters, & Wall, 1978）によって精緻化された愛着の概念を大人の対人関係の形成パターンにあてはめられる，ということである。

　カースウェルとソレンティノ（1999）は，前述のソレンティノら（1995）の研究に従って，親密な関係に伴う主観的な満足は，対人関係場面の特徴と不確定志向性の個人差，それに愛着のスタイルによって影響されると考えた。彼らによれば，個人の不確定志向性と場面が一致するとき，その人の愛着スタイルによって決まる対人関係に伴う特徴的な感情が活性化される。彼らは，この条件が満たされれば，特に安定型の人は最も満足を感じ，不安定型の人は最も満足を感じないと主張した。さらに彼らは，場面が個人の不確定志向性と一致していないとき，対人関係の満足度に関して安定型の人と不安定型の人の差異は最も小さくなるか，逆転するかもしれないと予測した。この立場は，対人関係において安定型の人が不安定型の人と比較して常により大きな満足を経験するとは限らないと主張しており，現在の愛着研究に異論を挟むことになる。つまり，安定型と不安定型の人が対人関係を「いつ」ポジティブに評価するのかを理解するために，対人関係場面の明確な特徴（すなわち，場面の確定性または不確定性）が人の不確定志向性とどのように関係しているかを理解することが重要となる。

　第1章で論じた動機づけと認知のモデル（図1-4を見よ）を用いて，カースウェルとソレンティノ（1999）は，遂行場面における成功志向動機と失敗回避動機を，対人関係場面における愛着の安定型と不安定型に置き換えることは理にかなっていることを見いだした。つまり，遂行場面における成功志向の人のポジティブな動機づけと失敗回避の人のネガティブな動機づけは，個人の不

確定志向性と一致した場面において強まった。この達成関連動機と不確定志向性とを結びつける同じ理論的な枠組みを用いて，安定型の人は対人関係に対してポジティブな感情的志向性を，また不安定型の人はネガティブな感情的志向性をもっており，それぞれの愛着スタイルと結びついた感情的な志向性が対人関係における満足を決定すると仮定した。したがって，前の研究と同じく，カースウェルとソレンティノ（1999）は，安定型の大人は不安定型の大人よりも対人関係において大きな満足を報告すると予測した。しかし同時に，この満足感は対人関係場面を特徴づける不確定性と個人の不確定志向性との一致・不一致によっても変化すると考えた。

　カースウェルとソレンティノ（1999）はこの一般的な仮説を検証するためにフィールド調査と実験を含む研究をおこなった。実験研究において，参加者には恋人関係にあるカップル（スーザンとデイビット）についての記述を読ませ，自分の性別に従って自分自身がスーザンかデイビットであるとイメージするように求めた。確定的な対人関係条件の参加者は，自己や環境について自分の見方に疑問をもたらす新しい活動ではなく，すでに知っている内容を支持し，維持してくれる慣れ親しんだ活動をおこなうように，一方のパートナーが他方のパートナーを励ますというシナリオを読んだ。不確定な対人関係条件において，参加者は自己や環境についての自分の見方を支持する慣れ親しんだ活動ではなく，自分の見方に疑問を提起する新しい活動をおこなうように，一方のパートナーが他方のパートナーを励ますシナリオを読んだ。それぞれのシナリオを読んだあと，参加者はどの程度その関係に満足を感じ，どの程度その関係を続けたいと思うかを評定した。

　この研究のフィールド調査において，参加者に，実際のパートナーとつきあっている期間や，パートナーとの関係についての全体的な満足度を尋ねる短い質問紙に回答するように求めた。対人関係の満足度に関して，より特定的な領域（すなわち，信頼感，コミュニケーション，対人関係の満足度と質）を尋ねる項目にも答えてもらった。この調査において，対人関係の不確定性を示す間接的な指標として交際期間を用いた。報告された交際期間を中央値で分割して，長期交際条件と短期交際条件とした。交際期間の中央値は18か月であった。したがって，これよりも長い交際期間の参加者を長期交際条件に，これよりも

短い交際期間の参加者を短期交際条件に分類した。さらに，短期交際条件の参加者よりも長期交際条件の参加者は，自分たちの関係を相対的に確定的で予測可能な対人場面とみなしがちであると仮定した。この仮定は，さほど明確ではなかったが，操作チェックによって確かめられた。結果が示すように予測的妥当性は，より明確であった。

カースウェルとソレンティノ（1999）の実験と調査の両方において，大人の愛着は成人用愛着尺度（Collins & Read, 1990）を用いて測定した。この尺度において，愛着の安定型は親密さと依存の下位尺度で高得点を示し，不安の下位尺度で低得点を示す。回避型（avoidant styles）は親密さ，依存，不安の各下位尺度で低得点を，また不安型（anxious styles）は親密さ，依存，不安の各下位尺度で高得点を示す。図5-2にフィールド研究の主な結果を示している。

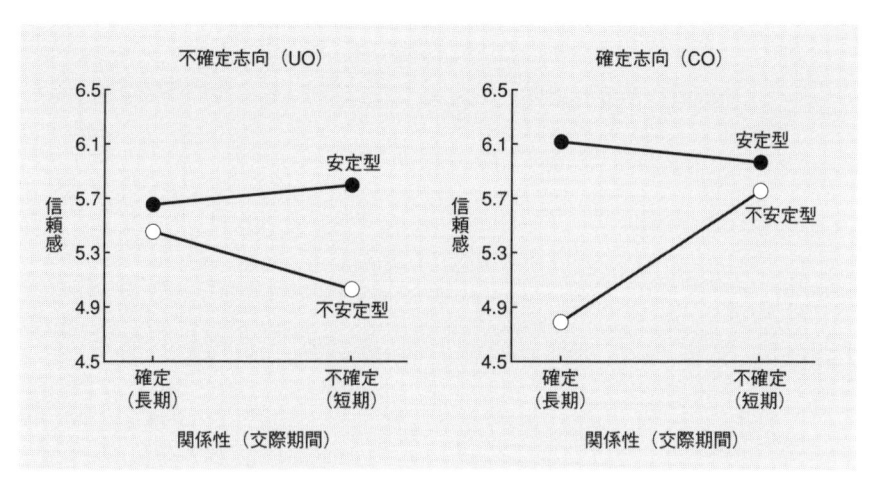

図5-2　不確定志向性×愛着スタイル×関係性（交際期間）における信頼感
出典：Carswell & Sorrentino（1999）を一部修正

カースウェルとソレンティノ（1999）が予測したように有意な交互作用が認められた（$p<.01$）。つまり，短期交際条件において，愛着に関して安定型のUOは，不安定型（訳注：回避型と不安型を含む）のUOに比べて，パートナーに対して強い信頼感を示していた。この安定型UOと不安定型UOの信頼感に関する

評定差は長期交際条件においては認められなかった。これとは逆のパターンがCOで認められた。そこでは，長期交際条件において不安定型COよりも安定型COがパートナーに対してより強い信頼感を報告した。しかしながら，この安定型COと不安定型COの差異は短期交際条件では認められなかった。

たぶん，これらの結果において最も注目すべき点は，長期交際条件の参加者がソレンティノら（1995；図5-1も見よ）による知見，つまり誰が高い信頼感もしくは低い信頼感をもつかを正確に指摘できるという知見を的確に再現していることである。特に，これらの結果は以前の研究で見いだされたように，UOはパートナーに対して中程度の信頼感をもっており，COは高い信頼感か低い信頼感をもっていることを証明している。さらに，図5-2が示しているように，長期交際条件では高い信頼感を示すのは安定型COであり，低い信頼感を示すのは不安定型COである。愛着の安定型と不安定型によって報告された信頼感の違いは短期交際条件においては認められていない。

興味深いことに，カースウェルとソレンティノ（1999）は対人関係の満足に関する尺度において，信頼感を含む，以前の結果と類似した3要因による交互作用を見いだしていない。むしろ，付加的な分析によれば，信頼感が満足度との交互作用を媒介していることが明らかになった。つまり，信頼感を共変数とした場合，対人関係の満足度に関するさまざまな尺度において，不確定志向性×愛着スタイル×交際期間の有意な交互作用が見いだされた。カースウェルとソレンティノ（1999）は，もし信頼感を考慮しなければ，不安定型の人は安定型の人よりも満足度が高いと信じている。そして，この説明が正しいことを，不確定志向性と交際期間と愛着スタイルの交互作用がふたたび証明している。実際，交際期間の長さと自分の不確定志向性とが一致したときにのみ，参加者はより幸せを感じるようである。これは，信頼感は満足度を決定する際に不確定志向性と密接に関係しており，両者は対人関係において人々がいつ幸せになるかを正確に記述する際の重要な要因であることを指摘しているように思われる。

この研究の実験において信頼感はもちろん独立変数ではなかった。なぜなら実験では架空のシナリオを用いていたし，評定された満足度は信頼感によって左右されなかった。図5-3は，不確定志向性，成人の愛着スタイル，および

対人関係条件（確定vs不確定）の3条件の組み合わせによる交互作用を示すために，対人関係の満足度についての平均残差得点を示している。不確定な対人関係条件について予測したように，安定型UOは不安定型UOよりも，その関係性を満足いくものであると評定した。しかし，確定的な対人関係条件において，不安定型UOは安定型UOよりも提示されたシナリオにより高い満足度を示した。ここでもふたたびCOは反対のパターンを示した。確定的な対人関係条件において安定型に分類されたCOは，不安定型のCOよりも関係性をより満足できるものと評定した。反対に，不確定な対人関係条件において，不安定型COは安定型COよりも提示されたシナリオに対してより高い水準の満足度を報告した。

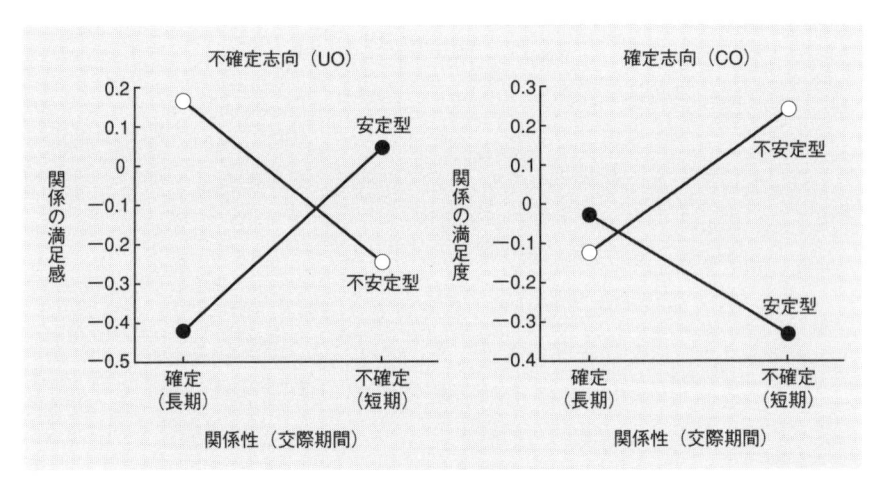

図5-3 不確定志向性×愛着スタイル×関係性（交際期間）における関係の満足度（平均残差得点）
　　　出典：Carswell & Sorrentino（1999）を一部修正

ここに報告した知見は，成人の愛着スタイルに原因を求められる親密な対人関係の差異は，個人の不確定志向性と一貫した対人関係において最も大きくなる，という仮説を支持している。このフィールド研究によって，信頼感に関するソレンティノら（1995）の知見の適用範囲が広まり，愛着のスタイルと対人関係の期間の両方が愛着理論による予測を変化させることが示された。このフィールド調査と実験はまた，対人関係における満足度に関して，不確定志向性

と場面の不確定性が重要であることを示している。

愛着の理論家は，自分たちの予測がさまざまな対人関係における不確定性と個人の不確定志向性によって，いかに変化するかを考えることが賢明であろう。一方，不確定志向性の理論家は第1章で提示した動機づけと認知の一般的なモデルの実証的な支持を得たと主張できる。第1章では，ある場面に関連したどんな感情変数も不確定志向性と交互作用すると示唆したが，これまでは感情変数として達成関連動機のみが検討されてきた。しかしながら，いま愛着スタイルとの関係も明らかになった。重要な他者との対人関係であろうが，達成行動であろうが，不確定志向性が重要な役割をはたしているように思われる。次章では抑うつ傾向を取りあげて検討するが，そこでは不確定志向性のもう1つの重要な役割が示される。けれども，ここでは教育場面の対人関係における不確定志向性の意味についての議論を先に展開する。

3．不確定志向性と協同学習

教育問題に対するさまざまな情報処理的アプローチは広く受け入れられているように思われる。北米の社会心理学がある意味で理性的な人間の心理学（第1章と第3章を見よ）であるのと同じように，フーバーら（Huber, Sorrentino, Davidson, Eppler, & Roth, 1992）は類似した現象が教育心理学でも起きていることに注目した。多くの人々は，教育において重要な要素は学生の知的好奇心を高めることであると考えている。バーライン（Berlyne, 1960）やヴィゴツキー（Vygotsky, 1962），ピアジェ（Piaget, 1972），ワイナー（Weiner, 1972）の考えを用いて，学生を学習に動機づけるために，グループ学習法や葛藤場面，さらには純粋な不確定性によって自己発見を促進すべきであると多くの人々が主張している。したがって，これらのアプローチは，自己や環境を取り巻く不確定性がすべての学習者を動機づけると考えているように思える。つまり，いかなる方法であれ，この種の不確定性がつくりだされると，人はより深い理解に達するために不確定性を低減するように動機づけられる，と考えられている。

不確定志向性の研究に従えば，不確定性の解決を通して理解に達することを強調するアプローチはUOにだけ働くと思われる。したがって，アロンソンの

ジグソー学習法（Aronson, 1978, 1984）のようなテクニック，すなわち，グループの各メンバーが1つの課題を割り当てられ，グループ全体が学習目標を達成するために，各メンバーはその課題を完全に理解しなければならないといった学習法は，UOタイプの学生にとって価値があるであろう。一方，ジグソー学習法は自己発見を通しての学習を強調するので，多くのCOタイプの学生にとっては有害であるかもしれない。学生は自分たちで問題点を見つけだし，その情報をグループの他のメンバーと共有する。学生はこの経験を楽しみ，この経験から学習することにとても動機づけられる，と仮定されている（Slavin, 1983）。しかし，これはCOにはあてはまらない。実際，COは教授者が，何が正しくて，何がまちがいであるかを話してくれる伝統的な説明による学習場面を好むはずである。

ジグソー学習法や他の協同学習法は，自尊感情（Slavin, 1980）や課題への関与時間の増加，問題行動の低減（Dishon & Oleary, 1985），高成績，記憶の促進，批判的思考能力の活用（Johnson & Johnson, 1987を見よ）と明らかに関係している。また，これらの方法は教室での偏見を低減する方法としてもくり返し推奨されてきた（Aronson, 1978）。しかし，ジグソー学習法に対する支持は一貫していない。アロンソン（1978）自身も，少数民族の学生のみがよい学習成績を示したが，他の学生には影響がなかったことを見いだしている。シェイファーら（Schaeffer, Moskowitz, Malvin, & Schaps, 1984）は，ジグソー学習法を用いた3年間にわたる研究で，自己や仲間，学校，薬物に関する少年の態度や行動や規範に対する明確な影響を見いだせなかった。彼らはまた，少女については数学の成績，協同的な学級雰囲気，マリファナの使用に関連したネガティブな効果を見いだしている。このようにシェイファーら（1984）もまた，ジグソー学習法のネガティブな結果を報告している。

フーバーら（1992）は，協同学習の文献における一貫していない結果は，参加者の不確定志向性に関する個人差が原因であることを示そうとした。この節で示す研究は，協同学習的な教授法と他の教授法において，学習法に対する好み，学習成績，学ぶ喜びに，個人差が実際にあるのかどうかを確認しようとしたフーバーらによる初めての試みであった。この研究はカナダとドイツとイランの学生（生徒）と教育実習生を対象とした。

最初のステップとして，フーバーら（1992）は，オーウェンスによる学習嗜好性尺度の学生版（Owens & Straton, 1980）を用いて，協同学習，競争学習，および個別学習に対する好みのデータを収集した。この尺度で測定されるように，学習に対して異なった嗜好性をもつ学生たちは，学習場面の異なった側面を自分の欲求と一致するものとみなすと期待される（Owens & Barnes, 1982）。この尺度を用いてオーウェンス（Owens 1983）は，オーストラリアの学生は一般的に競争学習や個別学習よりも協同学習を好むことを見いだした。オーストラリアとアメリカの学生を用いた以前の研究で得られた結果をまとめて，オーウェンス（1983）は次のように述べている。

> 広い意味で，これらの知見はミネソタでの大がかりな調査で得られたアメリカのデータと一致している（Johnson & Ahlgren, 1976；Johnson, Johnson, & Anderson, 1978）。学校単位で集められたこれらのデータによって，協同的態度は学校の教職員に対する好感，内発的動機づけ，仲間に対する援助的態度，意見や感情のオープンな表出，自尊感情と正の相関にあることが示されている。個人主義的態度は意見や感情のオープンな表出や自尊感情とネガティブに関係しており，他とは関係がなかった。（Owens, 1983, p. 2）

オーウェンス（1983）の尺度は不確定志向性と関係していない多くの項目カテゴリー（例えば，愛他主義や他者との全体的な人間関係）を含んでいるけれども，UOとCOの学習嗜好性に関して適度の区別がなされているように思われる。協同学習がジグソー学習法の目標と一致するのであれば，そして協同学習が意見や感情のオープンな表出を認める討論の場であれば，UOの学生は，競争学習（学生は他者との競争のなかで判断される）や個別学習（意見のオープンな表出はうながされない）よりも，一般的に協同学習が学習を促進し，好ましいことに気づくと期待される。しかしながらCOの学生は，仲間の意見を聴き，仲間に対して自分自身の考えを示さなければならない学習場面を望まないはずだし，学習は妨げられるであろう[★2]。

フーバーら（1992）の研究 1 において，カナダ，ドイツ，イランの大学生が参加し，上記の尺度に回答した。図 5-4 には国別にUOとCOの平均学習嗜好得点を示している[★3]。図が示すように，3か国すべての参加者は競争学習や個

別学習よりも協同学習を好んでいる。これらのデータはオーストラリア（Qwens, 1983）やアメリカ（Johnson et al., 1981）のデータとほぼ一貫している。しかしながら、これらのデータは予想されたように不確定志向性×学習スタイルの有意な交互作用を含んでいた。UOはCOに比べて、競争学習や個別学習よりも協同学習を好んでいた。この交互作用は3か国すべてのデータにおいても有意であった。

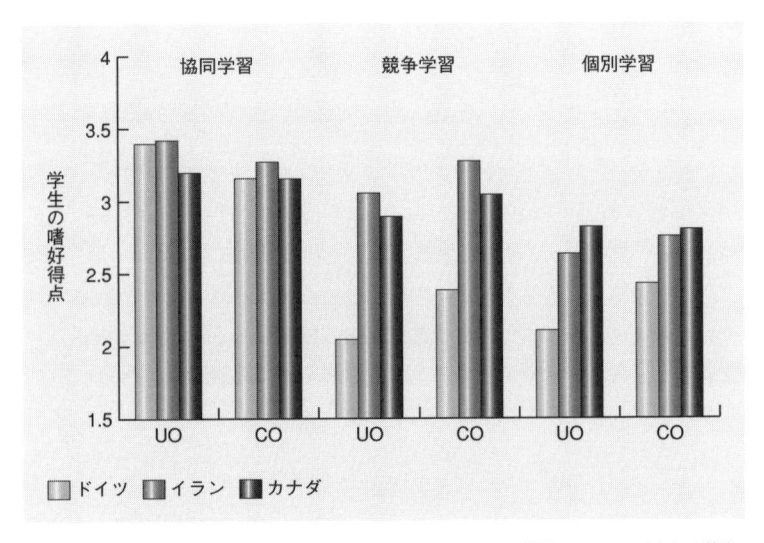

図5-4 不確定志向性（UOとCO）と文化の違いから見た学習スタイルに対する学生の嗜好得点
出典：Huber et al.（1992）

★2
　　　UOにとって、なぜ個別学習も促進的でないのだろうかと疑問に思われるかもしれない。これは、個別学習が自分自身の考えの発見を取り扱うのであればUOにとっても促進的に働くかもしれない。しかしながら、個別学習に対する嗜好性は集団からの回避や社会的不適応と結びついているように思われる（Johnson, Johnson, & Anderson, 1978を見よ）。

★3
　　　ドイツの調査において、不確定志向性の通常の測定法は使われなかった。これはドイツの参加者は不確定志向性の心像を得点化するのに十分な長さの物語を書けなかったからである。ドイツの少数の参加者は、不確定志向性の自己報告尺度と伝統的な尺度の両方において類似した結果を示した。このことは、自己報告による尺度の構成概念妥当性と予測的妥当性について一定の信頼を与えるものであった。

フーバーら（1992）は，次に，ジグソー学習法に対する態度を詳細に調べた。研究2は異なる学習場面に対する態度を問題とし，研究3では異なる学習場面の遂行を取りあげ，そして研究4では実際の教育実習生にジグソー学習場面を体験させた。研究2はドイツでおこなわれたが，4クラスの高校生を参加者として，基本的に研究1の知見を再度確認できた。この生徒たちの大半が，ドイツ語が母語ではないトルコ系，ギリシャ系，イタリア系の家庭の出身者であった。ジグソー学習法は数週間にわたって実施し，それに対する態度も調べた。最初の2週間を用いて4名の小グループをつくり（1クラス5・6グループ），チーム学習であるジグソー学習法に生徒を慣れさせた。この「チーム構成」段階のあと，学習内容中心のグループ作業を始めた（詳細は，Huber et al., 1992 を見よ）。チームでの協同学習を5〜8週間にわたって経験させたあと，フーバーらは研究1の知見をふたたび確認できたことに加え，UOはCOよりも全体的に協同学習に対してポジティブな態度であることを見いだした。またUOは，「自分たちによる学習」や「自分自身の解決法の発見」といった学習条件から多くを学んだと報告した。一方，COは学ぶことが少なかったと述べていた。

　研究3はカナダで実施した。2つのクラスの生徒たちが対象で，1つのクラスは6年生と7年生が混ざっており，もう1つは8年生であった。生徒たちはアロンソン（1978, 1984）のジグソー学習法を用いて，科学コースの一部を学習した。このコースは研究2と全く同じ方法で実施した。個人の成績は8週間にわたるプログラムを通しておこなわれた数回の小テストと最終のテストで測定し，その学期の最終的な単位を与えた。最終的な単位には実際の学習成績に加えて生徒の学習行動に関する他の側面も含まれていた（例えば，宿題の提出）。次にフーバーら（1992）は，この協同学習のセッションでの生徒の成績を，同じ指導者が伝統的な方法で科学コースを教えた前学期の同じ生徒の成績と比較した。

　図5-5は成績の3つの測度に関して不確定志向性×教授法の組み合わせによる平均遂行得点を示している。この図に示されている交互作用のパターンは3つの測度すべてで有意であった。まず，教授法にかかわらずUOがCOよりも高い遂行を示していることに注目してもらいたい。この結果は学習場面にお

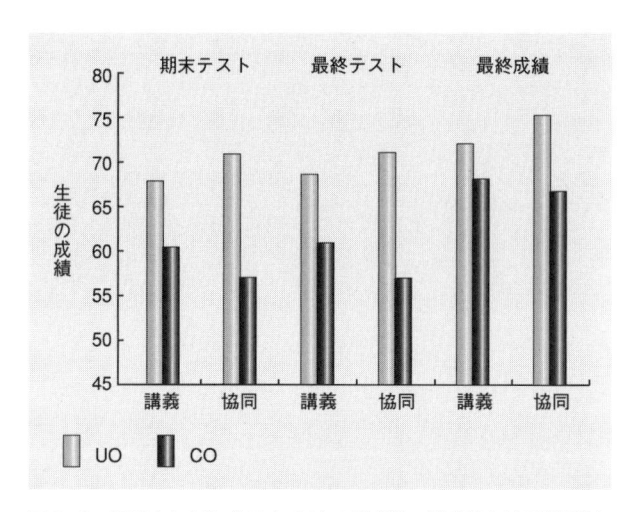

図5-5　不確定志向性（UOとCO）×教授法（講義法と協同学習法）
　　　における生徒の成績
　　　出典：Huber et al.（1992）

ける成績であり，一般的にUOが優れているという事実を表わしているように思える。しかしながら，より大切なことは，UOの遂行得点は説明中心の伝統的な教授法による学習よりも，協同学習すなわちジグソー学習法を用いた場合，遂行に関する3つのすべての指標において高い遂行を示していた。これはUOにとって協同学習場面が説明中心の伝統的な方法よりも好ましいことを示す証拠となる。しかしながら，さらに重要な意味がCOの生徒の成績に認められる。つまり，彼らの成績は伝統的な技法よりもジグソー学習法を使ったほうが悪かった。

　研究4では，どんな教員が子どもたちを教えるのか，という問題に焦点を当てた。多くの人々が授業で使ってほしいと教員に求める教授法に対して彼らはどんな反応を示すのであろうか。ミュンヘン大学での小学校教育に関する4つのセミナーで，フーバーら（1992）が期待した通り，UOの教育実習生は協同学習法に対してとても受容的であったが，COの教育実習生はとても抵抗を示した。これらの結果は単に研究1の結果（COに比べてUOは協同学習を好む）を再現しているだけでなく，厳しい時間制約のもとで集中的なグループ作業を経験したあとに，UOはCOよりも自分自身がグループに志向しており，ポジ

ティブで課題志向であると評価したことを（因子分析によって）見いだした。この研究のポイントは，もしCOの教育実習生が協同学習場面における自分自身の役割についてそのようにネガティブな態度をもっているなら，彼らが教室で協同学習をうまく適用することを，どれ程期待できるかという点である。フーバーらは，教員が確定志向であるほど，その教員は協同学習の技法を使おうとは思わないであろうと主張している。協同学習の使用を強要すれば，これらの教員は生徒に悪い影響を与えるような方法で協同学習を用いると思われる（Huber & Roth, 1988, によるUO教員，CO教員と彼らの生徒たちに関する事例研究を参照のこと）。

要するに，フーバーら（1992）の研究はグループ学習法一般，特にジグソー学習法を通して発見的な学習を推奨する人々にとって，とても重大な意味をもつ。つまり，UOのみがグループ学習法による教授と学習から利益を得ると思われる。大切なことは，COは説明中心の伝統的な教授法と比べてグループ学習法によって実際には被害を被る，ということである。COの偏見を取り除く方法としてジグソー学習法を使おうとするとき，少なくともジグソー学習法は，実際には「善よりも悪をもたらす」かもしれないと疑うことができる。

4．集団思考

不確定志向性は，人々が重要な他者をとらえる方法やグループ活動における反応の仕方において重要な役割をはたす。したがって，この視点からグループ・ダイナミックスのファイルにあるいくつかの難解な問題に取り組むのは当然の流れであった。わたしたちが好む理論にジャニス（Janis, 1972）の「集団思考（group-think）」の理論がある。残念ながら，この理論の実証的な支持は乏しい。ハドソンとソレンティノ（Hodson & Sorrentino, 1997）はこの概念にまつわるある種の混乱も不確定志向性によって解決できるのではないかと考えた。ハドソンとソレンティノ（1997）は，集団思考がリーダーシップ・スタイルの違いによって生起するという，初めてと思われる実験的証拠を報告したが，それは不確定志向性の個人差との関連においてのみ起こることを見いだした。ジャニス（1972, 1982）によれば，グループで利用できるすべての選択肢や情報を批判的に評価するよりも，決定における同意を探し求めようとする動

機づけが高いとき，グループは集団思考に陥る。特に，集団思考は「グループ内の圧力によって生じる心理的効力と現実検証と道徳判断の低下」として定義づけられる（Janis, 1982, p. 9）。集団思考は，グループ規範に対するメンバーの追従現象というよりは，グループの結束（group unity）に対する圧力が理性的な意思決定よりも優先される無意識の過程である。

先に述べたジグソー学習と同様，集団思考を支持する明確な実証的証拠はない（Hodson & Sorrentino, 1997のレビューを見よ）。ハドソンとソレンティノ（1997）は，不確定志向性の個人差がこの状況を打開するために有効であると主張した。集団思考の枠組みのなかで検討されてきた優位性（dominance, Callaway et al., 1985）や権力欲求（need for power, Fodor & Smith, 1982）のような性格変数とは異なり，不確定志向性は情報処理に関する変数であり，それだけに集団思考の過程そのものに，より関連していると思われる。集団思考が起こると情報はかたよった方法で処理される。不確定志向性は，場面的な決定因が情報処理に影響する方法を検討する際の1つの枠組みを研究者に提供するし，リーダーシップやグループの凝集性が集団意思決定におよぼす影響を考察する際に有用であることがわかるはずである。

ハドソンとソレンティノ（1997）は，不確定志向性の違いによってオープン・リーダーとクローズド・リーダーの影響力が決定されると考えた。クローズド・リーダーは話し合いの早い段階で自分の意見を述べてグループの規範を確立することにより，オープン・リーダーに比べてグループのダイナミックスに，より大きな確定性をもたらす。オープン・リーダーは早い段階でグループの規範ができないようにふるまい，新しい情報が提出される可能性を高める。ここで，COは重要でない場面に比べて，より重要な場面で専門家の意見に従いやすく（Sorrentino et al., 1988, 研究2），UOの学生に比べて，COの学生はリーダー（教員）のより指示的な特性を好む（Huber et al., 1992を見よ），という知見を思いだしてほしい。これらを考慮して，ハドソンとソレンティノは，クローズドなリーダーシップがオープンなリーダーシップよりも集団思考と，かたよった集団決定を生みやすいが，その差異はUOグループよりもCOグループで顕著であろうと予測した。

著者たちは上述の交互作用のパターンは凝集性の低いグループよりも高いグ

ループで顕著になるであろうとも予測した。これまでの研究者たちが述べてきたことは、凝集性の低いグループと比べたとき、凝集性の高いグループはお互いにより関連しているとグループ・メンバーによって知覚され（Cartwright, 1968），グループ課題を完成するためにグループ・メンバーを強く動機づける（Back, 1951 ; Seashore, 1954）ということであった。ソレンティノら（1988）の研究において，UOとCOの個人差は関連性の高い条件において（低い条件と比較して）顕著であった（Brouwers & Sorrentino, 1993も見よ）。この考え方を本研究に適用すれば，集団意思決定における性格特性の差異は，低い凝集性に比べて高い凝集性のもとで大きくなると考えられる。

ハドソンとソレンティノ（1997）は，法律に関する意思決定課題を用いて4名グループ68組（一般心理学受講生）を検討した。グループのメンバーのうち3名は不確定志向性が同じであったが（つまり，3名ともUOか3名ともCO），4人目のメンバー（リーダー）はコントロールのために不確定志向性が中間にある人を常に用いた。事前テストで実施した偽の質問紙を用いて，グループ・メンバーは自分たちのグループの凝集性が高い，もしくは低いと信じ込まされた。

実験の第2段階では，ティボーとウォーカー（Thibault & Walker, 1975）の集団意思決定課題をラナリー（Ranalli, 1979）と類似した方法で用いた。参加者は法律調査員の役割を演じるように求められた。そして，そのうちの1名がディスカッション・リーダーの役割を与えられた。グループは原告側の法律事務所を代表して活動した。そしてグループの目標は被告側の行為の違法性を調べ，この事件を法廷に提訴すべきかどうかの判断を下すことであった。実験計画は2×2×2（不確定志向・確定志向×オープンリーダー・クローズドリーダー×凝集性高・低）の群間要因計画であり，各セルには5～11のグループが割り当てられた。

各グループは，指名されたリーダーがグループ・リーダーの役割に最もふさわしい特徴を備えていることが事前テストで判明したと信じ込まされた。次に，グループは法的な事件の原告側を代表する法律事務所で働いている専門家グループとして活動するように教示された。グループの各メンバーはその事件について別々の情報が与えられ，リーダーにはその事件と類似した他の事件の情報

が与えられた。次にグループに対して，法廷において被告の行為が合法と判断されるか，それとも違法として判断されるか，その予想される判決に基づいて，この事件を提訴するか否かを決定するように教示した。

各調査員に手渡された12の事実のうち6つは被告の行為は合法であり，6つは違法であることを示唆していた。両方を示唆する事実の数は同じであるが，事実の内容は，被告の行為は合法であり，被告の立場を支持する方向に重みづけられていた（したがって，グループの立場とは対立する）。実験者は意図的に対立する場面をつくりだすために，調査員には（合法の方向に重みづけられているが）同数の合法と違法の事実を与え，リーダーには違法性の方向にかたよった情報を与えた。

クローズド・リーダー条件のリーダーには，事件についての自分の意見を話し合いのできるだけ早い段階で述べるように教示した。一方，オープン・リーダーにはできるだけ遅い段階で述べるように教示した。そして両条件のリーダーに，この教示を確実に実行することが，グループでの話し合いをリードするのに役立つことが以前の研究で明らかになっていると伝えた。各グループには，課題を解決するために20分しか時間がないことを知らせた。与えられた事実の重みづけから判断して，法廷外で問題を解決するという決定がかたよりのない決定であるとみなされた。法廷に提訴するという決定は，単に事実に基づいていないばかりでなく，リーダーの意見に影響されたので，かたよった決定とされた。

ハドソンとソレンティノ（1997）は，意思決定において予想した不確定志向性×凝集性×リーダーシップの交互作用を見いだせなかった。しかし，凝集性の条件を無視したところ，図5-6に示すように興味深い結果が明らかになった。クローズド・リーダーの全32グループ中23グループがかたよった決定をおこない，わずか9グループがかたよりのない決定をおこなったことに注目してもらいたい。しかし，オープン・リーダーのグループはかたよった決定とかたよっていない決定がほぼ同じであった。この知見には有意な傾向が認められ（$p = .07$），クローズド・リーダーがオープン・リーダーよりもかたよった決定をもたらすとしたジャニス（Janis, 1982）の考えと一致している。

この効果はほとんどCOグループの結果によると思われる。クローズド・リ

ーダー条件において，CO17グループ中14グループがリーダーのもつ情報の方向にかたよった決定をおこなったが，オープン・リーダー条件においては，18グループ中わずか7グループがそのようなかたよった決定をおこなった。UOグループは両方の条件において，いくぶんかたよった決定をおこなったグループがあったものの（クローズド条件は15グループ中9グループ，オープン条件は18グループ中11グループ），リーダーシップのスタイルによる変化はほとんどない。この不確定志向性×リーダーシップの交互作用は$p<.05$で有意であった。

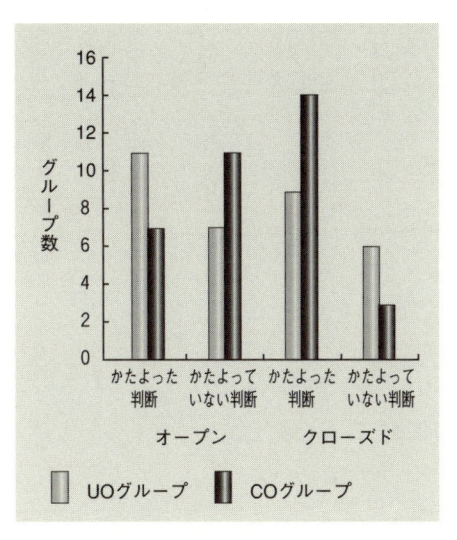

図5-6 不確定志向性（UOグループとCOグループ）×リーダーシップ・スタイル（オープンとクローズド）における判断のかたより
出典：Hodson & Sorrentino（1997）

また，事件の証拠についての検討内容を分析したところ興味深い結果が得られた。すなわちCOグループは凝集性の高い条件において低い条件よりも，全体としてより多くの事実を検討していたが（$p=.001$），UOグループは凝集性の高い条件でも低い条件でも同じ数の事実を検討していた。同じパターンが事実に関するすべての頻度においても見いだされた。つまり，検討された事実のタイプは問題ではなかった。COグループは凝集性が低い条件よりも高い条件において，（どちらの立場をその事実が弁護するか，つまり事実の重みづけにかかわらず）多くの事実を検討した。このパターンは有意ではなかったが，UOグループでは逆の方向が認められた。そこでは，わずかではあるが凝集性の低い条件で，より多くの事実が検討されていた。

リーダーシップ・スタイルによって意思決定がかたよることを初めて証明した実験研究と思われるハドソンとソレンティノ（1997）の研究結果によって，ジャニス（1982）の集団思考理論に対する条件つきの支持が得られた。これらの結果から，グループに基づいた性格特性，特に不確定志向性と関連した性格

特性が，集団思考において重要な役割をはたすことが示唆された。図5-6に示した不確定志向性×リーダーシップの有意な交互作用は，COグループがUOグループよりもリーダーシップ・スタイルに影響されやすいことを証明している。したがって，クローズド・リーダーが自分の意見を早い段階で表明すると，COグループに一定の集団規範が形成される。リーダーが話し合いの後半で自分の意見をだすと，リーダーの意見がかたよりをもたらすという影響は明確ではなかった。また，リーダーシップ条件にかかわらず，UOグループのおよそ60％がリーダーの情報が示す方向にかたよった決定をしたが，その理由は明らかでない。たぶん，これらのグループは法廷に事件を提訴し，そこで期待される不確定性を体験したいと思ったのであろう。それで，UOグループはたまたまリーダーによって方向づけられた，かたよった決定を選択したと思われる。ソレンティノら（Sorrentino, Hewitt, & Raso-Knott, 1992）は，UOは困難さが中程度の課題（最も不確定性を含む課題，第4章を見よ）に接近しやすいことを見いだしている。それにもかかわらず，UOタイプのグループが，グループによる決定をおこなうとき，リーダーシップのスタイルと無関係に働くことが認められたことは興味深い。

　実験をふり返って，ハドソンとソレンティノ（1997）が推測したことは，COグループは集団凝集性が高いと告げられたことによって動機づけを高めたのではないか，ということであった。なぜなら，グループ課題に関連した多くの次元でメンバーが類似しているグループに所属していると告げられることで確定性がもたらされたからである。実際，凝集性が高い条件の参加者は態度や性格が類似しており，いっしょにうまくやっていけるはずだと伝えられた（関連した議論として，Hogg & Abrams, 1993を見よ）。したがって，集団凝集性が高い条件においてUOよりもCOが系統的な議論の処理をおこなったように思われる（UOは集団凝集性が低い条件で，事実に対して注目する傾向を示した）。ハドソンとソレンティノ（1997）の研究知見は，集団思考のモデルに不確定志向性のような個人変数を含めるという重要な議論を提出している。

5．集団間関係における不確定性

フーバーとソレンティノ（Huber & Sorrentino, 1996）は不確定志向性と対

人関係に関する章で，ヨーロッパにおける文化間関係の話題が新しい関心を得 queているとstringstream指摘している。これは，域外からの移民圧力と，ヨーロッパの多くの国々における過去数年間にわたる外国人嫌いと拒否の増加による。事実，インターナショナル・ヘラルド・トリビューン紙のトップニュースのタイトルは「移民の流入は時代の危機」と警告している（Robinson, 1993, p.1）。しかし，カンパーニとグンダラ（Campani & Gundara, 1994, p.7）がヨーロッパ連合の文化間政策の視点を考察してまとめたように，「多文化社会や複数社会という考え方は広くは受け入れられていないし，事実，政府の政策も融合と隔離の間を揺れ動いている」。

フーバーとソレンティノ（1996）が指摘したことは，教育者は教室内における集団間コンフリクトの問題を解決しようと試みてきたが，ほとんど成功していない，ということであった。彼らはアックハウゼンとフェイル（Axhausen & Feil, 1984）の研究から，その状況をうまく示す例を引用している。アックハウゼンとフェイル（1984）は，偏見や集団間コンフリクトを低減するために計画された心理学的アプローチの最新版を用いた6つの長期間にわたるプロジェクトを吟味した。これらのプロジェクトはドイツのミュンヘンで70年代の初期に始められた。ドイツでは，主に南ヨーロッパの国々やトルコ出身者がゲスト労働者として招き入れられていた。ゲスト労働者とは，ドイツにおける当面の労働者不足をまかなうために一時的に滞在しているのであり，移民ではないということを意味していた。政府は彼らと彼らの子どもたちが滞在し続けるという事態に備えていなかった。

アックハウゼンとフェイル（1984）は，この問題に対するさまざまな心理学的アプローチが外国人子女の流入にうまく対処できなかったことを報告している。例えば「子どもの店」プロジェクトで，ドイツ人とユーゴスラビア人の少女たちが，国籍による序列を作り，トルコ人の少女たちを低い立場に追いやろうとした。ある日，ドイツ人の少女が「トルコ人は帰れ」と黒板に書いた。指導者は反省をうながそうと黒板に「ドイツ人は帰れ」と書いて，ドイツ人の少女たちに，旅行先のイタリアで壁に書かれたこの落書きを見てどう思うかと尋ねた。そこでおこなわれた話し合いでは，よりよい理解は得られなかった。批判されたドイツ人の少女たちは，ただ，そのプロジェクトを辞めて立ち去って

しまった。お互いが警戒しないですむ場面（例えば，屋外パーティ）で子どもたちを交流させたり，相手をよく知らせるために他のグループの情報を与えるなど，他のいくつかの試みも，また失敗した。

　フーバーとソレンティノ（1996）にとって，この問題は明確であった。たぶん，UOにとって適切な方法が，主にCOである人々に対して用いられたと思われる。実際，かたよった対人関係を説明したり，社会的に望ましい方法で介入しようとするさまざまなアプローチを一見しただけでも，皮肉なことに，これらのアプローチが不確定性を好む人たちの方向にかたよっていることがわかる。ミラーとハリィングトン（Miller & Harrington, 1990）が集団間行動へのアプローチについてレビューをしている。それらは実験で確かめられ，望ましいと推薦されたアプローチであった。そのレビューを表5-2に示す。これらのアプローチは集団間バイアスの問題を解決するのに重要な要素を示しているけれども，ほとんどの結果が曖昧なので，どのアプローチも十分ではないと，この著者たちは結論づけている。ミラーとハリィングトン（1990）のリストにあげられている最初のアプローチは「現実的葛藤理論（realistic conflict theory）」である。この理論によれば，生きるために必要なものであっても社会的に必要なものであっても，利用可能なものが少ないためにグループ間で争うことは，一方でグループ内の協同を促進し，他方でグループ間の競争をあおる。グループ間に一般的な協同事態をつくりだす適切な調整因として，ミラーとハリィングトン（1990）は上位目標の導入を主張した。この上位目標によってグループ間の協同的な相互依存関係が形成されるので，両グループのメンバーが共通の目標に到達したいと思うなら，彼らにはいっしょに働く必要が生じる。協同学習と社会的相互作用の研究（Huber et al., 1992；Huber & Scholz, 1995）から判断して，UOの学生たちのみが，このような状況から実際に利益を得るようである。例えば，アックハウゼンとフェイル（1984）の報告によれば，グループ間の葛藤を解決する試みから利益を得た学生たちは，お互いについてもっと学びたいとすでに思っており「準備」が整っていた学生たちだけであった。言い換えれば，上位の目標を設けることで利益を得た者はUOであると思われる者たちであった。彼らはCOであるとは思えなかった。

　表5-2に示された，対人関係の領域に適用された強化理論によるアプロー

表5-2 グループ間問題に関する説明と介入法

説明モデル	原因となる中心的なコンフリクト	解決に向けての接近法	調整過程
現実的葛藤	物質的な利害の葛藤，わずかな資源をめぐっての競争	協同的なグループ間相互作用	共通の目標，協同作業，相互依存性に関するポジティブな知覚
強化	内集団からの社会的な承認と，外集団からの社会的な否認	内集団と外集団の報酬に関するポジティブな相互依存性	グループ間の成功
類似―魅力	知覚された非類似性	相互作用	知覚された類似性の増加
接触仮説	個人的な接触の欠如，「民族的な封じ込め」	準備された接触，つまり対等な立場と十分な準備の整った条件下での接触	ステレオタイプの否認
無知モデル	知識と親和性の欠如	情報，親和性の増加	不安の低減
期待地位	ネガティブな期待	内集団と外集団に対する期待訓練	期待の逆転
場面的アイデンティティ理論	社会的カテゴリー化（外集団の区別の欠如と没個性化），競争的な社会的比較	脱カテゴリー化（外集団の区別，外集団のメンバーの個人化），内集団から自己を区別する。外集団のメンバーとの接触を通して自己を個人化する	カテゴリー的な知覚とカテゴリー境界の明確さを低減する

出典：Miller & Harrington（1990, p45）を修正

チは，報酬と好みの基本的な連鎖を述べている。つまり，多数者グループと少数者グループのメンバーが共通する目標に向かってともに努力する社会的場面や，目標達成に向けての各ステップでそれぞれのグループが等しく報酬を得られる社会的場面（ポジティブな相互依存）は，偏見を克服するのに有効であるに違いない。ミラーとハリィングトン（1990, p.46）によれば，「報酬と結びついたポジティブな感情は，たぶん目標達成の助けになると思われる外集団のメンバーに般化する」。しかしながら，フーバーとソレンティノ（1996）はこの仮定がCOにあてはまるか疑問を提起している。というのも，先に報告した親密な対人関係の研究（Sorrentino et al., 1995）において，UOは自分のパートナーとの過去のポジティブな出来事やネガティブな出来事を思いだすとき，正

確であり，かたよりが少ないことが見いだされた。しかし，COは自分のパートナーに対する信頼感のようなヒューリスティックな手がかりに基づいて，自分の判断を明らかに歪めていた。過去の記憶の再構成に関するこの知見や最近の知見（Johnson & Sherman, 1990；Ross & Conway, 1986を見よ）を考えれば，COが外集団に対するステレオタイプの方向に報酬判断を歪めることは全く驚くべき発見ではないであろう。

判断の歪みに加え，COはUOよりもカテゴリー的またはステレオタイプ的に考えやすいし，カテゴリー間に大きな差異を認めやすい（Roney & Sorrentino, 1987，および本書の第3章を見よ）。重要な判断をする際にヒューリスティックな手がかりを好むことと結びついたカテゴリー的に考える傾向は（Sorrentino, Bobocel, Gitta, Olson, & Hewitt, 1988を見よ），表5-2に示した相互強化や他の多くの試みによって態度を変化させようとするいかなる試みも，さらに無力なものにしてしまう。例えば，無知モデル（ignorance model）や接触仮説（contact hypothesis）は，多かれ少なかれ，子どもの偏見をなくすミュンヘン計画（Munich projects）の明白な基礎となっている。両方のアプローチとも偏見の問題における知識の欠如に焦点を当てており，ステレオタイプを否定しそうな情報（特に，他のグループに所属する人々の特徴，習慣，生活状況についての情報）を提供するか，異なるグループ間の具体的な社会的交流を企画することにより，偏見を取り除くことを推奨している。ところが，この方法はUOにはうまく働くようであるが，COには役に立たないばかりか，裏目にでることさえある。事実，最も広く普及した介入法（お互いのグループに関してより完全に情報を与えたり，個人的に接触させたりすること）は，UOの個人的な変化や対人的な改善を促進するかもしれない。しかし，このアプローチはCOにとっては重大な挑戦と受け取られるかもしれない。つまり，自分の認知構造を動揺させ，自分の価値体系の相対性を意識化させる個人的な経験や事実に直面することを，COはほとんど望まない。彼らはたぶんまちがいなく，そのようなアンビバレントな場面から，自分のいまの認知構造を維持するか安定させる側面のみを取りあげる。

また，表5-2に述べられている類似—魅力の連鎖（similarity-attraction link）に従えば，一般的に，人々が共有している態度の割合に応じて魅力が引

きだされる（Byrne, 1971；Byrne & Griffitt, 1966）。一方，非類似は拒否を生むと思われている（Rosenbaum, 1986）。したがって，対人関係を促進する介入はグループ間の非類似性の認知を低減することに努めるべきである。不確定志向性の差異は，ここでもまた，期待される類似—魅力の連鎖を調整するはずである。フーバーとソレンティノは，一般的な類似性と魅力との相関関係にかかわらず次の点を提案している。つまり，(a)UOはCOよりも対極にいる者に対してある種の魅力を感じる傾向にある（これは異なる人々との接触がふえることの一因となる）。しかし，(b)外集団を「似たような仲間」とCOに認めさせることは，COの反発を助長し（Brehm, 1993），内集団での「群がり」をさらに強め，ひいては他集団の認知や評価をさらに極化する（以下を見よ）。

　同じ問題が，「期待地位理論（expectation status theory）」（Berger, Cohen, & Zelditch, 1972；表5-2を見よ）の結論に基づいた介入においても起こる。この理論によれば，社会的な地位と相関関係にある文化やグループに特殊な期待の影響は抑制されなければならない。もしそうでなければ対人間の接触や相互作用によって，メンバーが抱く自分自身や他者に対する非現実的な期待を修正することなく，たぶん地位の高いメンバーが好む既存の偏見を強め，地位の低いメンバーの好む見方を弱める（Cohen, 1992）。したがって社会的な相互作用を始める前に，地位の高いグループも地位の低いグループも歪められた期待を修正する必要がある。期待を変えることによって偏見をなくすことができる。しかしながら，偏見をなくすために期待を変える努力は，COよりもUOで大きくなるに違いない。COは単に努力しないように思われる。

　ミラーとハリィングトン（1990）は対人関係の歪みを説明し，教育的な介入方略を得るための，より適切な基礎として「社会的アイデンティティ理論（social identity theory）」（Tajfel, 1978；Tajfel & Turner, 1979, 1986）を紹介している。表5-2（場面的アイデンティティ理論を見よ）は，この理論が認知—動機づけ的な構成体を代表しており，認知過程（つまり，社会的カテゴリーで人々を分類すること）と自尊感情を支える動機づけ過程が相互に作用する（例えば，Billing, 1985）。この理論が強調する点は，主に，自分自身について快を感じたいという欲求に関連した動機づけにある。ポジティブな自尊感情は2つの点から発生する。つまり，(a)個人の特性やスキル，能力などの信念を

含む個人的なアイデンティティと，(b)特定の社会的グループに所属することから得られる社会的アイデンティティである。場面的な要因に依存して，注意と情報処理が向けられるのは，アイデンティティのより個人的な決定因，もしくはより社会的な決定因のいずれかである。自尊感情の質，すなわちアイデンティティに関する個人的な特徴と社会的な特徴についての感情的な価値は，それらに割りあてられる評価と情動的な意味の結果である。さまざまな条件下において安定しているように見えるけれども，「自尊感情は場面や相互作用のなかで変化しやすい状態である」(Miller & Harrington, 1990, p.52)。

　フーバーとソレンティノ（1996）は，これまでの研究は個人間の差異というよりは，例えば，他のグループのメンバーとの好ましくない比較によって自尊感情を傷つける条件といった，より場面的変数に大きな関心を払ってきたと述べている。したがって，対人関係への介入を推奨する際，特に社会的なカテゴリー化と競争的な社会的比較の影響にねらいを定めている。ミラーとハリィングトンは一般的に次のように示唆している。

　　カテゴリー的な反応をなくすために，知覚者にとっての社会的な比較過程の基礎を，社会的な特徴から個人的な特徴に変化させる必要がある。同時に，すべての特質は必ず優劣をつけられるという比較の競争的な性質から，多様性や差異，独自性を価値あるものとみなす方向に変化させる必要がある。この後者の志向性は，差異を，個人の自尊感情に疑いを抱かせるものではなく，直面しなければならない課題が何であろうと価値ある資源とみなす。(Miller & Harrington, 1990, p.56)

　上で引用された「後者の志向性」は，フーバーとソレンティノ（1996）によれば，UOの対人関係場面についての考え方を正確に記述しているように思われる。社会的アイデンティティ理論に従えば，自分自身の自尊感情のために他者に対する知覚を歪めるという問題のある傾向は，主にCOにあてはまるように思われる。このアプローチに基づいて編みだされた介入法は，したがってUOの偏見を低減し，たぶんCOの偏見をさらに強めると思われる。アックハウゼンとフェイル（1984）が報告したように，成功した介入の参加者は，経験した差異を相互に高めあうものと述べ，お互いから学び，利益を得ることに動機づけられていた。

ミラーとハリィングトン（1990）は「社会的アイデンティティ理論」よりも「場面的アイデンティティ理論」という名称を好む。彼らによれば，利用可能などのカテゴリーが顕在化し，所属するカテゴリーにどのような意味が割りあてられるかは，特定の社会的な場面状況に依存する。もし，場面条件によって特定の社会グループの成員性が目立つのであれば，人はそのグループに関連したカテゴリーの観点から他者に対して反応する傾向にある。この著者たちは他者を1人の人間として見ることを促進する，学級への数多くの適切な介入法を示唆し，起こりうる問題と考えられる解決法を検討している。しかし，場面的アイデンティティ理論に基づいた介入における個別化した接触の重要性や相互の自己開示を強調することは，これもまた，UOに方向づけられているように思える。文化的な背景とは関係なく，COは世界観の差異や自分自身の相対的な立場を，互いを高める建設的な討論や思考を妨げるものとみなす。

2　対人関係と集団に関する研究：今後の展望

ソレンティノとヒギンズ（Sorrentino & Higgins, 1996）が編集した『動機づけと認知のハンドブック：対人関係と集団』は，自己評価，他者評価，グループ・ダイナミックスの3つのパートに分かれている。この節では，不確定志向性の研究がめざしている方向を示すために，このハンドブックに収められているいくつかの論文に注目する。

1．自己についての評価
（1）自己確証と共有された現実

ハンドブックのこのパートにおける新しい考え方の1つは，ハーディンとヒギンズ（Hardin & Higgins, 1996）の章で紹介された「共有された現実（shared reality）」である。彼らの主張は，社会的比較過程は物理的な現実に頼れないときに社会的比較が起こるというフェスティンガー（Festinger, L.）の当初の考えをはるかに越えている，ということであった（第3章を見よ）。彼らは，社会的現実と同様，物理的現実も含め，すべての現実形成において人は重要な準拠集団を用いている，と主張する。彼らはまた，自己確証理論（例

えば，Swann, 1990)の考え方も拡張している。この理論は，現実世界における予測可能性や統制可能性を維持するために自己について現在もっている信念を維持しようとする動機について検討している。この自己確証過程によって自己確認方略が用いられ，人が正しいと信じているものを実証し，人の自己概念を変えるものを間違いと思わせる。ハーディンとヒギンズ（1996）はこの自己確証の考えを展開し，共有された現実の源泉として集団をとらえる考えを示した。つまり，自己についての情報は他者と共有されるほど好まれる。例えば，ハーディンらによる研究（Harding, Higgins, & Schachinger, 1995, 研究1）において，参加者は次の勉強でいっしょになりたいパートナーを，想定されるパートナーが自分に対してもっていると考えられる印象に基づいて選択するように求められた。参加者が選択する際に用いた自己の属性は，数週間前におこなわれた表面的には本研究と関係のない質問紙に対する反応に従って個別に測定された。その質問紙において，参加者は自分の特徴を表わすと思う属性と，自分にとって重要な他者が自分の特徴を表わすと思う属性を列挙した。好みの判断は，(a)自己を表わす属性（または，自己を表わさない属性）と，(b)重要な他者と共有された自己を表わす属性（または，自己を表わさない属性）との間でおこなわれた。自己確証理論を支持するように，参加者は自分自身の属性を認める他者を好んだ。しかし，共有された現実の理論を支持して，この好みは，参加者にとって重要な他者が参加者に対して抱いていた自己属性を認めてくれた人において最大となった。

　不確定志向性が社会的比較や自己確証の過程において重要な役割をはたしていると思われることは第3章においてすでに述べた。もし共有された現実の理論が正しければ，不確定志向性の考えを共有された現実の理論に拡張することは全く小さな一歩でしかない。明らかなように，もしCOが自己確証の目的のためにのみ社会的比較をおこなうのであれば，COは重要な他者によって過去に確立された自分についての情報を確かめてくれる他者を探し求める，ということになる。この小さな一歩は，グループ・プロセスの研究における不確定志向性の意味に関して，実は大きな飛躍である（ニール・アームストロング Neil Armstrongに感謝）。本章の前段で報告した研究において，UOにとってグループのはたす主な役割は，自己，他者，世界について新しいことを見いだ

すことである，ということを指摘した。一方，共有された現実の理論を通して，集団アイデンティティがCOにとってのグループの魅力を引きだすメカニズムを提供していることがいっそう明らかになった。事実，『動機づけと認知のハンドブック』（第3巻，1996）の他の章において，ブリューアーとハラスティ（Brewer & Harasty, 1996）はこの点を明確に述べている。最初に彼らは，COは社会的グループを内的に一貫した統一体（entitativity）として知覚するように強く動機づけられていると指摘している（p.357）。そして彼らは次のように続けている。

> いままで社会的アイデンティティ理論に関するほとんどの研究は，グループ・レベルでの自己カテゴリー化の起源というよりは，その結果に焦点を当ててきた。ようやく最近になって，社会的アイデンティティのプロセスに，個人を最初に従事させるものについての検討が注目されてきた。集団アイデンティティを動機づける基礎を説明するために，社会的アイデンティティ理論からの展開が2つある。ブリューアー（Brewer, 1991）の最適弁別理論（optimal distinctiveness theory）は，安定した自己概念の形成において包含（inclusion）と区別（differentiation）という葛藤する動機の解決に根ざした欲求によって社会的アイデンティティが生じる，という考えを提案している。ホッグとエイブラムス（Hogg & Abrams, 1993）は，内集団の形成は究極的に不確定性の低減欲求から導きだされると仮定している。この理論は主観的な確定性や一貫性の基礎としてグループのコンセンサスの役割に焦点を当てている。ホッグとエイブラムス（1993）が述べているように，不確定性の低減は個人の動機づけであるが，グループに所属することによってのみ必然的に意識化されるものである（p.189）。この概念化は，知覚された統一性（entitativity）がUOよりもCOにおいて大きいという初期の考え方と一貫しているし（Sorrentino & Short, 1986），また，COは内集団を一貫した社会的な統一体と知覚するように特に動機づけられているであろう，とも示唆している。（Brewer & Harasty, 1996, p.365）

これは重要なリンクである。つまり，COは集団の統一性と集団への所属性に関して強い感情をもっているという考えは，不確定志向性理論をグループ・ダイナミックスの領域に展開する意味で必要なリンクである。UOは情報を得るために集団活動に従事するが，COは集団が自己と現実の維持や確認にとっ

て基本的な情報源となるので集団活動に従事する。COはUOよりも共有された現実に関するより大きな欲求をもっているように思われる。例えば，上述のハーディンら（Hardin, Higgins, & Shachninger, 1995）の研究において，COが彼らの選択において自己確証や共有された現実に関して最も強い証拠を示し，UOがより大きな不確定性（つまり，低い自己確証と，低い共有された現実）をもたらす他者を選ぶと期待される。社会的アイデンティティの考察を深める，『動機づけと認知のハンドブック』に収められている他の章を次に検討する。

（2）自己カテゴリー化理論と不確定志向性

『動機づけと認知のハンドブック』（第3巻）のハスラムら（Haslam, Oakes, Turner, & McGarty, 1996）の章では，修正された「自己カテゴリー化理論」が紹介されている。この理論は，社会的アイデンティティ理論（Tajfel & Turner, 1986）とオリジナルの自己カテゴリー化理論（Turner, Hogg, Oakes, Reicher, & Wetherell, 1987）の考えを，内集団と外集団の知覚された等質性に関する認知理論（例えば，Judd & Park, 1988；Linville, Salovey, & Fischer, 1986）を用いて統一的に描いている。認知理論の主張によれば，人は自分自身の集団すなわち内集団のメンバーを異質なものとか識別できるものとして知覚し，外集団のメンバーを等質もしくは区別できないものとして知覚する。しかし，ハスラムら（1996）が示したことは，この認知的な考えは，ポジティブな特性について内集団と外集団を直接比較することが求められるときにはあてはまらない，ということであった。つまり，個人は外集団よりも自分自身の集団がポジティブな特性をより多く共有していると知覚するようである。言い換えれば，外集団の等質性の効果は内集団の等質性の効果に隠れてしまう。

知覚された内集団の等質性効果の根本的な原因は，前に考察した共有された現実の考え方と多くの共通点をもっている。集団が共有された現実の源泉となるので，メンバーが集団への所属感と集団の統一感をもっている限り，自己カテゴリー化理論，もしくは，少なくともこの理論から導きだされる仮説は，COよりもUOにあてはまるように思われる。特に，内集団の知覚された等質性は，グループ・メンバーが他の集団と自分の内集団とを比較するときに減少

するという仮説は，UOにおいてのみうまく働く。なぜなら，COは常にグループの統一性に関するより強い感情をもち，したがってUOほどには比較によって影響されないからである（Brewer & Harasty, 1996）。UOはグループを1つの情報源とみなしているので，より自己志向的であるように思われる。ハンナとソレンティノ（Hanna & Sorrentino, 1999, 研究1）による最近のデータはこの仮説を支持している。ハンナとソレンティノは上述の著者たちによる以前の研究（Haslam, Oakes, Turner, & McGarty, 1995）を追試した。以前の研究において，オーストラリア人は，自分自身をアメリカ人と比較するとき，比較しないときに比べて，自分たちがお互いにより多くの共通点をもっているとみなしていた。ハンナとソレンティノ（1999）はこの結果をUOにおいてのみ見いだした。COは全く正反対のパターンを示した。つまり，比較グループがないとき，彼らはより強く知覚された内集団の等質性を示した。この結果より，日常生活の一部としてCOは自分自身を自分のグループと同じポジティブな特性を共有していると見ている，とハンナとソレンティノは解釈している。他方，UOはCOよりも自分自身を自分のグループとは異なるユニークな存在と見ており，グループ・メンバーというよりは個人として自分自身を見ている，と考えられている。

　現在，この研究の興味ある展開として，予想される将来の相互作用に関する重要な問題に焦点を当てた研究がおこなわれている。つまり，人が外集団のある人と実際に会うことを考えたらどうなるであろうか。個人的な関連性が増せばUOのシステマティックな情報処理が増し，COのヒューリスティックな情報処理がふえるという不確定志向性研究のこれまでの知見（Sorrentino et al., 1988）に基づいて，外集団の誰かと実際に会うと思っている人は情報処理に関する上の傾向を強めると思われる。システマティックな情報処理が強まることによって，異質性や個別性の知覚が強まり，ヒューリスティックな情報処理が強まることによって，同一性やカテゴリー化の知覚が強まるはずである。それゆえ，UOは内集団も外集団も等質であると知覚する傾向が低下し，一方，COはこの傾向をさらに強めると思われる（内集団をポジティブな特性に関して等質的と知覚し，外集団をネガティブな特性に関して等質的とみなす）。

　ハドソンとソレンティノ（Hodson & Sorrentino, 1999b）による他の2つの

研究の予備的な分析結果も同じ方向性を示している。彼らの研究1において，不確定な条件下で内集団バイアスを示す名目的なグループ効果（nominal group effect, Hogg & Mullin, 1999を見よ）はCOにおいてのみ生じる。研究2において，UOはグループの属性が期待したものと一貫していないとき，内集団と外集団からの情報をシステマティックに処理したが，COは一貫しているときにのみ情報を処理することを見いだした。加えて，UOは結果的に（つまり，UOがシステマティックに処理した議論の強さに基づいて）自分の態度を変化させるが，COは変化させなかった（COは情報が内集団からのものであるときに，そして態度が自分の期待と一致したときにのみ，自分の態度を変化させた）。集団思考（Hodson & Sorrentino, 1997）や自己カテゴリー化（Hanna & Sorrentino, 1999）の研究と同様，これらの研究はCOによる相対的なグループ依存と，UOによる相対的なグループ独立のさらなる支持を提供している。

2．他者についての評価
（1）感情とステレオタイプ

『動機づけと認知のハンドブック』（第3巻）における，付随的感情（incidental affect）と必然的感情（integral affect），およびステレオタイプに関するワイルダーとサイモン（Wilder & Simon, 1996）の章で，彼らは不確定志向性の個人差を，彼らの理論に基づいて推測している。ワイルダーとサイモンは，COは「強い感情状態にあるとき，特に世界を単純化するステレオタイプや他のヒューリスティックに頼りやすいはずである」という仮説を立てている。つまり，「COは感情を処理するために，より多くのエネルギーを投入するか，もしくはそこから逃避するはずである。そのために，外集団のメンバーの特定の行為を監視するために多くの注意をさけなくなる。判断が集団関係のなかでおこなわれるとき，その最終的な結果は外集団のステレオタイプを色濃く反映するはずである」。「感情を処理すること」がCOの主な関心であるかどうかは明確ではないが，自己との関連が強まればCOはヒューリスティックに依存しやすくなると考えられる。ワイルダーとシャピロ（Wilder & Shapiro, 1989，研究2）は，両方の可能性を検討する枠組みと機会を提供している。

ワイルダーとシャピロの研究参加者は，外集団との協同的な相互作用か，競争的な相互作用，もしくはリラックスした競争的な相互作用のいずれかに参加するという期待をもっていた。3つの条件すべてにおいて，参加者は外集団のメンバーのビデオを見た。そのなかで，外集団のメンバーの3名が，参加者の内集団の計画に関して3つの軽蔑的なコメントと，1つの称賛的なコメントをおこなう。4番目のメンバーは3つの軽蔑的なコメントをおこなったが称賛的なコメントはしなかった。ターゲットである5番目のメンバーは4番目のメンバーよりも先に，3つの称賛的なコメントと1つの軽蔑的なコメントをおこなった（詳細は，Wilder & Shapiro, 1989を見よ）。著者たちが見いだしたことは，予想されたように，協同条件に比べて競争条件においてターゲットの反応を反ステレオタイプ的とみなす傾向が少なかった。これは，競争条件が覚醒水準を高め，ヒューリスティックな処理をふやしたからである。また，覚醒水準の低下がシステマティックな情報処理を強めるはずなので，競争条件と協同条件の差異よりも，リラックスした競争条件と協同条件の差が小さくなるはずであった。COは覚醒水準が高い条件や自己との関連が深い条件においてヒューリスティックな情報処理を強めやすいので，COのみがこの仮説に従うと思われる。実際，UOは協同条件よりも競争条件においてシステマティックに情報を処理すると期待されるので，競争条件においてシステマティックな情報処理がよりいっそう認められるはずである。もしワイルダーとシャピロ（1989）が正しく，COにおける差異がリラックスした競争条件で小さくなれば，（つまり，リラックスした競争条件と協同条件の差異がないなら），COの差異は不安の処理が原因であったことになる。他方，リラックスした競争条件が競争条件と類似しているなら，当然，敵対的な外集団に対する情報のヒューリスティックな処理の増加によると思われる。

（2）社会的相互作用におけるネガティブな期待

『動機づけと認知のハンドブック』（第3巻）のノイベルグ（Neuberg, 1996）の章は，ネガティブな期待によって，観察者とターゲットの両方に期待-確認行動が生じる過程を示す，とても興味深い証拠を提示している。しかし，この行動を修正する試みにおいて，ノイベルグは「動機をもつ戦術家」タイプの技

法を提案した。この技法は，ソレンティノ（Sorrentino, 1993）がUOにとっては効果的であるがCOにとっては効果的でないことを示した方法である。例えば，ノイベルグ（Neuberg, 1989）の研究において，参加者はできるだけ正確であるようにと教示された。UOが正確であろうと試みることは，よりシステマティックな情報処理を導き，結果として期待−確認行動を低下させると思われる。一方，COにとって正確であろうと試みることは既存の情報やステレオタイプに依存することを意味する。したがって，正確であろうとすれば，COはよりネガティブな内容の期待−確認行動さえもおこなうし，UOはよりポジティブな内容を否認する行動さえもおこなうはずである。現在計画されているノイベルグ（1989）の研究の追試において，模擬的なインタビューに参加するインタビューアーつまり参加者は，1人の候補者についてネガティブな期待が与えられ，もう1人の候補者について期待は与えられない。インタビューアーの半数は正確な印象を形成するように励まされ，残りの半数はそのような励ましはなかった。UOの場合，正確な印象形成の目標が与えられなかったインタビューアーは否定的な期待を付与された候補者に対してインタビュー後に印象の歪みを示すであろうが，目標を与えられたインタビューアーはそのような歪みを示さないであろうと予想される。さらに，この目標がもつ歪みを低減する効果は，インタビューアーの広範囲にわたるかたよりの少ない情報収集に基づいており，この情報収集によって，ネガティブな期待を付与された候補者のよい側面をうまく引きだすことができる。COは全く反対の方法で行動し，かたよった情報をより多く使用する。皮肉なことに，多くの不確定志向性の研究と同様，UOにとってよいことは必ずしもCOにとってよいことではない。

3　要約

対人関係と集団の領域における動機づけと認知に関する研究にとって，不確定志向性の個人差が重要な役割をはたしていることを立証できる見込みについていえば，本章で取りあげた，社会的相互作用における共有された現実，自己カテゴリー化，ステレオタイプ，ネガティブな期待は「立証の機が熟した」ほんのわずかな例でしかない。対人間や集団間の活動の重要性が増すにつれてシ

ステマティックな情報処理がふえることや，不確定性を低減することの重要性を仮定する理論は，実際にはUOについて語っている。個人との関連性が増すにつれてヒューリスティックな情報処理がふえることや，自己や集団のアイデンティティを維持したり確認したりすることの重要性を仮定する理論は，実際のところCOについて語っている。動機づけと認知に関する現在の諸理論は，この分類のどちらか一方に入ると思われる。情報処理の個人差を考えることによってのみ，これらの理論的な観点は統合される。

　本章では，情報処理における個人差と集団差の両方が問題となる対人関係や集団に関する領域に対して，より統合的なアプローチの基礎づくりを試みてきた。親密な対人関係，アタッチメント，協同学習，集団思考に関する過去から現在にいたる研究の詳細な検討により，ここにあげたトピックスや，対人関係に関する他の主なトピックスについての今後の研究は，不確定志向性を考慮すべき，実現可能性の高い研究であることが示された。本章でも，対人関係の理論や，たぶん今日もっと重大な集団間関係や文化間関係の理論はすべて，理論的な意味と実践的な意味の両方において，不確定性や不確定志向性の役割を検討する必要がある，というフーバーとソレンティノ（1996）のメッセージをくり返し述べてきた。これらの領域のすべてにおいて，不確定志向性の理論家たちは，不確定志向性に関する過去のほとんどの研究で得られたなじみあるパターンを確認し続けている。しかし，対人関係と集団に関する領域における過去と現在の研究，さらに今後見込まれる研究は，フーバーとソレンティノ（1996）が以下のように述べているにもかかわらず，相対的にCOを無視し，UOに注目し続けている。

> 実際，不確定性は20世紀を特徴づけている。現在の経済的，社会的，政治的混乱を考えれば，不確定性への関心はふえ続け，21世紀にもち越されると，わたしたちは見ている。不確定性はある人にとってカリスマ的な概念であるかもしれないが，他の人にとって不確定性は極度に脅威に充ちた概念であることを，できればより多くの人々に理解してほしい。対人関係や集団関係において調和をつくりだし，促進しようとするとき，このことは必然的に考慮されなければならなくなる。(Huber & Sorrentino, 1996, p.615)

第6章 健康と不確定志向性

　これまでの議論によって，ネガティブな動機づけや感情の原因となるもの（例えば，失敗への恐怖や不安定な愛着）を除いて，UOは自己を知ることに役立つあらゆる情報を熱心に探し，COは自己に関連した情報の処理を積極的に回避することが明らかになったはずである。この知見は，情報がポジティブであるかネガティブであるか，新しい能力を理解するための知識を与えるか否か，自己に対する自他のイメージのズレの解消に役立つか否か，さらには自己の将来の姿を描くのに役立つか否かにかかわらず常にあてはまる。この知見から考えると，不確定志向性の研究は健康に関連した行動や心理療法，心理病理学にとって重要な意味をもつのは明らかと思われる。そこで本章では自己について疑問を抱くことが，ある人にとっては好ましいものの，別の人にとっては好ましくないということを示した3つの研究を簡潔に述べる。

1　不確定性と保健行動

　1990年代初頭のある日，共同研究者の1人であるジム・オルソン（Jim Olson）が本書の著者の1人であるソレンティノの研究室にふらりと立ち寄り「学生のメリッサ・ブロウワースがすばらしい論文を書きあげた」と話した。その論文は，第3章で検討した説得と態度変容の論文（Sorrentino, Bobocel, Gitta, Olson, & Hewitt, 1988）をロジャースとマドックスの防護動機づけ理論（Rogers, 1975, 1983; Maddux & Rogers, 1983）と関連づけたものであった。保健についてのコミュニケーションに動因低減モデルを適用する初期の研究（例えば，Hovland, Janis, & Kelley, 1953）以来，研究者たちは健康をアピールするメッセージの正確な特徴や，より効果的な保健行動を導きだす的確な条

件を見いだすという課題に取り組んできた。「防護動機づけ理論（protection motivation theory）」（Rogers, 1983）は，これらの問題を説明する包括的な枠組みを提示しようと試みてきた。この理論によれば，有効なメッセージに含まれる重要な特徴とは，(a)健康に与える脅威の深刻さ，(b)脅威に対する個人の脆弱性（傷つきやすさ），(c)脅威を防ぐために推奨された行動の有効性，(d)推奨された行動をうまく実行できるという自己効力感，の4つである（Maddux & Rogers, 1983）。

　この理論によれば，人が生活のなかで健康上の脅威に直面したときには，脅威の深刻さ，脅威に対する脆弱性，対処行動の有効性，自己効力感を含む2つの認知プロセス，すなわち脅威評価プロセスと対処評価プロセスが活性化する。「脅威評価プロセス（threat-appraisal process）」は，不適応反応が起こる可能性を増減させる諸要因の合成された結果から成り立っている。「不適応反応（maladaptive responses）」とは，個人の健康を危険にさらす反応である。この反応にはネガティブな結果をもたらす行動（例えば，肺ガンを引き起こす喫煙行動）をおこなうことや，ポジティブな結果をもたらす行動に参加しないこと（例えば，胸部の検診を受けないことでガンの診断が遅れ，結果として，より危険で効果の薄い治療を受けることになる）が含まれる。ロジャースと彼の仲間たち（Maddux & Rogers, 1983 ; Rogers, 1975）は内的な報酬と外的な報酬（例えば，満足感や社会的賞賛）によって不適応反応がふえる可能性が高まり，脅威の深刻さや脅威に対する個人の脆弱性によって不適応反応が起こる可能性が低下するとの考えを示している。恐怖喚起は脅威の深刻さや脅威に対する個人の脆弱性を評価するプロセスのなかで間接的な役割をはたすと考えられる。これらの要因（内的報酬，外的報酬，脅威の深刻さ，個人の脆弱性，そして間接的に，恐怖の評価）の累積効果によって，最終的に合成された脅威の評価がもたらされる。

　「対処評価（coping-appraisal）」とは，危険に対処し，危険を予防する個人の能力への評価である。これは適応的な反応がとられる可能性を増減させる諸要因の合成された効果である。対処反応を遂行できるという信念や対処反応が脅威と結びついたネガティブな結果を予防するために有効な手段であるという信念は適応的な反応が生起する可能性を高める。一方で，この対処反応を実行す

るために損失(コスト)がかかることは適応的な反応が生起する可能性を低下させる。したがって,これら3つの要因(個人の能力,対処反応の有効性,対処反応の損失)の合成によって,その場面における個人の対処評価がなされる。

防護動機づけとは脅威評価と対処評価の効果が統合されたものである。特に「防護動機づけ」は媒介変数であり,活動を引き起こし,維持し,方向づける働きがある。人が推奨された保健行動をおこなうかどうかは,自己を守ることに対する動機づけの強さを直接表わしている。研究者たちは,自己効力感,反応の有効性,脅威の深刻さ,および脆弱性の重要性を支持する知見を見いだしているが(Maddux & Rogers, 1983;Roger & Mewborn, 1976;Rogers, Deckner, & Mewborn, 1978;Wurtele & Maddux, 1987),ロジャース(1975)が仮説として取りあげた相乗的法則(multiplicative principle)を明確に支持する研究はほとんどない。つまり,自己効力感,反応の有効性,脆弱性,そして深刻さの各レベルが高いからといって,常に推奨された行動を実行するという意図が最も強まるわけではなく,これらの要因のレベルが低いからといって,その意図が最も弱まるわけでもない(Maddux & Rogers, 1983;Rippetoe & Rogers, 1987を見よ)。

ここでまた,UOが防護動機づけ理論の考え方に最もうまく適合していると主張することは理にかなっていると思われる。定義によれば,診断的な課題は自己や環境について,より多くの情報を見いだす機会を提供するし,健康におよぼす脅威は,この課題と自己との結びつきを高める。したがって,課題の診断性と脅威の両方が高まるにつれ,UOはできる限り多くの正確な情報を探し求めるはずである。一方,COは診断的な課題場面から得られる情報を探し求めようとはせず,この傾向が脅威が強く自己との関連の高いとき,より顕著になるはずである。したがって,健康に対する大きな脅威や対処行動の有効性が高いと,保健行動を受け入れるか否かの差異が最も大きくなり,UOの方がCOよりも推奨された保健行動を実行するはずである。

ブロウワースとソレンティノ(Brouwers & Sorrentino, 1993)は「新たに発見された病気」についての情報を参加者に提示するという方法を用いて,この仮説を検証した。彼らは実験参加者が実験で用いた虚偽情報を実験後に,正しい情報として思いだしてしまわないように(Nisbett & Ross, 1980を見よ),

「クレヴェリング病」という架空の病気を考えだした。この病気の名称はそれまでに漠然と耳にしたことのある他の病名（エプスタイン・バール症候群や慢性疲労症候群）と似た感じの響きをもっていた。参加者には医学的なアンケートに答えてもらったあと，クレヴェリング病とその診断法（クレヴェリング病確認テストCID，家庭でできる尿検査）について書かれたパンフレットを与えた。

　実験参加者には，公的な情報パンフレットのように仕立てた4種類のパンフレットのうちの1種類を手渡した。各パンフレットには重要な情報を示すために精巧な図表が掲載されており，どのパンフレットにも，この病気の名称，簡単な歴史，一般的な症状，原因や発生条件，現在までにおこなわれた研究そして，この病気にかかっているか否かを調べるCIDテストのやり方が書かれていた。また，この病気の怖さ（脅威）と適切な反応の有効性についての情報も，パンフレットのなかでそれぞれの話題の適切な場所で述べられていた。4種のパンフレットの違いは，脅威のレベル（強・弱）と有効性のレベル（高・低）に基づいていた。強脅威条件の説明では，クレヴェリング病は極度に人間を衰弱させ，身体的障害や神経疾患をもたらし，入院も必要となり，死にいたることもある非常に危険な結果をまねく病気として描かれていた。さらにこの強脅威条件では，この病気にかかりやすいハイリスク・グループに含まれる人々と参加者が類似しているので，この病気に感染しやすいことを強調した。具体的には，クレヴェリング病は未婚の15〜24歳の学生に蔓延していると書かれており，これはほとんどの実験参加者にあてはまる内容であった。弱脅威条件ではクレヴェリング病はあまり深刻なものとしては描かれていなかった（例えば，長期間にわたる症状はない）。また，この病気にかかりやすいのは未婚で46〜55歳のブルーカラーの労働者であるとされた。

　高有効条件ではCIDテストの有効性と，このテストがクレヴェリング病の感染初期段階の兆候を正確に判定できる力があることが強調された。これに加えて，高有効条件ではテストの判定力とともに，このテストの実施が容易であることも強調された。低有効条件ではCIDテストの結果は一貫しておらず，信頼性に欠けること，および実施方法が難しいこと（例えば，テストの各段階での時間管理や，テストの最中における器具の数値の読みとりの難しさ）が強

調されていた。いずれの条件も説明文の長さ，論拠の数，事実，結論はほぼ同じであった。

参加者にいずれかのパンフレットを読ませたのちに，いま読んだ病気についてのより詳しい情報とCIDテストを参加者が健康教育の研究に参加していることを口実に，その研究を進める前に手に入れることができると告げた。参加者にはこの病気に関する情報パッケージを請求してもよいこと，請求すれば情報パッケージが後日，各自に送られてくること，また，「CIDテスト・キット」が3ドル50セント払えば送られてくることも告げた。

情報パッケージの請求とCIDテスト・キットの注文はあわせてリクエスト得点とされた。図6-1には不確定志向性×有効性×脅威によってできる各群の平均リクエスト得点が示されている。図が示すように，平均値のパターンは予測に一致するものであった。強脅威条件では，低有効群（HT/LE）でなく高有効群（HT/HE）で，UOはCOよりも多くのリクエストをしていた（UOとCOとの差が逆転する）。強脅威条件におけるこのパターンは弱脅威条件よりも明確であるうえに，弱脅威条件のパターンは強脅威条件のパターンとは反対のものであった。つまり弱脅威条件では，高有効群（LT/HE）でなく低有効群（LT/LE）において，UOはCOよりもリクエストを多くおこなっていた（UOとCOとの差が逆転する）。この予測されていた不確定志向性×脅威×有効性の交互作用は統計的に有意なものであった（$p<.01$）。

これらの結果は防護動機づけ理論（Maddux & Rogers, 1983；

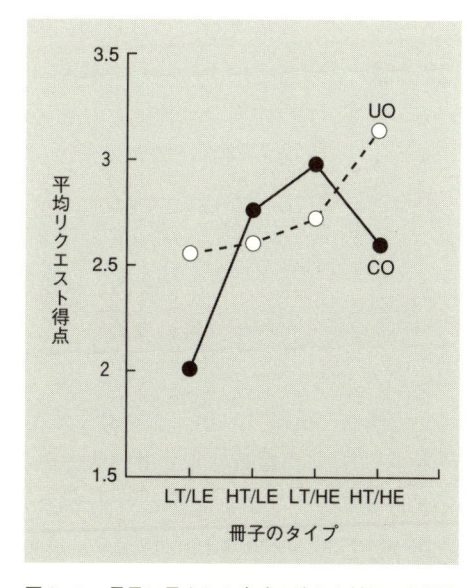

図6-1 冊子に示された脅威の強さと対処の有効性から見た不確定志向（UO）と確定志向（CO）のリクエスト得点

注意：LTは弱い脅威，HTは強い脅威，LEは低い有効性，HEは高い有効性を示す
出典：Brouwers & Sorrentino（1993）

Rogers, 1975）と不確定志向性理論（Sorrentino & Short, 1986）の統合から引きだされる一般仮説を支持する。防護動機づけ理論から予測される，自己を診断したいとか，潜在的な健康問題について学びたいといった参加者の意思は，その参加者の不確定志向性によって影響（調整）されていた。UOはCOに比較して，有効性が低いときよりも高いときに自己診断をおこない，情報を得ることのできるリクエストをおこなっていた。そして，この差異は脅威が弱いときよりも強いときに，より大きかった。

　図6-1に示されているように，不確定志向性の観点から見ると，非常に興味深い行動が現われている。つまり，図を弱脅威・低有効（LT/LE）から強脅威・高有効（HT/HE）へと順に見てみると，UOは防護動機づけ理論（Rogers, 1975）の予測と正確に一致している。脅威あるいは有効性が増すにつれて，UOは病気について，より多くの情報を求め，CIDキットを注文する。この行動は病気の脅威が強く，テストの有効性が高いときに最大となる。しかしながら，COは防護動機づけ理論に関する過去の研究で見いだされてきた，この理論とうまく整合しない研究知見（Maddux & Rogers, 1983）と一致している。つまりCOの場合，脅威と有効性が組み合わさった場合ではなく，そのどちらか一方が高い場合に情報探索のレベルが最大となる。

　社会的影響に関する研究（Sorrentino et al., 1988）と同様に，そして一般仮説（Sorrentino & Short, 1986）と一貫して，課題の診断性や情報の自己関連性が増すにつれて，UOは積極的な情報処理に，より動機づけられる。しかし，COは高有効性条件や高脅威条件で表わされる，診断性や自己関連性が高い情報をシステマティックに処理することを積極的に回避する。したがって，UOはその場面で重要であり，不確定性を解決することに有益な新情報を探そうとする。一方，COは新しくて潜在的に脅威をもたらす情報を回避する。

　ブロウワースとソレンティノ（1993）は，UOが潜在的に脅威のある場面を直接検証しようとする傾向にあり，COはせいぜい効果性の低い手段を使う，といった一般的な考え方と一致する別のデータも見いだしている。つまり，COは絶望感，運命論や宗教的な考えの是認，奇跡的解決への信頼，そして回避といった効果のない方略に頼る意図が強かった。一方，UOは情報をより多く収集する，CIDキットを注文する，CIDキットを使う，クレヴェリング病や

CIDテストについて，より多くのことを学習する，といった多様な直接的な行動をとろうとしていた。同様に，参加者によって実践されていた，その他の健康行動に関する指標によれば，不確定志向性に関する差異が見いだされた。それによれば，UOはCOに比べて診断的な情報を得ることができる活動へ参加したいと回答しており，視力やコレステロールのレベルを管理し，定期的に歯の検診を受けていた。

　ブロウワースとソレンティノの研究は防護動機づけ理論において不確定志向性の個人差がもつ重要性を立証した。ロジャースのモデルで扱う要因間に，明確な高次の交互作用が見られなかったことを不確定志向性によって部分的に説明できる可能性がある。UOは脅威と有効性が増すと直線的に保健行動がふえるという防護動機づけ理論の予測に沿った行動をとるように見える。一方，COの行動は，不確定志向性理論によって明らかにされた理由で，防護動機づけ理論の予測とは合致しないように見える。もし，予防的な行動についてこれが正しい見解であれば，ここで考えなければならないのは「セラピーとは何か，治療とは何か」という問題である。実際，多くの臨床において強調され，焦点化されているのは自己や自己診断的行動である。たぶんここでもまた，UOだけがこのような経験から恩恵を受け，COは恩恵を受けられないといった証拠が存在しているのである。実際には，COはそのような経験において苦しんでいるのかもしれない。

　この問題点を，ブロウワースとソレンティノ（Brouwers & Sorrentino, 1999）はその後の研究で検討しているので，次にその研究を紹介する。

2　不確定志向性と対処の抑制―直面モデル：トラウマ開示に対する反応の違い

　トラウマとなる生活経験と生理的に好ましくない症状や身体的な病気の発症・悪化との間に関係があることは，従来の文献のなかで十分に立証されている（例えば，Kiecolt-Glaser & Glaser, 1988；Maddi, Bartone, & Puccetti, 1987）。ペンネベーカーと彼の仲間たち（Pennebaker & Beall, 1986；Pennebaker, Hughes, & O'Heeron, 1987）は，この効果を緩和する方法を見つけるために，

一連の研究をおこなった。これらの研究は口頭であれ文章であれ、トラウマをもたらした出来事に直面する機会が与えられると、それまでの有害な生理的な反応や健康に害をおよぼす長期にわたる効果が消えたり、軽減することを示している。「対処の抑制―直面モデル（inhibition-confrontation model of coping）」は、この結果を説明するために考えだされたものである（Pennebaker, 1985, 1989, 1993 ; Pennebaker, Colder, & Sharp, 1990 ; Pennebaker, Kiecolt-Glaser, & Glaser, 1988）。このモデルによれば、トラウマを経験し、このことについて話したり、明確にしていない人は積極的な抑制をおこなっているのである。トラウマ的な出来事を開示すると2つのプロセスが起こる。最初に、その出来事が認知的に取り込まれ、理解される。すなわち、人はその出来事が自分の過去と現在にどのように影響しているのかを理解し始める。次に、抑制が解放され、身体にかかっていたストレスが小さくなり、その結果、ストレスが引き起こす病気の可能性が低下する。

　このような考え方を支持する実証的な研究が数多くある。例えば、ペンネベーカーら（1987）は一連の研究をおこない、開示がおこなわれる状況で客観的な生理的指標が抑制現象をどのように把握できるのかを示し、開示された話の重大さや激しさがその生理的指標に与える差異について検証した。これまでの研究では、皮膚電気活動（electrodermal activity）が抑制と関係しており、心血管活動（cardiovascular activity）が刺激や覚醒に関係していることが見いだされた（Fowles, 1980 ; Gray, 1975 ; Pennebaker & Chew, 1985 ; Pennebaker & Susman, 1988）。極度にストレスが強く個人的な経験は、ストレスが弱く個人的ではない経験と比べて、抑圧をおこなうための、より大きな努力が必要となるという考えに基づいて、ペンネベーカーと彼の仲間は極端にストレスの強い個人的な経験を開示する人が、より大きな抑制からの解放を経験するだろうと予測した。その結果、ストレスが弱く個人的でもない経験を開示する人に比べて、皮膚電気抵抗のレベルは低くなると考えた。皮膚電気抵抗とは対照的に、心拍数は活性化や認知的活動、身体的活動を反映すると予測される。したがって、抑制からの解放は開示の努力を示す心拍数の増加を伴うはずである。

　このような仮説を検証するためにペンネベーカーら（1987）は、実験参加者がトラウマ的な出来事を話す場合（トラウマ条件）と中性的な出来事を話す場

合（中性条件）の皮膚電気抵抗と心血管活動を観察した。この実験によって彼らは，高自己開示者（トラウマ条件において非常に個人的でストレスの強い経験を開示した参加者）は低自己開示者（トラウマ条件において個人的ではなく，ストレスも弱い経験を開示した参加者）と比較して，トラウマ的な出来事を話したあと皮膚電気抵抗が低くなることを見いだした。この差異は中性条件で逆転していた。また，彼らは心血管活動では異なったパターンを見いだしている。心血管活動は参加者が休憩しているときよりも話しているときに，中性的な話題のときよりもトラウマ的話題のときに高まっていた。

ペンネベーカーら（1987）は自己開示の効果が長期的に見てどのようなものになるのかについては検証していないけれども，自己開示後の健康との関連を検討した研究がある。例えば，ペンネベーカーら（Pennenbaker, Barger, & Tiebout, 1989）はホロコーストから生還した人々に第二次世界大戦時の個人的な経験を話すように求めた。その結果，生還した人々が話したトラウマの程度と皮膚電気抵抗の間には負の関係が見いだされた。予想されたように，よりトラウマ的な経験を開示した人ほど抑制から解放され，皮膚電気抵抗も低下していた。さらに，経験の強烈さと開示の14か月後になされた健康問題に関する自己報告の間にも負の関係があった。強烈なトラウマ経験を開示した人ほど，そうでない人に比べて開示後の健康問題が少なかったのである。

ブロウワースとソレンティノの先行研究において，潜在的には自分の健康に有益な情報であっても，その情報が脅威をもたらす場合，その情報をCOが調べないのと同じように，彼ら（Brouwers & Sorrentino, 1999）は抑圧されたトラウマ的出来事を自己検証することにCOは脅威を感じると予測した。特に，ネガティブな生活経験とりわけ個人的でストレスに満ちた経験に直面することは自分に関連した問題である。このような経験に直面することは，しばしば評価対象としての自己に注意を向けさせる。また，その経験によって，相反する思考や考えを統合することが求められ，この努力の結果はしばしば不確定で予測がつきにくいものとなる。これらの要因がそろった場面（例えば，強烈なトラウマの開示）は，UOにとって最大にポジティブな情報価をもたらし，COにとって最大にネガティブな情報価をもたらす。したがって，UOはこの開示のプロセスにポジティブな情報価を見いだし，COはこのプロセスをネガティ

ブなものとみなすだろう。対照的に，厳しいトラウマの開示に比べ，個人的な関連が少なく，診断性が低く，評価性が低い開示では逆の効果が見られるであろう。つまり，UOはこのプロセスに接近したり，取り組んだりしない一方で，COはこのプロセスに接近し，取り組むと考えられる。

　そこで，ブロウワースとソレンティノは，不確定性を処理する個人のスタイルと一致した自己開示が生起したときに，抑制からの最も大きな解放と覚醒が生じると予想した。強烈なトラウマ経験を開示することはUOにとって抑制からの解放であり，最大の覚醒をもたらすけれども，COにとっては脅威をもたらすような経験であると考えられる。

　ペンネベーカーら（1987）の生理学的研究に基づいて，ブロウワースとソレンティノは，強いトラウマを開示する場合，COに比べてUOは皮膚電気抵抗が低くなるだろうという仮説を立てた。対照的に，弱いトラウマを開示する場合には，UOとCOの違いは目立たなくなるか，逆転するだろうという仮説を立てた。この一次の交互作用はトラウマ条件×中性条件による，より高次の交互作用に組み込まれた。そこでは，上記のUOとCOの差異はトラウマについて語られているときに最大となり，トラウマについて語ることのない中性条件で小さくなると考えられた。心血管活動については開示経験の性質が個人の認知的志向性と一致した場合に，典型的なプロセスが活発になると予測された。この違いも中性条件よりもトラウマ条件において大きなものになると予想された。

　あらかじめ不確定志向性を測定していた参加者に，実験セッションの前の晩にスケジュールの確認を電話でおこなった。その際，ペンネベーカーら（1987）の場合と同様に実験の性質を説明し，参加者にトラウマ的な出来事を開示してもらうことと，いままでほとんど人に打ち明けたことのない出来事を自分で選んでほしいと告げた。翌日，実験室に着くと，参加者はリクライニングシートに座り，生理的指標を測定するための装置が取りつけられた。生理的変数を測定するためにはポリグラフを用いた。心拍数はポリグラフの心電図計を用いて観察し，フィンガー・パルス・プレチスモグラフは利き手ではないほうの小指につけた。皮膚電気抵抗は電極を利き手でないほうの人差し指と中指の末端につけて計測した。加えて，参加者の襟元に小型のマイクを取りつけた。このマ

イクは別室のテープレコーダーにコードで接続されていた。参加者に対しては，開示がおこなわれている際に実験者はその開示を聞かないけれども，後日，録音を聞く予定であることを告げた。また，参加者はセッション中あるいはセッション終了後，いつでも録音を消すことを申し出てよいとも言われていた（いったんセッションが始まってからこの申し出をした参加者はいなかった）。参加者からのいくつかの質問に答えたあと，実験者は部屋の照明を落とし，退室した。

　トラウマ条件において，参加者に対して，それまで経験した出来事で非常にストレスを感じ，トラウマ的だと思う出来事，あるいは罪悪感を感じる出来事について語るように伝えた。その出来事は他者にあまり話したことがないものであるように，そして自分がその出来事をどのように感じたかについて話すように告げた。中性条件においては，同じ参加者に対して実験終了直後から夕方にかけておこなうことを詳細に話すように求めた（例えば，まず立ち上がり，ドアを開け，といった具合である）。参加者は自分で選んだそれぞれの出来事を5分間話し，その間に生理的データが計測された。生理的反応はベースライン反応と比較し，ベースラインからの変化量を従属変数とした。開示の程度は出来事をどれほど明らかにしたのかについての参加者の報告に基づいた。参加者の報告と実験指標は類似した結果を示した（詳細は，Brouwers & Sorrentino, 1999を見よ）。

　ブロウワースとソレンティノ（1999）の研究結果において，実験条件（すなわち，トラウマ条件と中性条件）と他の要因との交互作用は見いだせなかった。この結果は参加者に対して事前に期待されている内容を告げたことによる効果であるとブロウワースとソレンティノは論じている。しかし，彼らが見いだしたものはそれ自体，興味深いものである。図6-2は，皮膚電気抵抗レベルの平均値の

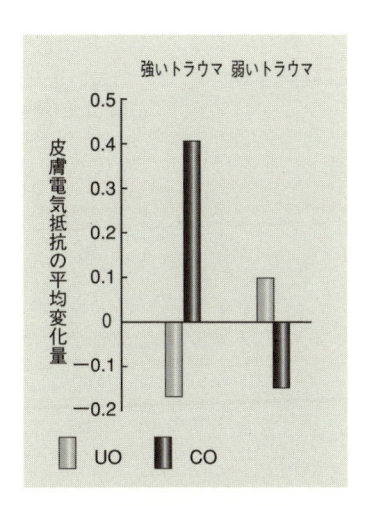

図6-2　開示したトラウマの強さによる皮膚電気抵抗水準の変化
出典：Brouwers & Sorrentino（1999）

変化に現われた不確定志向性×トラウマ強度の有意な交互作用を示している（$p<.02$）。図6-2が示すように，トラウマ条件で強いトラウマ経験が開示されると，開示期間中，UOは皮膚電気抵抗をベースラインから低下させ，COは皮膚電気抵抗を上昇させていた。逆のパターンがトラウマ条件で弱いトラウマ経験を開示した参加者に見られた。ここでは開示中，COは皮膚電気抵抗をベースラインから低下させ，UOは皮膚電気抵抗を上昇させていた。

図6-3には参加者の心拍数に関する平均変化得点について，不確定

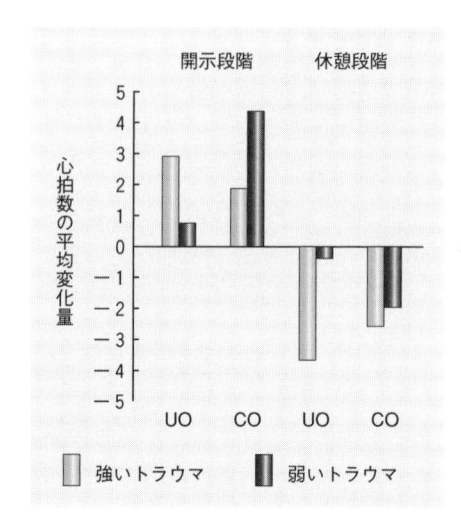

図6-3　不確定志向性（UOとCO）と開示したトラウマの強さによる各実験段階における心拍数の変化
出典：Brouwers & Sorrentino（1999）

志向性，参加者が判定したトラウマの強さ，実験段階の有意な二次の交互作用が描かれている（$p<.004$）。この図から読みとれるように，トラウマ条件で強い経験を開示したUOは，同じ条件のCOに比べて，開示段階での心拍数の上昇が大きかった。トラウマ条件で弱い経験を開示した参加者のうち，UOに比較してCOは開示段階で大きな心拍数の上昇を示した。これとは対照的に，トラウマ条件で強い経験を開示したあとの休憩段階で，UOはCOよりも心拍数の大きな減少を示した。弱いトラウマ的出来事を開示したあとの休憩段階では，COがUOよりも大きな心拍数の減少を示していた。

　必ずしもすべての結果がきれいにでているわけではないけれども，ブロウワースとソレンティノ（1999）の研究結果は今後の研究にとって重要な興味深い方向性を示している。つまり，皮膚電気抵抗と心拍数の結果に見られる不確定志向性と開示されたトラウマの強さとの交互作用は，ここでも従来の見解に疑問を投げかけるものである。UOに見られた知見はペンネベーカーの理論と一致している。これらの生理的指標の意味に関する彼のとらえ方が正しければ，弱いトラウマ的出来事ではなく，強いトラウマ的出来事を開示するとき，UO

はトラウマ的出来事を開示する経験から恩恵を受けており，これは抑圧からの解放と大きな努力を示している。一方，COは弱いトラウマ的出来事ではなく，強いトラウマ的出来事を開示するとき，逆の効果を経験しており，ストレスは明確に高まり，努力は低下する。

生理的な尺度に基づいて断定的な主張をおこなうことには慎重でなければならないけれども，不確定志向性理論（Sorrentino & Short, 1986）の視点からいえば，この生理的な尺度で得られた結果は，前章までに検討した認知的な尺度と行動的な尺度によって得られた結果と類似しているように思われる。心拍数に関する知見は，ソレンティノら（Sorrentino, Bobocel, Gitta, Olson, & Hewitt, 1988）が報告している情報処理に関する知見と一致している。その研究において，UOは自己との関連が強まるほどシステマティックな処理の使用をふやすといった努力を示していたのと同様，今回の研究でも，UOはトラウマの強さが高まるにつれ，心拍数も増加することを示している。さらに，前回の研究において，自己との関連性が高まるほどCOはシステマティックな処理を止めたが，今回の研究でも，トラウマの強さが高まるにつれ，COは心拍数を減少させた。つまり，弱いトラウマ的出来事ではなく強いトラウマ的出来事を開示する場合，UOはより大きな努力をしているのである。しかし，COは努力をしないように思われる。

皮膚電気抵抗のデータもまた不確定志向性理論（Sorrentino & Short, 1986）と一致したものである。この理論から自己評価はUOに恩恵をもたらすものの，COにはもたらさないと仮定される。例えば，ブロウワースとソレンティノ（1993）の研究では，致命的な病気にかかる危険性を低下させる行動の機会が与えられた際，UOはその機会を生かして行動したが，COはそうすることに躊躇したことを思いだしてほしい。事実，場面が脅威を与えない場合や診断性が低い場合を除けば，COはその行動を実行しようとはしなかった。今回の研究では過去のネガティブな出来事，つまりトラウマ的出来事に直面するとき，UOと異なり，COはより積極的に抑圧をおこなっていたことが見いだされた。

最後の論点として，ポジティブな情報価が低い，またはネガティブな情報価が高い条件（つまり，UOにとって弱いトラウマの開示とCOにとっての強いトラウマの開示）におけるUOとCOの皮膚抵抗と心拍数に現われた興味深い

逆転がある。不確定志向性理論から次の点が示唆されることを思いだしてほしい。つまり，自己や環境についての不確定性に対して個人の志向性が一致した条件下においてのみ，UOとCOは自己開示の間に典型的な生理的な反応を示す。つまり，ポジティブな情報価を最大とし，ネガティブな情報価を最小にする場面が個人を動機づけ，典型的な反応を引き起こすのである。UOにとってそのような場面は，きわめて重要で診断性の高い出来事や強いトラウマ的な生活上の出来事のような，自己概念にとって大きな意味をもつ出来事の開示を含んでいる。したがって今回の研究において，UOが強いトラウマ的な出来事を開示するとき，最も大きな皮膚電気抵抗の低下を示した。同様に，UOが強いトラウマ的な出来事を開示しているとき心拍数が最も高まり，その後の休憩段階において最も低下した。しかしながら，興味深いことは，これらの尺度においていくつかの逆転パターンが見られたことである。図6-2や図6-3が示しているように，強いトラウマ的出来事よりも弱いトラウマ的出来事を話しているとき，UOはより抑制的に（皮膚電気抵抗が高く）なり，心血管活動が抑えられる（心拍数が低い）。この逆転は次の事実を反映しているのかもしれない。つまり，不確定志向の人が，何らかの理由で（例えば，困惑していたとか，実験によってあまりにも個人的なものにふれてしまったとか），彼ら本来の傾向を示す代わりに，トラウマ性が高いと自分たちが考える出来事を明確にすることを避けることを選んだのではないだろうか。したがって，皮膚電気抵抗の上昇はUOが示した積極的な抑制の反映であり，彼らはその出来事に関わっていくことに失敗したのかもしれない。このことは，「実験者の指示にうまく従えなかった」UOは自己開示プロセスによって苦痛を感じるかもしれないことを暗示している。

　本章で紹介する次の研究もUOとCOがそれぞれ異なる条件で見せる類似したプロセスに関する別のエピソードである。つまり，UOもCOも同じ行動をとるが，その条件がさまざまに変化する。しかし，ブロウワースとソレンティノ（1999）の結果は，本来，自己開示の結果が誰にでもあてはまるものではないこと，パーソナリティと場面要因がこのプロセスの結果に影響することを強く示している。したがって，抑制を低減させることが有効である（Pennebaker, 1993）という点では，UO（あるいは少なくとも実験者や治療者の要求に従う

UO）が強度の弱いトラウマ的な出来事よりも強度の強いトラウマ的出来事を打ち明けることが有効であることをデータは示している。COはこのような経験から全く恩恵を得られないかもしれないし，いっそう傷ついてしまうかもしれない。このように断言する前に，さらなる研究が必要であるし，この研究知見に関するいくつかの問題が解決されなければならないのは明らかである。しかしながら，すべての人にトラウマ的出来事を自己開示させる前に，この問題に関するいっそうの研究がなされるべきであろう。

3　統制動機づけと不確定性：中程度の抑うつ傾向にある人と抑うつでない人による情報の処理または回避

　この研究報告は，抑うつと，統制感を回復する手段としての情報探索が不確定志向性との間に深い関係をもっているという発見（Sorrentino, 1993を見よ）により実現したものである。統制動機づけ（control motivation，例えば，Weary, Marsh, Gleicher, & Edwards, 1993）に関する文献をレビューしたソレンティノ（1993）は，中程度の抑うつ傾向にある人（以下，抑うつ傾向の人，と略す）がおこなうとされる情報探索の方法は，UOが自己に関連した場面で情報を処理する方法にきわめて似ていることに気づいたのである。ウェアリーと彼女の仲間たちによれば，抑うつ傾向の人は抑うつでない人に比べ，情報処理，診断的情報の追求，利用可能な属性情報を使用することによって統制感を求めている（Edwards & Weary, 1993 ; Gleicher & Weary, 1991 ; Hildebrand-Saints & Weary, 1989 ; Marsh & Weary, 1989; McCaul, 1983）。ウェアリーら（1993）は，そのような行動を，自分が暮らす社会的環境に内在する不確定性を過度に警戒し，情報探索することによって統制しようとする抑うつ傾向の人による試みであるととらえている。抑うつ傾向の人は社会場面に含まれる不確定性に特に敏感であると考えられる。また，彼らは情報をふやし，属性的な処理をおこなうといった対処メカニズムを通して，自分の環境を統制しようと試みている，と考えられる。例えば，あるテストでうまくやれないモデル（俳優）の行為をビデオで見た抑うつ傾向の人は，抑うつでない人とは異なった反応を示した（Weary, Jordan, & Hill, 1985）。このモデルが自分の失敗を人のせいに

することで社会的規範を破ったとき，抑うつ傾向の人は抑うつ傾向にない人よりも，利用可能な属性情報をより多く使用し，モデルに対して多くの社会的非難を浴びせた。ヒルデブラント・セイントとウェアリー（Hildebrand-Saints & Weary, 1989）は，他者とのインタビューに備え，その他者の印象を実験者へ知らせるように依頼すると，抑うつ傾向の人は抑うつでない人よりも，社会的な情報を多く収集することを見いだしている。

情報処理に関する研究において，エドワーズとウェアリー（Edwards & Weary, 1993）は抑うつ傾向の人と抑うつでない人がどのように印象形成をおこなうのか，その違いについて検証した。この研究で彼らは，抑うつ傾向の人はたとえ努力を軽減できるカテゴリー的な処理の機会が与えられたときでさえ，他者についての詳細な情報処理をおこなうことを見いだした。これと比較して，抑うつでない人は他者の印象を形成する際，より使いやすく，便利なカテゴリー情報をうまく利用していた。抑うつ傾向の人は対象人物に関するカテゴリー情報の使いやすさと便利さにかかわらず，努力が必要で時間のかかる漸進的な情報処理をおこなっていた。抑うつ傾向の人は環境の不確定性を低減するために，そして，より抑うつ的になることを回避するために，努力の必要な情報処理を通して，自分の環境を統制することに動機づけられているとエドワーズとウェアリーは主張している。

前章までの知見から判断して，抑うつ傾向にある人の行動は個人的に関連のある場面におけるUOの行動と類似している。このことは2つの可能性を提起する。第1の可能性は，不確定志向性と中程度の抑うつ傾向には正の相関があるのではないかということである。例えば，UOは自己を絶え間なく評価するので，COよりも中程度の抑うつ傾向になりやすいのかもしれない。あるいは，単にUOはCOよりも，いくぶん抑うつ傾向にあると答えがちなのかもしれない。しかし，ウォーカー（Walker, 1998）は学位論文の予備調査でこの点を検討しているが，第1の可能性を支持する証拠は得られなかった。

第2の可能性は，ほとんどの研究者が研究対象にしてきた参加者のサンプルが不確定性を志向する人々だったこと（すなわち大学生たち：第1章を参照のこと），そして，中程度の抑うつ傾向にあるUOがウェアリーと彼女の仲間たちがいうようなやり方で行動していただけなのではないかということである。

例えば，ウェアリーら（Weary, Gleicher, & Marsch, 1993）による，抑うつ傾向の人はうまく統制できないものとして社会的な場面を経験しており，そのような場面における行動を予測できないこと，すなわち不確定であることが彼らに影響しているという主張を取りあげよう。そのような不確定性を統制するために，ウェアリーと彼女の仲間たちによる研究（Edwards & Weary, 1993 ; Hildebrand-Saints & Weary, 1989 ; Weary, Jordan, & Hill, 1985）に参加した抑うつ傾向の人は，利用可能な情報に接近し，これを処理する。ソレンティノ（Sorrentino, 1993）は，不確定性に対するこの反応はUOによってのみ起こるものであると主張している。したがって，抑うつ傾向にあるUOは，たぶん，情報に接近することを通して自分の社会的環境にある不確定性を統制しようと試みると考えられる。

しかし，もし抑うつ傾向のCOの反応を測定すれば，本章で提示した最初の2つの研究ですでに見たように，彼らは情報を回避することで不確定性を統制しようとするであろう。そこで，中程度の抑うつ傾向と統制に関するCOの反応を観察することは，統制不可能な経験をしたのちに接近反応もしくは回避反応が，いつ期待できるかを区別するという点で重要である。

抑うつ傾向の人が自分の環境を統制しようとする動機づけの基底にあるダイナミックスを探るために，ウォーカーとソレンティノ（Walker & Sorrentino, in press, 研究1）は，まず遂行場面における統制感の喪失と直接関係する情報処理について検証した。抑うつ傾向の人の対処行動あるいは情報探索行動におよぼす統制不能感の効果を分析した。この研究において，統制不能感は反応と結果の随伴をなくすことで操作した（類似した操作的定義として，Peterson, Maier, & Seligman, 1993 ; Mikulincer, 1994を見よ）。情報処理は2つの方法で評定した。まず，ウォーカーとソレンティノは社会的場面で抑うつ傾向の人が典型的に見せる行動として文献（Weary et al., 1993）で言及されていた情報探索を測定した。ピットマンとド・アゴスティノ（Pittman & D'Agostino, 1989）にならい，ウォーカーとソレンティノは想起された正しい事実と，その次の課題における正しい推論という側面から情報処理の遂行量を測定した。そして，抑うつでない場合と比べて抑うつ傾向にあるUOは，統制できるときよりも統制できないときに，より多くの情報を処理し，その後の遂行量も高くな

ると予測した。この差異はCOよりもUOにおいて大きくなると予測された。また，抑うつ傾向のCOを抑うつでないCOと比較すると，抑うつ傾向のCOは統制できる条件に比べ統制できない条件において，情報処理が少なく，遂行量も低いものになると思われる。

この研究では，抑うつ傾向を測定するために症状の強さを測定する自己回答方式の21項目からなるベック抑うつ性尺度（BDI, Beck, 1967）を用いた。抑うつ傾向の分割得点は，エドワーズとウェアリー（1993）が用いた得点に従った。つまり，得点が5点以下を抑うつではない参加者，10点以上を中程度の抑うつ傾向の参加者とした。また，得点が24点以上の人（Beck, 1967, 1972によると深刻な抑うつレベルにある人）は中程度の抑うつ傾向にある参加者のみを確保するために研究から除外した。上記の参加者に対して2週間の間隔をあけて2回にわたりBDIを実施し，それぞれの得点が安定していた参加者のデータのみを分析した。

この実験は2つの部分から構成されていた。最初の部分は概念同定課題であり，実験条件の参加者に統制不能感をもたらすように工夫されていた。2番目の部分は，あるテキストを読んだうえで，どのくらい想起できるかを検査するものであった（Pittman & D'Agostino, 1989）。参加者は実験室に到着すると2度目のBDIを実施する。この再実施は尺度を構成するために必要な作業であり，今日の実験の主要な部分とは関係がない，と告げておこなわれた。この方法は他の研究者（Edwards & Weary, 1993 ; Weary & Williams, 1990）の方法を参考にしたものである。BDIに回答したあと，参加者には関連のない2つの認知実験に参加してほしいこと，その1つは概念同定課題であり，もう1つはテキスト理解課題であると告げた。概念同定課題は6つの問題，各10試行で構成されていた。各試行において，参加者はコンピュータ画面に映しだされる5次元からなる2つの刺激パターンを見る。この各次元は相対する2つの値をとる。すなわち，(a)文字（AかT），(b)文字の色（青か紫），(c)幾何学的図形（四角か三角），(d)ドット（有りか無し），(e)下線（有りか無し）であった。統制できる条件（以下，中性条件）でも統制できない条件（以下，統制剥奪条件）でも，コンピュータは各問題に対して正しい値を1つ選択するので，参加者は正しい値がスクリーンのどちら側に提示されているかを答えるように

教示された。統制剥奪条件の参加者は，コンピュータが参加者の反応の正・誤を知らせるので，できるだけ正解を得るように反応するようにと告げられた。しかし実際には，参加者の反応の50％が正解で，残り50％が誤答になるように，回答とは無関係なランダムなフィードバックを参加者に与えた。中性条件では，今後の実験のためにベースラインとなる平均正答率をコンピュータを用いて算出していると告げ，参加者にはフィードバックなしで反応するよう求めた。

そのあとで，参加者にはその概念同定課題をさらに学習する機会を2つ与えた。ここでの反応が情報探索の尺度となる。1つ目は実験中の反応が誰の反応か全くわからない匿名のものとなっていることを思いださせたのちに，実験が終了したあとで，概念同定課題についてコンピュータがおこなう5分間の解説に参加したいか否かを尋ねた。この解説は最初に予定されていた出席要件の1時間の実験時間を超えないことも再度確認した。また2つ目として実験室から離れた心理学の中央事務室で手に入れることのできる概念同定課題についての簡単な情報冊子がほしいか否かも参加者に尋ねたのである。

概念同定課題に続いて，ピットマンとド・アゴスティノ（1989）が以前に用いた方法と材料に基づき，テキストの読解と理解度のテストを実施した。このテキストの長さは200語で，架空の国における革命に関するものであった。このテキストは2つの部分からなっており，それぞれにコンピュータ画面に提示された。そして，それぞれの画面には4組の重要な事実が含まれていた。参加者にはこのテキストを読み，覚えるために必要なだけ時間をかけてよく，細部にまで注意を払ってほしいこと，できる限り記憶してほしいことを告げた。そして，テキストを提示したあとにテキスト内容についての質問があるとも教示した。次に，参加者に14の文章をランダムに提示した。このうち4つはテキストからとられた重要な事実であり，4つは事実に基づいた推論であり，そして残りの6つは誤りの文章であった。参加者にはコンピュータのキーを使用して，14文の正誤を回答するよう教示し，その正答数を記録した。この研究の結果は次の研究2を紹介したのちに考察する。

研究2の方法は従属変数を除いて研究1と同じであった。研究1は情報探索と遂行行動を予測するために，不確定志向性が抑うつの水準および統制不能感

と交互作用をもつという仮説を検証したものであるが，研究2ではこの考え方を抑うつ傾向の人が特に敏感であるといわれている生活場面といった社会的環境の文脈にまで拡張する。中程度の抑うつ傾向と統制に関して，ウェアリーと彼女の仲間たちがおこなった研究は社会的情報を使用しておこなわれるか，社会的文脈の中でおこなわれていた。つまり，彼女たちの研究における抑うつ傾向の人が示す情報探索行動とは，抑うつでない人と比較して他者や自己についてもっと知りたいという，より強い欲求があることを示唆している。しかも，彼女とその仲間たち（Weary & Edwards, 1996 ; Weary et al., 1993）は，抑うつ傾向の人を情報の探索やより深い理解に動機づけているのは，社会的環境のなかで彼らが経験している統制感の欠如と，その結果生じる不確定性であると主張している。研究1は認知課題における情報探索と処理を検証したものであった。したがって，上記の不確定志向性が抑うつの水準および統制不能感と交互作用をもつという仮説をウェアリーの研究へと一般化するためには，抑うつ傾向の人と抑うつでない人の社会的情報処理に関する研究結果を比較することが不可欠となる。

　研究2では，ウォングとワイナー（Wong & Weiner, 1981）と類似した方法を用いて，統制剥奪条件あるいは中性条件に続く情報処理行動を評定した。参加者にはネガティブな結果もしくはポジティブな結果を含む架空の文章を読んだあと，そのような出来事のあとに聞いてみたいと思う質問を報告するように求めた。物語の例は以下の通りである。

> 学校のあった日の夕方，あなたは友だちといっしょに住んでいるアパートへ帰る途中でした。今日は授業での課題が多く，忙しい1日でした。あなたは帰ってからやらなければならないことを考えています。あなたは友だちと家事を分担しており，今日はあなたが台所をかたづけ，夕食を用意する番です。あなたはアパートに帰ってきました。

　この物語には次の2つの結果（a）と（b）が用意されていた。(a)「あなたの友だちは別の友だちをアパートに招いており，冷蔵庫の中は空っぽで，台所は散らかり放題になっているのを目のあたりにしました」（ネガティブな結果）。(b)「あなたの友だちは今日，少し暇があり，掃除も夕食の用意もしてくれて

いました」（ポジティブな結果）。各物語を読んだあと，参加者は次の2つの質問（a）と（b）に回答した。(a)「この場面に直面して，もしあれば，あなたはどんな疑問を自分自身に問いかけますか。もし，この場面で自分に問いかけることがなければ，何も書かなくて結構です」。(b)「この場面に直面して，もしあれば，あなたはどんな疑問を他人に問いかけますか。もし，この場面で他人に問いかけることがなければ，何も書かなくて結構です」。

　ウォングとワイナーはポジティブで予想できる結果よりも，ネガティブで予想できない結果を含む物語を読んだあとで，より多くの質問がなされることを見いだしている。この知見の背後には欲求不満になったり，期待を裏切られると（ネガティブな結果は一般的に期待されないと仮定される），結果として情報探索行動が生じるという見解がある（Olson, Roese, & Zanna, 1996を見よ）。オルソンら（1996）の期待プロセスに関するモデルにおいて，期待を裏切られる（例えば，予期していなかったネガティブな結果が起こる）ことは，このネガティブな結果をうまく説明するために，あるいはその情報の正確さを推し量るために，システマティックで努力を必要とする情報処理を始めさせる。ネガティブな結果が生じたあと，この情報処理のバイアス（かたより）は今回の研究でも起こると期待される。しかし，このバイアスは抑うつでない人よりも抑うつ傾向の人において，より強いものになると思われる。なぜなら，認知心理学者によれば，抑うつ傾向の人はネガティブな感情や見解をじっくり考え（Morrow & Nolen-Hoeksema, 1990；Nolen-Hoeksema, 1991），ネガティブな出来事を自分の内的で，安定した，全体的な原因に帰属し（Robins, 1988; Sweeney, Anderson, & Bailey, 1986），自己に関するポジティブな内容に比べて否定的な内容のほうをより早く徹底的に処理する（Kuiper & Derry, 1982），という特徴があるからである。加えて，抑うつ傾向の人に関する研究から，ウェアリーとエドワーズ（1996）は，予期しなかったネガティブな結果は統制感の欠如をもたらし，因果性に関する不確定な信念を引き起こし，社会的情報の探索と処理を動機づけると示唆している。ウォーカーとソレンティノ（in press）は，抑うつ傾向のUOのみが中性条件よりも統制剥奪条件において，活発に情報探索し，ネガティブな結果によるバイアスをより強く示すと予測した。UOに関して統制の剥奪は，抑うつ傾向のUOが抑うつでないUOよりもバイアス

が大きく，一方，中性条件ではこのような抑うつに関係する差異はないと予想された。COに関しては逆の交互作用パターンが期待された。

ウォーカーとソレンティノ（in press）の研究は2つとも，中程度の抑うつ傾向にある人と抑うつ傾向にない人に期待される接近・回避行動のパターンにおいて，不確定志向性が場面的な統制不能性と有意に交互作用することを指摘するものであった。仮説の中心は，ウェアリーと彼女の仲間たちによる研究で証明された行動をUOが最もよく例示するということであった。中程度の抑うつ傾向であれば，統制を回復するために情報を探索するのはUOであろう。中程度の抑うつ傾向にあり，統制が問題となるとき，COは全く反対のこと，つまり基本的に情報探索行動を控えるだろう。この仮説は実験で設定された2つの違った文脈において測定内容の全く異なる3つの従属変数から得られた知見によって支持されている。図6-4は3つの従属変数の残差平均値を示しているが，すべて有意な交互作用パターンが認められる。この図は低次の交互作用と主効果を調整しているので，交互作用のパターンが明確に読みとれる（Rosnow & Rosenthal, 1989を見よ）。図示されているように，不確定志向性×抑うつ傾向×条件の交互作用が，(a)研究1の，より強い情報探索とその後の遂行量および，(b)研究2のネガティブな結果に伴うバイアスのある欲求，といった参加者の欲求それぞれできわめて類似したパターンを示していた。抑うつ傾向のUOのみが中性条件よりも統制剥奪条件において高い得点を示していた。抑うつ傾向のCOは，実際，中性条件よりも統制剥奪条件において低い得点を示していた。この交互作用のパターンは抑うつでないUOとCOでは逆転していた。

また中性条件内の結果から，UOであれCOであれ，また抑うつ傾向があってもなくても，この場面におけるすべての人の行動に，もっと複雑なダイナミクスが働いていることが示唆されている。この中性条件下では，統制剥奪条件に比べて差異が小さくなると単純に予測していたが，実際には図6-4に示すように，その差異は統制剥奪条件で見られた交互作用とは全く逆のパターンとなった。したがって，抑うつでないUOは抑うつ傾向のUOよりも，より多くの情報処理に取り組み，その差異は抑うつでないCOと抑うつ傾向のCOが示す差異よりも大きく，方向性が逆転していた。なぜ，この逆転が起きたのであ

ろうか。例えば、なぜ中性条件で抑うつ傾向のUOは抑うつでないUOよりも得点が高くないのであろうか。なぜ情報探索をしないのであろうか。なぜこの差異はCOにおける差異よりも大きいのであろうか。

この疑問に直接答えることはできないけれども、これらの結果が第1章で提案した動機づけと認知に関する一般モデルときわめて類似していることをウォーカーとソレンティノ（in press）は指摘している。達成関連動機による感情の喚起が個人の不確定志向性と一致した場面において最も大きくなるというソレンティノとショート（Sorrentino & Short, 1986）の最初の仮説は、個人の不確定志向性や場面の不確定性と交互作用をもついかなるタイプの感情変数をも組み込むことができるまでに展開

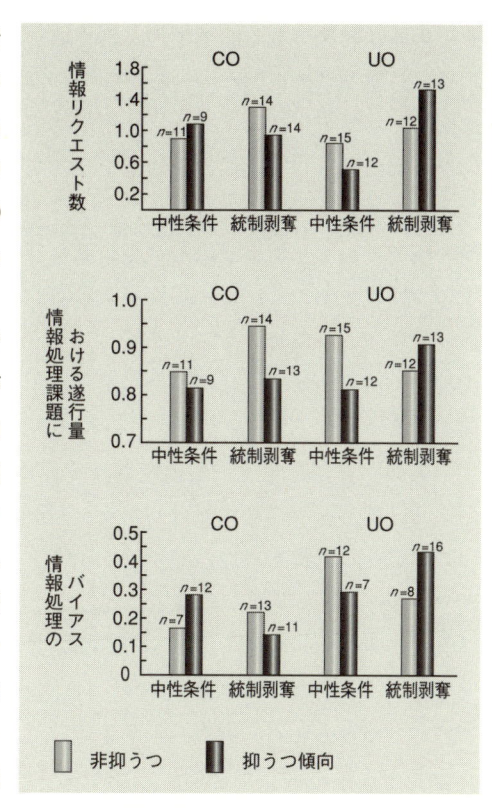

図6-4 不確定志向性（UOとCO）×抑うつ（抑うつ傾向の人と抑うつでない人）×統制（剥奪と非剥奪）における情報探索行動
出典：Walker & Sorrentino（in press）

されている。第1章の図1-4は、不確定性がその場面で優位であるとき、不確定志向の人は積極的に活動し、確定志向の人は積極的には活動しないことを示している。確定性がその場面で優位であるとき、確定志向の人は積極的に活動し、不確定志向の人は積極的には活動しない。この積極的な関与は通常、当面の情報処理や特定の活動への従事といったポジティブな傾向をもたらす。一方、消極的な関与は通常、ネガティブな傾向や活動からの回避につながる。この点は認知的活動のみが問題とされたいくつかの研究（例えば、Brouwers & Sorrentino, 1993；Sorrentino et al., 1988）において確認されている。しかし、

その場面が関連のある感情要因（例えば，自負心，失敗に対する恐怖，社会的拒絶に対する恐怖，抑うつ）を喚起すれば，これらの感情要因は個人の不確定志向性とポジティブに，またはネガティブに相乗的に結びつき，最終的に合成的な行為傾向，つまり接近か回避を生みだす。

このモデルを検討するなかで，ウォーカーとソレンティノ（in press）は今回の研究データを第1章のモデルに適合させる2つの方法を提示している。第1の方法（モデルA）は統制剥奪の場面が不確定志向を活性化し，中性的な場面は確定志向を活性化すると仮定するものである（図6-5を見よ）。ここで，中程度の抑うつ傾向は動機づけのポジティブな原因と考えられ（例，統制感を回復しようとする），抑うつでない人はネガティブに動機づけられる（例，統制の欠如感を回避する）と仮定される。ピットマン（Pittman, 1993）は，人がなぜ統制不能な場面に接近したり，回避したりするのかを説明するために2つの類似した動機あるいは感情的な影響を提案している。第2の方法（モデルB）は統制不能な場面が不確定志向性を不活発なものとし，逆に確定志向性を活性化すると仮定する（図6-6を見よ）。このモデルでは，中程度の抑うつ傾向はネガティブな感情状態であり，抑うつ傾向にないことはポジティブな感情状態であると考える。両方のモデルにはそれぞれに長所と短所がある。

モデルAは，抑うつ傾向の人が環境における統制感の回復に動機づけられるという考え方に沿ったものである。これはミクリンサー（Mikulincer, 1994）の仮説にも一致する。彼によれば，無力感訓練の経験は被訓練者の立場からすれば「目標と結びつかない，環境との相互作用」（p.14）であり，「統制不能感が目標達成に求められる反応と対処の仕方の両方についての不確定性をもたらす」（p.14）とされる。この仮説が正しいならば，統制が剥奪されているとき，UOは統制感を回復することに役立つ情報を探し求めるだろう。これがCOであれば，統制感が奪われたとき，混乱やさらなる不確定性を避けたいという気持ちから，新たな情報処理を避けることとなる。

モデルBはより平易なものでありながら，モデルAと同様に興味深いものである。ここでは，学習性無力感をもたらす場面は実質的に非診断的な課題と同じことになっていると考えられる。なぜなら，ピーターソンら（Peterson, Maier, & Seligman, 1993）が示唆しているように「（学習性無力感をもたらす）

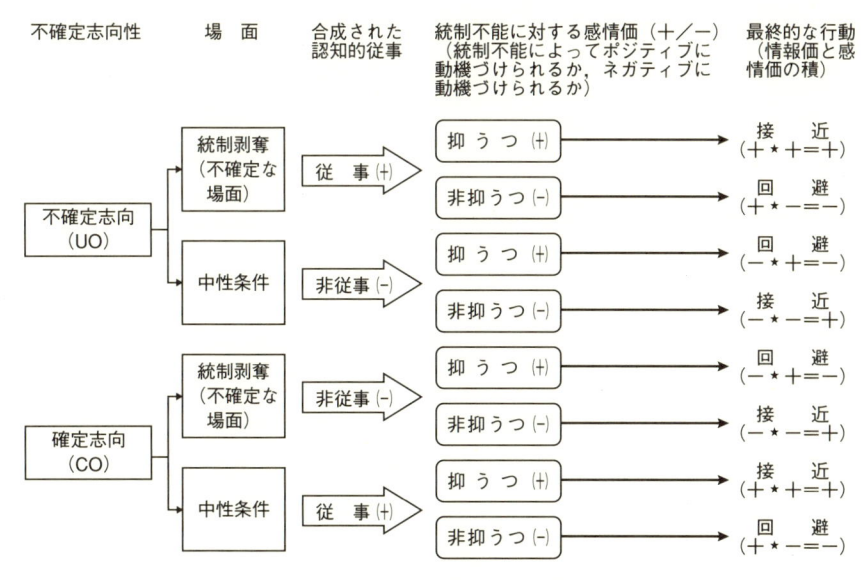

3　統制動機づけと不確定性：中程度の抑うつ傾向にある人と抑うつでない人による情報の処理または回避

図6-5　不確定志向性モデルに基づく統制に関する接近・回避行動：モデルA

（モデルAの列見出し）
- 不確定志向性
- 場面
- 合成された認知的従事
- 統制不能に対する感情価（＋／－）（統制不能によってポジティブに動機づけられるか，ネガティブに動機づけられるか）
- 最終的な行動（情報価と感情価の積）

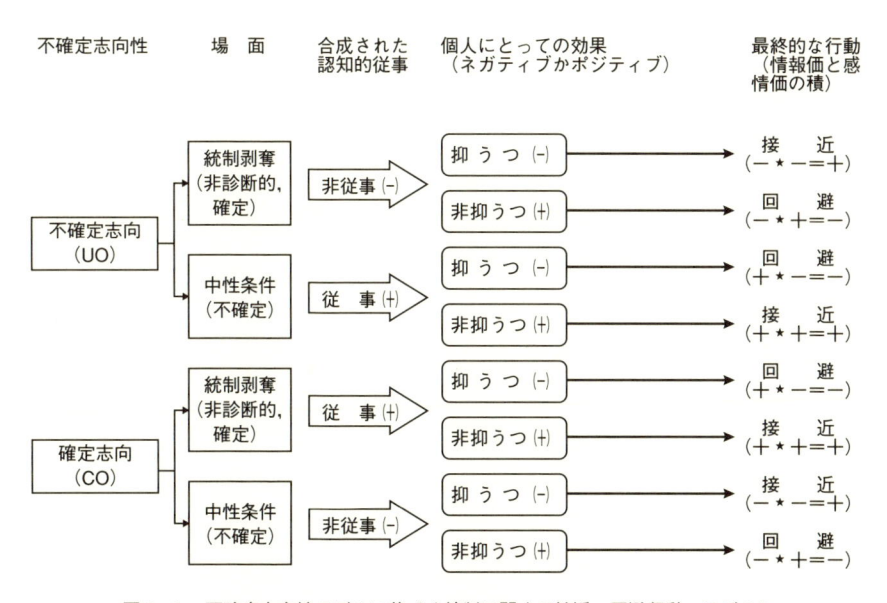

- 不確定志向（UO）
  - 統制剥奪（不確定な場面）　従事（＋）
    - 抑うつ（＋）→ 接近（＋＊＋＝＋）
    - 非抑うつ（－）→ 回避（＋＊－＝－）
  - 中性条件　非従事（－）
    - 抑うつ（＋）→ 回避（－＊＋＝－）
    - 非抑うつ（－）→ 接近（－＊－＝＋）
- 確定志向（CO）
  - 統制剥奪（不確定な場面）　非従事（－）
    - 抑うつ（＋）→ 回避（－＊＋＝－）
    - 非抑うつ（－）→ 接近（－＊－＝＋）
  - 中性条件　従事（＋）
    - 抑うつ（＋）→ 接近（＋＊＋＝＋）
    - 非抑うつ（－）→ 回避（＋＊－＝－）

図6-6　不確定志向性モデルに基づく統制に関する接近・回避行動：モデルB

（モデルBの列見出し）
- 不確定志向性
- 場面
- 合成された認知的従事
- 個人にとっての効果（ネガティブかポジティブ）
- 最終的な行動（情報価と感情価の積）

- 不確定志向（UO）
  - 統制剥奪（非診断的，確定）　非従事（－）
    - 抑うつ（－）→ 接近（－＊－＝＋）
    - 非抑うつ（＋）→ 回避（－＊＋＝－）
  - 中性条件（不確定）　従事（＋）
    - 抑うつ（－）→ 回避（＋＊－＝－）
    - 非抑うつ（＋）→ 接近（＋＊＋＝＋）
- 確定志向（CO）
  - 統制剥奪（非診断的，確定）　従事（＋）
    - 抑うつ（－）→ 回避（＋＊－＝－）
    - 非抑うつ（＋）→ 接近（＋＊＋＝＋）
  - 中性条件（不確定）　非従事（－）
    - 抑うつ（－）→ 接近（－＊－＝＋）
    - 非抑うつ（＋）→ 回避（－＊＋＝－）

課題の結果は将来とは関係ない，という期待がある」。スツルーブと彼の仲間たち（Strube, Boland, Manfredo, & Al-Falaij, 1987 ; Yost, Strube, & Bailey, 1992）は，これこそCOをポジティブに動機づけ，UOをネガティブに動機づける場面であると主張している。この研究者たちは実際，学習性無力感パラダイムを非診断的課題と考えている。

　抑うつ傾向の人と抑うつでない人の反応はモデルBのなかで容易かつ直感的に理解できる。抑うつ傾向の人は，ふつうであれば興奮するようなことにもはや興味がもてない一方で，ふつうであれば無視することがらに不快感をもつ。抑うつ傾向にないとき，UOは中性条件によって興味関心がわき，好奇心がでる（例えば，課題をどのように遂行するかに頭を使ったり，より多くの情報を見つけだすことに興味をもつ）。しかし，中程度の抑うつ傾向にあるとき，UOはそれらにもはや興味をもたなくなる。さらに，ふつうであれば非診断的課題であるために興味が起こらない統制剥奪条件において，今度はこれが不快なものとなり，中程度の抑うつ傾向にあるUOの統制感の喪失を目立たせることになる。同様に，ふつうであれば（統制剥奪条件の）非診断的課題を楽しむはずのCOも中程度の抑うつがある場合，課題に興味を示さず，中性条件によって喚起される不確定性を不快なものととらえるようになる。

　これら2つのモデル（AとB）は統制不能な課題と中程度の抑うつ傾向に対する全く異なった解釈に基づいているが，どちらのモデルも統制に関係する接近・回避行動を考えるとき，個人の認知特性と感情価がどのように交互作用しているかを検討することの重要性を示している。不確定志向性に関するこれらのモデルは不確定性，統制，中程度の抑うつ傾向といった領域における，さらなる研究の弾みとなるはずである。しかし，今回の2つの研究で明らかにされた主要な点とは，中程度の抑うつ傾向にあるすべての人が，必ずしも新しい情報に接近するというやり方で統制不能に対処しているわけではないということである。彼らが情報に接近するか否かは彼らの不確定志向性に依存するのである。

4　不確定な時代における精神的健康

　増大しつつある不確定性に対して，人は自分の不確定志向性と動機づけの構造に従って，ポジティブにまたはネガティブに反応する。第1章で提示したさまざまな変化がネガティブなバランス，例えば，仕事や家庭生活そして生存そのものへの脅威に基づいていただけに，精神的および身体的な保健行動の衰退が危惧され，今後，心理療法はますます重責を担っていくものと思われる。本章で紹介した3つの研究は健康心理学や心理療法の領域において重要な意味をもつと思われる。これらの研究は，生命に脅威がおよぶ場面において，UOだけが疾病予防のための情報探索をおこなうことを示した。そして，UOのみが過去のトラウマ的出来事の再解釈，および開示によって恩恵を受けることも明らかにした。また，中程度の抑うつ傾向をもつとき，UOのみが統制感を回復しようとして，その情報処理やその後の遂行を高めることも明らかになった。COにおいては全く違った状況が展開する。確定志向であることが，ある意味で不適応的な特徴をもつことを示す証拠が今回初めて示された。驚いたことにCOは生命への脅威があり予測可能であるとき（すなわち有効性が高いとき）よりも，生命に危険はあるが診断性の低い場面（すなわち有効性が低いとき），あるいは生命への脅威はないが診断性の高い場面で，より多くの情報を実際に探索する。また，トラウマ的な出来事や従来から心に秘めてきたことを自己開示することがCOにダメージを与える可能性があることから，治療方法としてトラウマを開示する方法をCOに対して使用する際には，十分に慎重な注意が必要であるという証拠も得られた。最後に，抑うつ傾向と統制感の回復反応に関する問題は，従来のさまざまな理論から予想されるものとは全く異なる反応がCOで見られることを示している。実際，対処反応はUOとCOでは明らかに異なるものである。

　ひとまとめにして考えてみると，健康心理学の領域におけるこれら3つの研究によって，病気の予防法や治療法に関する昨今の動向には疑問が提起される。脅威への対処法を含む脅威の強いメッセージが保健行動につながるとか，過去のトラウマ的エピソードを吐露することが生理的，心理的な健康につながると

か，はたまた中程度の抑うつ傾向にある人は統制感回復の手段として情報を探索するものである，といった仮定は，人口でいえばほんの少数の人々にしかあてはまらない仮説であると思われる。大多数の人々は自己を処する脅威に満ちた方法にさらされることを望まないであろう。大多数の人々は，自分をいっそうの混乱や無力感から守るために，あらゆる情報に対して実際「スイッチを切ってしまう」のである。本書の著者の共通の友人である臨床家曰く「彼らはただ，ただ，しがみついていたいのだよ」。

第7章 不確定志向性理論，回想と展望

　本書の読者の皆さんは，自己，認知，遂行，対人関係と集団，および精神衛生の領域におけるに伝統的な見解と不確定志向性がいかに影響しあっているかを，研究例を検討しながら確認する作業を続けてこられた。これらすべての領域において，不確定性を処理する個人のスタイルと一致した場面において個人の行動は強まることを確認した。ソレンティノとショート（Sorrentino & Short, 1986）が最初に予測したように，不確定性はすべての場面に存在しているので，人間行動の多くは，個人による不確定性の対処法によって，少なくとも部分的に決定される。この最後の章では，人々がどのようにしてUOやCOになるのか，そして人々の志向性は変えられるかどうかという問題に焦点を絞って，人々がこの不確定な時代にいかに対処しているかを理解するために，不確定志向性という概念がもつ意味を検討する。続いて，不確定志向性に関する研究の現在と将来における方向性について考察する。

1　不確定志向性の起源

　残された重要な問題の1つは「いったい不確定志向性はどれほど安定しているのか」である。多くの人々（少なくとも学問の領域にいる人々）はCOよりもUOであることに魅力を感じ，いつも他者の志向性を変えたいと思う。しかしながら，不確定志向性が安定したものであるほど，変えることは難しくなる。現時点において，この問題に直接答える証拠はないが，少なくとも短期間において不確定志向性は比較的安定していることを示唆するいくつかのデータがある。不確定志向性の多くの研究（例えば，第4章で述べた遂行に関するすべての研究）は，数か月前に測定した個人差に基づいて学期末の学生の成績を予測

できた。また，未公表のデータ（Sorrentino, Brouwers, Hanna, & Nagy, 1995）ではあるが，児童版の測定法を用いて3，4，5年生の不確定志向性を測定した。その結果，驚いたことに2年後または3年後の生徒たちの学業成績が，達成関連動機と不確定志向性によって予測できた。

　不確定志向性は短期間では相対的に安定しており，長期間でも同様に安定しているように思えるが，志向性の変化をもたらす条件をつくりだせないかと思いをめぐらす人もいるであろう。これは本書を書き始めたときの「非常に不確定な時代がいかに人々に影響するか」という疑問を思いださせる。例えば，人間はとても適応的なので，何が最もうまく働くかを知ると，環境に適応するように自分の志向性を変えるであろうと，主張されるかもしれない。もし，人々の志向性が徐々に似てくる（そして，不確定志向になる）傾向にあると仮定できるのであれば，不確定な時代によってCOとUOがどのように影響されるのかと気にする必要は，たぶん全くなくなるであろうが，これはあてはまりそうにもない。しかしながら，人々がこの志向性を最初にどのように獲得するのか，ということは問題となる。人々が自分の志向性を（不確定性もしくは確定性が支配的だと思われる）幅広い環境に適応させるかどうか，という問題に立ち返る前に，人々がUOもしくはCOになると考えられる最初の道筋について考えることにする。

2　不確定志向性の発達経路

　何が不確定志向性の起源であろうか。いくつかの可能性が考えられる。もし不確定志向性が学習されたものであれば，環境への適応が最大になるように個人の不確定志向性を変えることも可能であろう。もし個人のレベルで変えられないなら，教育政策によって多くの人々が不確定志向になるように，文化的なレベルで変化を起こさせることも可能かもしれない。しかし，ここには個人や社会がそのような変化を望んでいる，という思い込みがあるようだ。マグワイア（McGuire, 1967）がかつて指摘したように，第二次世界大戦以前にドイツ人が最も称賛した人格はJタイプであった（基本的な表現型は違うと仮定されているが，事実，このタイプはアドルノ（Adorn）と彼の仲間たちが，のちに

ユダヤ人の迫害を説明するために考案した権威主義の性格と実際にはとてもよく似ていた）。忠誠心や誠実さを重視しない優柔不断な自由主義者とは異なり，Jタイプの人は忠誠心や誠実さゆえに称賛された。これとは正反対に，人々の不確定志向性は基本的に変えられない，という最も極端な考えが生物学による説明に暗示されている。有力な精神力学的なアプローチもこの方向にある。人生初期からの問題は持続的な効果をもつと期待されるので，少なくとも変えるのは難しいであろう。

では不確定志向性はどのように発達するのか。第1章で2つの可能性に言及した。1つはロキーチ（Rokeach, 1960）が著書『オープン・マインドとクローズド・マインド』のなかでとった精神力学的アプローチである。ロキーチはオープンな人は世界に対して基本的な信頼感を発達させ，クローズドな人は世界を脅威に満ちた場所とみなし，結果として基本的な不信感を発達させる。オープンな人とクローズドな人はそれぞれUOとCOの原型なので，ソレンティノら（1990）はオープンな人やクローズドな人を生み出すと考えられる発達的な出来事は，同様に不確定志向性の根源でもあると考えている。世界に対する初期の基本的な信頼感の発達によって，人は自信をもってまわりの環境や自分自身をすすんで処理する（そして理解する）ことができる。一方，基本的な不信感が発達すれば，人はそのような処理をしようとはしない。その結果として生じる不安定さが，既知のものにすがりつき，見慣れないものに用心深くなる傾向をもたらす。初期の社会との関係のもち方は，その多くが両親によって形成されるが，同様にUOとCOの発達も説明される。社会的学習のアプローチとは異なり，ここで重要な点は，ふるまい方の学習ではなく，子ども時代の経験に根ざした，かなり深い心理的なダイナミックスである。学習された特定の行動パターンとは異なり，このダイナミックスを変えることは難しい。変化させるためには，たぶん精神分析が必要になると思われる。

2つめのアプローチは上記のアプローチと関係しているかもしれないし，していないかもしれない。研究仲間の1人トリー・ヒギンズ（Tory Higgins）がわたしたちに示した考えは，志向性の2つのタイプは，自己制御の異なる2つのスタイルにすぎないであろう，ということであった。UOの親は子どもたちに，世界には不確定なものが満ちあふれており，それを処理する最もよい方

法は，不確定なものを克服するためにすべてを知ることである，と教えたのであろう。COの親は子どもたちに，世の中には不確定なものが満ちており，それを処理する最もよい方法は，いくつかの判断規準を守り，大部分の混乱を無視することである，と教えたのであろう。このアプローチは，今日では受け入れられにくいフロイト派やエリクソン派の極端に古い考えを取り除いてくれる。しかし，この見解においてさえ，子どもが世の中から分離した自己の感覚をもつのと同じくらい早い，非常に初期の発達が重要となる。

　精神力学的アプローチや認知的自己制御アプローチに加え，ふれておく価値のあるいくつかの可能性がある。例えば，現在流行している性格に対する生物学的アプローチ（例えば，Kagan, 1994：Waller Bouchard, Lykken, & Tellegen, 1993）を考えれば，不確定志向性の生物学的起源を仮定したくなる。開放性，誠実さ，権威主義，伝統主義，保守主義などの特性は，ある生物学的な起源をもっており，これらはすべて不確定志向性とある点で類似しているといわれている（ミネソタのふたご研究，例えば，Waller et al., 1993を見よ）。たぶん，これらのすべてに，ある共通した生物学的要素が存在するであろう。もしくは，不確定志向性は人の気質に関するケーガン（Kagan, J.）の考え方と似ているかもしれない。『ガレスノの予測 "Galen's Prophecy"』という本のなかで，ケーガンら（Kagen, Snidman, Arcus, & Reznick, 1994）はガレスノのいうペルガモンのうつ病患者と楽天的な大人とに相通じる生得的な2つの気質，すなわち「高反応気質（high-reactive temperaments）」と「低反応気質（low-reactive temperaments）」を発表した。高反応気質の幼児の大多数は恐がりやで，用心深い子どもになり，低反応気質の幼児は社会的で，自発的で，あまり恐がらない子どもになる。高反応気質の幼児は大人になって用心深くなり，低反応気質の幼児は新しい場面や人に出会ったとき自然な状態でいられる。それで，たぶん，UOは低反応気質と類似した生得的気質をもち，そのことが不確定性へ接近させると思われる。一方，COは不確定性に対して生得的に恐怖を感じる。

　不確定志向性は開放性（Hodson & Sorrentino, 1999）やいくつかの類似した測度（Sorrentino, Hodson, Roney, Walker, & Smithson, 1999を見よ）との間で中程度の相関関係は認められているが，これらの特性や気質に基づくアプ

ローチの問題点は，場面的な決定因との交互作用を説明していないことである。第1章の情報処理モデルが示しているように，UOが常にシステマティックな情報処理に動機づけられているわけでもないし，COが常にヒューリスティックな情報処理に依存したいと思っているわけでもない。それは個人の志向性と場面との関連性によって異なる。したがって，UOが常に「開放的」であるわけでもないし，COが常に「用心深い」わけでもない。また，これらの行動は他の動機や場面と交互作用していることも明白である。例えば第5章において，場面は違うがUOとCOは同じほど社交的であることが明らかになった。彼らはまた，場面と交互作用する他の動機に影響されて，同じほど心配性であり用心深い。

　不確定志向性を最もうまく説明すると思われる生物学的アプローチの1つは，マックレランドと彼の仲間たちによるものである（McClelland, 1985；McClelland, Koestner, & Weinberger, 1989；Weinberger & McClelland, 1990）。ワインバーガーとマックレランド（Weinberger & McClelland, 1990）によれば，このアプローチは動機づけられた動物や人間の行動に関する動物行動学的な知見に強く依拠している（例えば，Eible-Eibesfedt, 1979：Hinde, 1970）。特定の行動パターンを生得的，自動的に解発する環境内の信号刺激のように（例えば，オスのトゲウオが他のオスの赤い腹部を自動的に攻撃するように），ある生物学的な動機にとっての自然な誘因が環境内に存在する。個人は学習を通して，誘因の見え，位置，獲得手段を示す手がかりを見分ける方法を獲得する。ホルモンの活動と遺伝を通して，個人に期待される目標状態の強さが決定される。唾液の分光分析（spectroscopic analysis）を用いて，マックレランド（McClelland, 1989）はノルエピネフリン（norepinephrine）と権力動機が関連しており，ドーパミン（dopamine）と親和動機が結びついていることを条件つきではあるが見いだしている。権力的な誘因や親和的な誘因によって人が刺激されると，権力動機や親和動機を測定する投影法で高い得点を得た人は，実質的にそれぞれの動機づけを高めている。

　たぶん，不確定志向性は自然な誘因によって解発される生物学的な動機づけをもっているに違いない。理解しやすい例は好奇心の素因であろう。自己や環境についての新しい情報を見つけだすという経験をするとき，たぶん，ある種

のホルモンの活動によってUOとCOは区別される。UOは満足できるホルモン状態に達するが，COはその状態に達することができない。反対に，明快さが維持され，混乱が回避されることがわかると，COは満足できるホルモン状態に達し，UOは到達できない。残念なことに，わたしたちは不確定性の解決に関する異なった活動を区別できるホルモン，もしくはホルモンの組み合わせについて理解していない。さらにCOの場合，新しいことやそれまでと異なることが何も起こっていない，基本的に非活動的な状態を支える満足できるホルモン活動を仮定することは困難であろう。しかし，あるはずである。

　要するに，いくつかの可能性は考えられるが，現時点において不確定志向性の起源はわかっていない。しかしながら，不確定志向性がどのように発達するかにかかわらず，ソレンティノら（1990）が示唆したように，不確定志向性は発達のさまざまな側面がどのように発現するかを規定する1つの有力な影響源である，と考えられる。フレイザー・グッドマーフィ（Fraser Goodmurphy, 1990）はソレンティノら（Sorrentino, Raynor, Zubek, & Short, 1990）が提案した仮説のいくつかを検証した。ソレンティノら（1990）は，発達段階の理論家は，UOの特徴と思われる属性をCOの特徴と思われる属性よりも，発達のより高い，より進んだ段階として記述している，と述べた。グッドマーフィ（Goodmurphy, 1990）は，ピアジェ派の相関問題（Inhelder & Piaget, 1958），コールバーグの道徳判断面接（Colby & Kohlberg, 1987），それにレヴィンジャーの文章完成テスト（Loevinger & Wessler, 1970）を用いて，それぞれに測定された認知発達，道徳発達，および自我の発達と不確定志向性との関係を

表7-1　合成不確定志向性，不確定性動機，権威主義，認知発達，道徳的成熟，自我の発達の相関係数

測　度	nUNC	F	COG	MMS	EGO
合成不確定志向性（RUM）	.80**	.81**	.67**	.57**	.54**
不確定性動機（nUNC）	—	-.31	.60**	.47**	.47**
権威主義（F）		—	-.48**	-.46**	-.40*
認知発達（COG）			—	.58**	.59**
道徳的成熟（MMS）				—	.44**
自我の発達（EGO）					—

注意：*p<.01，**p<.001
出典：Goodmurphy（1992）

吟味した。表7-1には3つの発達尺度すべてと不確定志向性との強い結びつきを支持する結果が示されている。つまり，不確定志向性との相関係数は，認知発達で.67，道徳的成熟で.57，自我の発達で.54であり，すべて有意であった（$p<.001$）。この結果から，UOはCOに比べて，各発達領域で「より高い」段階で反応していると思われる。

　これらのデータはとても興味深いものである。なぜなら，不確定志向性の尺度が他の性格に関する尺度と一般的に高い相関関係にはなく（第1章を見よ），自己と認知と道徳の発達に関する尺度と高い相関関係にあったからである。この結果は，段階理論家たちが主張するように，単純にUOがCOよりも発達的に進んでいることを意味するのであろうか。たぶん違うであろう。ソレンティノら（1990）が示唆しているように，個人的な経験によって人がUOやCOになるのであれば，単純に，UOはより高い水準で反応することに動機づけられており，COはより低い水準で反応することに動機づけられているのであろう。自我の発達と道徳的推論にとって，いわゆるより高い段階は（それぞれ，自己や道徳性の知覚に関する）不確定性を取り扱いたいという，より強い意思を反映しているように思われる。ピアジェ派の課題における遂行に関する限り，そのテストが能力を診断するものではないようにつくられておれば，結果は著しく違ったものになったはずである。要するに，形式的思考や順序立った推論，それに自我同一性の達成には水準の高い不確定性の解決が求められるので，COはその水準で活動する能力はもっているが，活動しないだけのように思われる。

3　不確定な時代は不確定志向性を変えるか

　本書で述べた多くの研究によって，人が直面する場面の不確定性が，その人の不確定志向性と交互作用し，多くの結果や行動を決定することが証明されている。しかし，不確定志向性の発達についての疑問を検討しても，一貫して高い水準の不確定性（もしくは確定性）が続くことにより，人の志向性が変わるかもしれないといった，人と環境との考えられる相乗的な関係性に関して，まだ回答が得られていない。例えば，本章のはじめに示した疑問は，不確定な時代のためにUOがふえ，COが減るのであろうか，というものであった。いく

つかの理由により，そのようなことはないように思われる。最初に，環境との相互作用の結果は，多くの場合，不確定志向性と他の動機との複雑な組み合わせによって決定されるので，不確定な時代に不確定志向になることが，よりよい結果をもたらす，ということは必ずしもあてはまらない。例えば，失敗回避のCOは不確定な時代に不安が活性化しないと思われるので，たぶん，確定的な時代よりも不確定な時代においてよい遂行を示すであろう。もしそうであれば，彼らの志向性を変える意味が必ずしもあるとはいえない。加えて，ある領域（例えば，達成の領域）で回避傾向を示す人が，別の領域（例えば，親和の領域）で接近傾向を示すかもしれない。これは不確定な時代が生活場面のある側面ではよい結果をもたらし，別の側面では悪い結果をもたらしうることを意味している。第2に，確定志向が不確定志向と同様に，不確定性そのものを処理するうえで道理にかなった（そして効果的な）方法である，ということもありうる。本書を通してあらゆる点で議論したように，確定志向であることが損失である，と明言できる場面はほとんどない（1つの例外は，第6章で示したように，自分の命を救うと思われる有益な情報を探し求めようとしないことである）。不確定志向でも確定志向でも不確定な時代を処理する際に有益であるならば，時代がますます不確定さを増しているように思われるとき，人々がより不確定志向的になると期待できる理由はない。第3に，時代がより不確定になるにつれ人々が不確定志向になったという証拠はない。事実，オルタメイヤー（Altemeyer, 1988）は，調査対象者である大学生の権威主義の水準が1972年から1987年にかけて実際に上昇したと報告している。この期間中，現代社会の不確定性に影響したと考えられる原因の多くはすでに生じており，どちらかといえば，近年における確定志向の増加が示唆されている。したがって，現在の環境にマッチすることを単純に学習するよりも，もっと複雑なダイナミックスがそこには含まれているかもしれない。例えば，オルタメイヤーが観察した期間に不確定性動機が変化したかどうかを知ることは興味深いことである。1つの可能性は，不確定性の増加によりこれらの志向性が極化するということである。ロキーチ（Rokeach, 1960）は，脅威を感じる条件下において人々や団体（例えば，法王とカトリック教会）は教条的態度を強めると報告している。たぶん，不確定性の脅威によって，COは反応においてその志向性を実際に強

め，不確定さや曖昧さを回避することに，よりいっそう関心を示すようになる。あるいは，不確定な時代がこれらの志向性を極化するというよりも，自分の志向性と「調和しない」世界に住むことが，たぶんその人の志向性を高めるかもしれない。例えば，確定的な時代の不確定志向の人は，たぶん，いっそう強い不確定志向を示すと思われる。これらの問題が広範囲にわたっているので，現時点でできることは，残念なことに単なる推測でしかない。

　人々がUOもしくはCOになる過程がどんなものでも，この性格特性は，多くの生活場面を通して，わたしたちにとって重要な意味をもつように思われる。真剣に取りあげられるべき特性として，この不確定志向性の重要さを人々に確信してもらうことを妨げているのが，不確定志向性に関する多くの知見の複雑さかもしれない。例えば，セラピストにとって，本研究で一般的に見いだされた複雑なダイナミックスを用いて，ある問題をもつ患者を援助するために何をすべきかを理解することはとても難しい。この複雑さこそ，不確定志向性の研究を通して見いだされたまさに重要な点ではあるけれども，これらの問題はとても複雑であり，簡単な解決はすべての人にはあてはまらないように思える。誰にでもあてはまる単純な答えがあると偽って主張することは，不確定志向性に関する研究がその存在を示唆した複雑性（と不確定性？）を処理するための適切な方法ではないように思える。

4　不確定志向性研究における現在の問題と将来の問題

　不確定な世界（もしくは確定的な世界）で，人々がいかにふるまうかを理解することに焦点を絞るなら，不確定志向性の研究者が現在扱っている問題を最後に簡単に見ることは意味がある。本書の著者は，広範囲にわたる領域や問題を通して不確定志向性が非常に多くの意味をもつという印象を，読者の皆さんにもっていただけたと思う。これに関連する継続中の研究は，不確定志向性が関連していると思われる研究領域を探しだし，実際にあてはまるか否かを解明することである。いままでのところ，不確定志向性を考慮することによって利益を得ると思われる研究領域を発見することはいたってたやすい。この研究により，研究者が関心をもついかなる行動でも，それを決定する際に働く種々の

（そして複雑な）要因があることを，研究者に考えてもらいたいと望んでいる。ある現象はある人にのみたまたま起こるという以上に，ここにはかなり多くの意味があるように思える。それどころか，不確定志向性の研究では，多くの場合，他の研究者が予測するのとは正反対のやり方で反応する人（特にCO）の存在を示してきた。このことは，単純に，ある理論やアイデア（いずれにしろ社会心理学者や性格心理学者がたぶん期待するアイデア）が，ある時にのみ働くという以上の意味がある。つまり，逆転するということは，再度考慮されるべき基本的な動機もしくは決定因が実際にある，ということを意味していると思われる。

これまでに，不確定志向性に関して解決されるべき多くの問題があることも，たぶん明らかになったと思われる。不確定志向性の研究は，すでに存在するデータに基づいて志向性に関する新しいアイデアを検討するという，とてもボトムアップ的なプロセスであった。それ自体，多くの疑問を残している。例えば，ちょうど議論したように，不確定志向性の発達については実際のところほとんど理解できていない。また，これまでの多くの理論は不確定志向（UO）について述べているように思えるのでUOのダイナミックスについて，よりよい考え方があるようにも思える。しかし，確定志向（CO）については検討されるべきことが多くある。例えば，COは不確定性からの回避なのか，確定性への接近なのか，または両者の組み合わせなのか，どれが最もよい考えなのかについて，不確定志向性の研究者たちはしばしば議論している。この問題に対する答えは究極のところCOの発達の疑問と結びついていると思われる。

5　動機づけと認知の一般理論をめざして

不確定志向性の研究によって，理論モデルの感情部分に，達成に関する動機以外の変数を組み込めるようになったので，わたしたち（と何人かの仲間たち）は「すべてを1つにまとめる」作業を始めた。ソレンティノら（Sorrentino, Hodson, Roney, Walker, & Smithson, in press）は，最近，動機づけと認知の形式理論を展開したが，これはまさにその試みであった。この試みにより，同一モデルのなかで認知と感情の役割を扱えるようになったので，この理論がも

のごとの一般的な枠組みにいかに一致するか検討した。この最後の節で，わたしたちのモデルの概要を紹介する。

　動機づけと認知に関するソレンティの研究は一貫した2つの観察結果によって方向づけられている。1つは，どんな領域においても，たとえそれがなぜなのか明確でないときにでさえ，ほとんどの研究結果を予測することができたことである。人は自分の不確定志向性と一致した場面での活動に最も動機づけられる，という最初の仮説に固執したことがとてもうまくいった。2つめには，人が動機づけられていないと思われる場面では，その人に本来期待される特徴的な行動パターンとは全く反対のパターンが生じる，ということを何度もくり返し見いだした。これらの事実を統合して，ソレンティノら（in press）は熟考を重ね，知っている限りでは初めての動機づけと認知に関する形式的な理論を提案することができた。その理論は数理的に表現され，一部は他の関連した理論，つまり達成動機づけの理論（Atkinson, 1964；Atkinson & Feather, 1966；Atkinson & Raynor, 1974）と行為のダイナミックスの理論（Atkinson & Birch, 1970, 1978）に対応したものとなっている。また，そうすることにより，新しく魅力ある研究の道筋を提示することもできた。この考え方のある程度の概説を次に示すが，定型的な式を用いた，より詳しい説明をこの章の付録に載せている。

　このモデルは，一般的に，人のさまざまな側面（つまり，不確定志向性や他の動機）と場面（つまり，その場面と結びついた知覚された不確定性や，その場面の重要性）との交互作用的な（つまり，乗法的な）関係を表わしている。このように，このモデルは動機づけの問題と認知の問題のダイナミックな相互関係，および人と環境とのダイナミックな相互関係を強調する。このモデルは本書の前半で紹介した遂行に関する研究結果や情報処理に関する研究結果を正確に記述できるだけでなく，さらに興味深い特徴も兼ね備えている。例えば，失敗回避の人が成功志向の人より，時々高い遂行を示すといった（以前の達成モデルでは予想できなかった）遂行成績の逆転を説明できる。また，このモデルを用いたコンピュータ・シミュレーションによって，「中間にいる人々」（つまり，確定志向でもなく不確定志向でもない，または特に成功志向でも失敗回避でもない人々）の行動は安定しておらず，したがって予測不可能であること

も，このモデルで予測できることが判明した。ソレンティノとショート（1977）は，まさにこの現象を何年も前に報告していたが，不確定志向性理論がその現象を最初から予測できていたことが，いま明らかとなった。最後に，このモデルは，不確定性を解決する動機（付録の数理式のなかの U）と確定性を維持しようとする動機（付録の数理式のなかの C）が独立しているときにのみうまく機能する。これは常に仮定されていたし，実証的に証明されてきたが，いまや数理式それ自体がそのことを物語っている。このように，この形式モデルは他のモデルがなしえなかった多くのことを実現している。

　過去の結果を説明できることに加えて，この統合モデルは新しい予測を生み，将来の研究に対していくつかの新しい方向性も示唆している。最も興味深い側面は情報モデルと動機づけモデルとの統合から生まれる。例えば，過去の研究と一貫して，人の不確定志向性と場面との一致（不確定場面における不確定志向の人，確定場面における確定志向の人）によって，システマティックで注意深い情報処理が増加することが示されている（Sorrentino, Bobcel, Gitta, Olson, & Hewitt, 1988）。同様に，志向性と場面の一致がその人にとっての一次的な動機づけを活性化する。これらを考えあわせると，もし一次的な動機づけがポジティブであればシステマティックな情報処理が選択され，行為の力強い持続性が促進される。例えば，ある人が不確定志向で成功志向であり，場面がこれらの情報的要素（不確定志向）と動機づけ要素（成功志向）と一致しているなら，その人は活発に，そして意図的にその場面に従事するはずである。もし一次的な動機づけがネガティブであった場合，情報処理に何が起こるであろうか。例えば，全く同じ場面で，不確定志向で失敗脅威の人は，どんな認知的で感情的な経験をするであろうか。この状態は，自分自身の遂行への強い注目を引き起こし，結果についての心配をもたらす，と考えられる。

　これらの疑問は，ウィックランド（Wicklund, 1986）やキュール（Kuhl, 1986）による以前の理論を思いださせる。ウィックランド（1986）は，もし人がフローの状態であれば人は環境と調和した関係にあるというチクセントミハイ（Csikszentmihalyi, 1975）の「フロー理論」を検討した。「フロー（flow）」は不安と退屈の中間にある理想的な状態である。フローはまた，自我の消失感や，自分の行為に対する統制感を伴う。次に，ウィックランドは「動的志向

（dynamic orientation）」と「静的志向（static orientation）」について語っている。動的志向はフローと似ており，静的志向はよりネガティブな状態である。基本的に，環境との調和は動的志向の状態を述べ，自分の行為の評価は静的志向の状態を述べている。おもしろいことに，ウィックランドはどんな専門家でも，その状態にどうやってなれたかを説明できない，といっている。なぜなら，説明できるということは，フローの状態にいるとはいえず，経験の少ない人や劣っている人だけが，自分の行為について極端によく考え，説明できるからである。

　ジュリアス・キュール（1986）の理論は，「行為志向（action orientation）」と「状況志向（state orientation）」を区別する点でいくぶん似ている。行為志向の人は進行中の課題に夢中になっており，状況志向の人は自分の遂行を気にしている。したがって，自分の不確定志向性と場面とが一致するとき，ポジティブに動機づけられた人はたぶんフローを経験する。彼らは進行中の問題に集中し，自分のやり方には気を使わない。彼らはフローな状態にあり，その経験を楽しんでいる。彼らがネガティブに動機づけられているなら，彼らはアンチフロー（antiflow）を経験しており，基本的に心穏やかではない状態にある（テスト不安，失敗に対する恐れ，抑うつ，一般的な不安，拒否に対する恐れ，など）。結局，一致は自己の統制スタイルと一貫していることであり，人がフローかアンチフローかのいずれを経験するのかは，この点に関わっている。動的志向と静的志向の考え方によれば，一致があれば，ポジティブに動機づけられた人（つまり，彼らは課題の重要な側面にふれている人）はシステマティックな情報処理をおこない，ネガティブに動機づけられた人（つまり，自分の行為自体に関心をもちすぎている人）はそのような情報処理をおこなわない。

　個人の不確定志向性と一致していない場面（つまり，確定的な場面における不確定志向の人，不確定場面における確定志向の人）は，全く違った予測を導く。システマティックな情報処理は「非活性化」され（もしくは生起せず），二次的な（もしくは主要でない）動機づけ因が活性化される。例えば，二次的な動機づけがポジティブであれば，非システマティックな情報処理と動機づけによってネガティブな状態は強調されず，ポジティブな行動が生起する（例えば，遂行や社会的活動の増加や感情状態の高揚）。もし二次的な動機づけがネ

ガティブであれば，非システマティックな情報処理と動機づけによってポジティブな状態は強調されず，ネガティブな行動が起こるようである（例えば，遂行や社会的活動や，感情状態の低下）。言い換えれば，本来，失敗回避の人は，自分の遂行についてネガティブな考えにとらわれていないときに遂行を高め，本来，成功志向の人は，その場面がフロー経験を活性化しないとき遂行を低下する。

しかしながら，残された重要な問題は，一致していないときその人はどんな情動を経験しているのか，ということである。不確定志向性のモデルは，意識していない動機づけ状態と必ずしも直接結びつける必要はないけれども，不確定志向性の活性化と非活性化によって，質的に異なった状態が導かれると示唆している。ソレンティノら（1999）は，これらの経験はラッセル（Russell, 1980）の提案ととてもよく似ていると見ている。28種類の情動についての多次元尺度法に基づき，ラッセルはポジティブな情動とネガティブな情動，およびアクティブな情動とパッシブな情動を区別した。そしてラッセルは，アクティブな情動は一致した活動に従事しているときに経験され，パッシブな情動は一致していない活動に従事しているときに経験されると考えた。これは以下のように区別することができる。

①一致した場面におけるポジティブな感情とネガティブな感情

- ポジティブな感情：興奮した，びっくりした，喜びに満ちた，うれしい，幸せな，喜んだ。これらの感情は人（例えば，原稿を書いている不確定志向で成功志向の人）がフローの状態のときに生じる。
- ネガティブな感情：心配した，刺激された，恐がった，緊張した，怒った，悩んでいる，いらいらした，欲求不満な。これらの感情は人（例えば，原稿を書いている不確定志向で失敗回避の人）がアンチフローの状態のときに生じる。

②不一致な場面におけるポジティブな感情とネガティブな感情

- ポジティブな感情：満足した，安心した，穏やかな，落ち着いた，気楽な，くつろいだ，眠い。これらの感情は，本来，ネガティブに動機づけられてい

る人（例えば，ルービック・キューブのようなほとんど解決不可能と思われるパズルを解くように求められた不確定志向で失敗回避の人）がアンチフローを経験していないときに生じる。
・ネガティブな感情：みじめな，元気のない，悲しい，陰気な，うんざりした，うなだれた，疲れた。これらの感情は，本来，ポジティブに動機づけられている人（例えば，同じ条件で同じパズルを解くように求められた不確定志向で成功志向の人）がフローを経験していないときに生じる。

6　結びのことば

　上記の考察は不確定志向性を理解するために残された研究を強調しているけれども，これまでなされてきた研究によって，不確定志向性は真剣な検討が必要な特性であることを示せたと実感している。不確定志向性によってうまく予測できる行動が広範囲にわたることは，心理学の多くの領域，つまり発達心理学や認知心理学のいくつかの問題や，社会心理学や性格心理学における多くの問題を扱っている研究者にとって，不確定志向性は検討に値する特性であることを示唆している。さらに，事実上ほぼすべての心理学の応用的な領域は，不確定志向性が遂行や学習，治療，態度，行動変化と密接に関連しているように思われる，という争点を含んでいる。わたしたちは本書のなかで，わたしたちの考えを，人々が暮らす世界の社会的，文化的，政治的な文脈へ広げることを，不確定な時代の生活に対する人々の反応の仕方を推測するという方法で少しばかり試みた。不確定志向性を含む研究の知見は複雑であり，十分に理解しなくても推測できることもあるということは事実であるが，同じほど，不確定志向性は重要で有益な概念であるという確信をわたしたちはもっている。研究の観点から，わたしたちがやっと理解し始めた，行動に影響する基本的なダイナミックスに関する問題があるように思われる。現在の多くの理論家たちは，自分の理論から得られる予測がCOの人々にあてはまらないという傾向を考慮すれば重要な要因を見落としているように思われる。これまでの研究で示された実際的な問題を考えるとき，不確定志向性の研究を続けることの重要さはいっそう明らかになる。不確定志向性と，不確定志向性が影響する行動に含まれてい

るすべての複雑さを理解しようとする努力は，単に望ましいというだけではなく，必要なことである。

付録　動機づけと認知の数理モデル：場面の不確定性と交互作用する不確定志向性と感情 (Sorrentino et al, in pressによる)

わたしたちの形式理論を展開する際，アトキンソンとバーチ（Atkinson & Birch, 1970, 1978）による「行為のダイナミックス」の研究を前提とした。彼らの理論によれば，ある活動を遂行する合成傾向の変化は，その活動を遂行する傾向の変化 T_A と回避する傾向の変化 T_N の差として表わせる。

次に，その活動が遂行されれば T_A は活性力 F（その活動に従事させる成功達成動機 M_s のような動機や環境刺激を含むすべての要素）と，活動の完了価 c と T_A の積との差となる。

$$T_A = F - cT_A$$

もし活動が遂行されていないなら，

$$T_A = F$$

となる。

同様に，活動が遂行されれば，T_N は抑制力 I（その活動を回避させる失敗回避動機 M_{af} のような動機や環境刺激を含むすべての要素）と活動の抵抗価 r と T_N の積との差となる。

$$T_N = I - rT_N$$

他方，もし活動が遂行されていなければ，アトキンソンとバーチは次のように規定する。

$$T_N = I - rT_A$$

最後に，T_A と T_N は制限される必要はないけれども，適切な標準化関数によって，ある理論的な上限（例えば，1）と 0 との間に制限されると，わたしたちは仮定している。

活動が遂行されているとき，$F = (M_s - M_{af})P_s(1 - P_s)$，$I = -F$ とすれば，

$$T_A = (M_s - M_{af})P_s(1 - P_s) - cT_A = F - cT_A$$
$$T_N = (M_{af} - M_s)P_s(1 - P_s) - rT_N = I - rT_N$$

となる。

　第4章で述べたように、この理論は個人の不確定志向性と一致しない場面における、失敗回避の人と成功志向の人との、遂行の逆転を説明できる。例えば、成功志向の人を考えれば、$M_s - M_{af}$はプラスである。もしcT_Aが十分に大きければ活動傾向の正味の変化はマイナスとなり、結果的に、その人は成功志向であっても活動を止める。その時点で、cT_Aがゼロになり、正味の変化はプラスとなり、結果としてその活動は再開される。この切り替わりの現象は、満腹になるまで食べ、ふたたび空腹になったらまた食べ始めるという現象と似ている。

　同様に、$M_s - M_{af}$がマイナスである失敗回避の人はrT_Nが十分に大きくなると、結果として生じる活動傾向の変化がプラスとなる。この人は失敗の恐怖のために、その活動を回避するように動機づけられているけれども、結果としてその活動をおこなう。これは長期間にわたるダイエットのあと、暴飲暴食を始めてしまうのと全く同じ動機づけの理由である。

1. 情報処理モデル

　不確定志向性理論の考察を通して、情報処理の構成要素は数理的に表現できることが明らかになった。UO は、明快さに到達したい、つまり不確定性を解決したいという願望 U が、現在の知識や確定性を維持したいという願望 C よりも大きい人である。CO は C が U よりも大きな人である。さらに、不確定性との個人的な関連性 R が高いほど、U と C の差の効果は大きくなる傾向にある。知覚された場面の不確定性 P_u が大きくなればなるほど活性力 F_u は強くなる。

$$F_u = (U - C) RP_u$$

　ここで $R > 0$ で、P_u は［0，1］区間の値をとると仮定する。R の影響力は、UO が不確定性を解決することを強く動機づけ、CO が確定性を維持することを強く動機づける。前に述べたように、高い P_s、もしくは低い P_s（成功確率）は、より小さい T_{s-f} の絶対値を導く（訳注：T_{s-f} は成功に対する合成傾向を表わす）。他方、最も大きな不確定性と誘因価は $P_s = 0.5$ のときに実現する。このことにより、知覚された不確定性 P_u と P_s の間に次の関係が仮定される。

$$P_u = qP_s (1 - P_s)$$

　ここで q は実証的に推定されるパラメータである。もし $0 \leq P_s \leq 1$ であれば、

明らかに $0 \leq P_u \leq q/4$ である（訳注：P_u が最大とは $P_u=qP_s(1-P_s)=1$ となる。また、P_u が最大になるときの P_s は0.5である。したがって、$q \times 0.5 \times (1-0.5)=1$，$q=4$ となる）。同様に、明快さを求めようとする活性力を考えることができる。この活性力は場面の知覚された明快さとともに増加する。

$$F_c = (U-C)\,R\,(1-P_u) = (C-U)\,RP_c$$

この2つの活性力が組み合わされて、不確定性低減の合成活性力が得られる。

$$F_{ru} = F_u + F_c = (U-C)\,R\,(P_u - P_c)$$

それゆえ、わたしたちは $0 < q \leq 4$ と仮定する。

2．遂行モデル

第1章の図1-4で示した遂行モデルと対応させるために、わたしたちがなすべきことは、遂行モデルの感情要素、この場合 $M_s - M_{af}$ と情報要素とを掛け合わせることである。そうすることによって、わたしたちはこの定式化の次のステップにいたる。

$$F_{ru} = (M_s - M_{af})\,(U-C)\,R\,(P_u - P_c)$$

明らかに、$U>C$ のとき、$P_u>P_c$ であれば $F_{ru}>0$ であり、$P_u<P_c$ であれば $F_{ru}<0$ である。これらの関係性は $U<C$ のとき逆転する。ここでの重要な考えは、$U>C$ であるUOが $P_u>P_c$ のとき情報処理に動機づけられ、$P_u<P_c$ のとき情報処理を回避するように動機づけられる、ということである。COは全く逆の動機づけ傾向をもつ。これまでのところ、この式は第1章の図1-3に示した情報モデルを正確に記述している。

さて、わたしたちは図1-4の遂行モデルに示されている内容を正確に把握している。このモデルはこれまでにわたしたちが示してきた不確定志向性、達成関連動機、場面の不確定性のすべてのデータを表わすことができる。UOもしくはCOの不確定志向性が活性化されると、その人の一次的なより強い動機、すなわちポジティブな動機（$M_s>M_{af}$ の人にとっての M_s）ないしはネガティブな動機（$M_{af}>M_s$ の人にとっての M_{af}）が同様に活性化され、それぞれ接近行動と回避行動を導く。しかしながら、UOもしくはCOの不確定志向性が活性化されないとき、その人の二次的な、より弱い動機が活性化され、接近行動と回避行動の逆転が生じる。この時点で、$M_s>M_{af}$ の人はその活動を回避し、

$M_{af} > M_s$ の人はその活動に接近する。

最終段階として,わたしたちは次の可能性を考える。つまり,課題を遂行すると結果として成功するか,または失敗する。このことが成功に対する主観的な確率に影響し,その課題に対する知覚された不確定性に影響する。成功は P_s を高め,失敗は P_s を低下させる。これは P_u に効果をおよぼすが,成功と失敗の関係性によって決定される。結果は単純であるが,P_s(もしくは,その代わりとしての P_u)によって決定される非定常的な確率過程ではない。P_s が確定すれば,定常的な過程となる。

3．動機づけと認知の統合モデル

わたしたちの実感では,上述のように,遂行モデルは動機づけと認知の一般モデルを組み込むことができ,動機づけ要素のすべての範囲にわたるダイナミックスを十分にとらえられるように拡張できる。このモデルは次の形式をとる。

つまり,活動が遂行されていないとき,

$$T_{ru(t)} = M_A (U - C) R (P_{u(t)} - P_{c(t)}) = F_{ru(t)}$$
$$T_{nru(t)} = M_N R P_{u(t)} - r T_{ru(t)} = I_{ru(t)} - r T_{ru(t)}$$

であり,r はその活動と結びついた抵抗価である。

$$T_{nru(t)} = I_{ru(t)} - r T_{nru(t)}$$
$$T_{ru(t)} = F_{ru(t)} - c_a T_{ru(t)}$$

ここで c_a は活動の完了価を表わし,

$$\Delta T_{nru(t)} = I_{ru(t)} - r T_{nru(t)}$$

となる。

この式では,動機づけの構成要素が正味の行為動機 M_A と正味の反行為動機 M_N に換えられている。この式には,活性力 $T_{ru(t)}$ と抑制力 $T_{nru(t)}$,それに抵抗力 $r T_{nru(t)}$ と完了力 $c_a T_{ru(t)}$ も含まれている。活性力は個人内の動機づけ変数と活動傾向の増加を導く環境手がかりも含む。抑制力は反行為傾向をふやす動機づけの力と環境の力である。完了力と抵抗力には,完了価や抵抗価のみならず,行為を完了したり,くり返した回数も含まれる。これが行為の遂行傾向の強さを決定するものであり,場面の不確定性ではない。不確定志向性はこれらの傾向の活性化と非活性化を決定する。不確定志向性は行為の方向を決定するスイ

ッチである。動機は行為の活力，強さ，持続性を決定する。

いかなる場面においても，他の傾向も作用するはずなので（Atkinson & Birch, 1970），わたしたちはこのモデルが完全に満足できるものとは思っていない。他の傾向が不確定性の低減や確定性の維持に役立つ限り，それらの傾向をわたしたちの式に加えることができる。どの行為が不確定性の低減や確定性の維持において最も貢献するかは，次のように扱われる。

$$\Delta T_{ru} = (U - C)\ R\ (P_u - P_c) \sum_{n=1}^{k} M_{AN}$$

この式はある時点やある生活空間（Lewin, 1935）における，個人によって知覚された確定性と不確定性を考慮している。しかしながら，行為のダイナミックスに関する考え方に同意して，不確定性の低減に役立たず，行為の表出において競合する，他の多くの傾向があるとわたしたちは信じている。それらは空腹や性，渇きといった基本的な動機に関連した傾向であろう。これらの傾向は，知識の探求に取って代わるであろう。ここでは，それらの傾向は，アトキンソンとフェザー（Atkinson & Feather, 1966）やアトキンソンとレイナー（Atkinson & Raynor, 1966）が用いたように，外発的な傾向 T_{ext} と考えられるので，不確定性を低減する合成傾向は $T_{ru} > T_{ext}$ のとき行為として表われる。

引用文献

◎

Ainsworth, M., Blehar, M. C., Waters, E., & Wall, S. (1978). *Patterns of attachment: A psychological study of the strange situation*. Hillsdale, NJ: Erlbaum.

Allport, G. W. (1954). *The nature of prejudice*. Cambridge, MA: Addison-Wesley.

Allport, G. W., & Vernon, P. E. (1931). *A study of values*. Boston, Houghton Mifflin.

Altemeyer, B. (1988). *Enemies of freedom: Understanding right-wing authoritarianism*. London: Jossey-Bass.

Aronson, E. (1978). *The jigsaw classroom*. Beverly Hills, CA: Sage.

Aronson, E. (1984). Forderung von Schulleistung, Selbstwert und prosozialem Verhalten. In G. L. Huber, S. Rotering-Steinberg, & D. Wahl (Eds.), *Kooperatives Lernen* (pp. 48–59). Weinheim: Beltz.

Atkinson, J. W. (1958). *Motives in fantasy, action and society*. Princeton: Van Nostrand.

Atkinson, J. W. (1964). *An introduction to motivation*. Princeton: Van Nostrand.

Atkinson, J. W., & Birch, D. (1970). *The dynamics of action*. New York: Wiley.

Atkinson, J. W., & Birch, D. (1978). *An introduction to motivation*. New York: Van Nostrand.

Atkinson, J. W., & Feather, N. T. (Eds.). (1966). *A theory of achievement motivation*. New York: Wiley.

Atkinson, J. W., & Raynor, J. O. (Eds.). (1974). *Motivation and achievement*. Washington, DC: Winston & Sons.

Axhausen, S., & Feil, C. (1984). *Zum Abbau von Voruteilen bei Kindern und Jugendlichen: Praktische Erfahrungen, theoretische Erklärungsanätze und pädagogische Modell vortstellungen* [About the reduction of prejudices in children and youth: Practical experiences, approaches to theoretical explanations, and suggestions of pedagogical models]. München, Germany: Deutsches Jugendinstitut.

Back, K. W. (1951). Influence through social communication. *Journal of Abnormal and Social Psychology, 46*, 9–23.

Bandura, A. (1977). Self-efficacy: Toward a unifying theory of behavioral change. *Psychological Review, 84*, 191–215.

Bargh, J. A., & Thein, R. D. (1985). Individual construct accessibility, person memory, and the recall-judgment link: The case of information overload. *Journal of Personality and Social Psychology, 49*, 1129–1146.

Baumeister, R. F. (1986). *Identity: Cultural change and the struggle for self*. New York: Oxford University Press.

Baumeister, R. F. (Ed.). (1986). *Public self and private self*. New York: Springer-Verlag.

Beck, A. T. (1967). *Depression: Clinical, experimental, and theoretical aspects*. New York: Harper & Row.

Beck, J. (1972). Similarity grouping and peripheral discriminability under uncertainty. *American Journal of Psychology, 85*, 1–19.

Berger, C. R., & Calabrese, R. (1975). Some explorations in initial interactions and beyond: Toward a developmental theory of interpersonal communication. *Human Communication Research, 1*, 99–112.

Berger, J., Cohen, B. P., & Zelditch, M. (1972). Status characteristics and social interaction. *American Sociological Review, 37,* 241–255.

Berlyne, D. E. (1960). *Conflict, arousal, and curiosity.* New York: McGraw-Hill.

Billig, M. (1985). Prejudice, categorization and particularization: From a perceptual to a rhetorical approach. *European Journal of Social Psychology, 15,* 79–103.

Bowlby, J. (1969). *Attachment and loss: Volume 1. Attachment.* New York: Basic Books.

Bowlby, J. (1973). *Attachment and loss: Volume 2. Separation.* New York: Basic Books.

Bowlby, J. (1980). *Attachment and loss: Volume 3. Loss.* New York: Basic Books.

Brehm, J. W. (1993). Control, its loss, and psychological reactance. In G. Weary, F. Gleicher, & K. L. Marsh (Eds.), *Control motivation and social cognition* (pp. 3–30). New York: Springer-Verlag.

Brehm, S. S. (1988). Passionate love. In R. J. Sternberg & M. L. Barnes (Eds.), *The psychology of love* (pp. 232–263). New Haven, CT: Yale University Press.

Brewer, M. B. (1991). The social self: On being the same and different at the same time. *Personality and Social Psychology Bulletin, 17,* 475–582.

Brewer, M. B., & Harasty, A. S. (1996). Seeing groups as entities: The role of perceiver motivation. In R. M. Sorrentino & E. T. Higgins (Eds.), *Handbook of motivation and cognition: The interpersonal context* (Vol. 3; pp. 347–370). New York: Guilford Press.

Brickman, P. (1987). *Commitment, conflict, and caring.* Englewood Cliffs, NJ: Prentice-Hall.

Brouwers, M. C., & Sorrentino, R. M. (1993). Uncertainty orientation and protection motivation theory: The role of individual differences in health compliance. *Journal of Personality and Social Psychology, 65,* 102–111.

Brouwers, M. C., & Sorrentino, R. M. (1999). Inhibition-confrontation model of coping and uncertainty orientation: Individual differences in the disclosure of traumas. Manuscript submitted for publication.

Byrne, D. (1971). *The attraction paradigm.* New York: Academic Press.

Byrne, D., & Griffitt, W. (1966). Similarity versus liking: A clarification. *Psychonomic Science, 6,* 295–296.

Cacioppo, J. T., Petty, R. E., & Morris, K. J. (1983). Effects of need for cognition on message evaluation, recall, and persuasion. *Journal of Personality and Social Psychology, 45,* 805–818.

Callaway, M. R., Marriott, R. G., & Esser, J. K. (1985). Effects of dominance on group decision making: Toward a stress reduction explanation of groupthink. *Journal of Personality and Social Psychology, 49,* 949–952.

Campani, G., & Gundara, J. S. (1994). Overview of intercultural policies within the European Union. *European Journal of Intercultural Studies, 5,* 3–8.

Campion, M. A., & Lord, R. G. (1982). A control systems conceptualization of the goal-setting and changing process. *Organizational Behavior and Human Decision Processes, 30,* 265–287.

Cantor, N., Markus, H., Niedenthal, P., & Nurius, P. (1986). On motivation and the self-concept. In R. M. Sorrentino & E. T. Higgins (Eds.), *Handbook of motivation and cognition: Foundations of social behavior* (pp. 96–121). New York: Guilford Press.

Cantor, N., & Mischel, W. (1979). Prototypicality and personality: Effects on free recall and personality impressions. *Journal of Research in Personality, 13,* 187–205.

Carswell, J. J., & Sorrentino, R. M. (1999). *Adult attachment and uncertainty orientation: Affective and informational influences on trust and relationship satisfaction.* Manuscript submitted for publication.

Cartwright, D. (1968). The nature of group cohesiveness. In D. Cartwright & A. Zander (Eds.), *Group dynamics: Research and theory* (3rd ed.). New York: Harper & Row.

Carver, Ch. S., & Scheier, M. (1990). Principles of self-regulation: Action and emotion. In R. M. Sorrentino & E. T. Higgins (Eds.), *Handbook of motivation and cognition: Foundations of social behavior* (Vol. 2, pp. 3–52). New York: Guilford Press.

Chaiken, S. (1980). Heuristic versus systematic information processing and the use of source versus message cues in persuasion. *Journal of Personality and Social Psychology, 39,* 752–766.

Chaiken, S. (1987). The heuristic model of persuasion. In M. P. Zanna & J. M. Olson (Eds.), *The Ontario Symposium: Vol. 5. Social influence* (pp. 3–39). Hillsdale, NJ: Erlbaum.

Cherry, F., & Byrne, D. (1977). Authoritarianism. In T. Blass (Ed.), *Personality variables in social behavior* (pp. 109–133). Hillsdale, NJ: Erlbaum.

Clayton, J. P. (1981). *Uncertainty orientation, sex role identity and performance in achievement situations.* Unpublished master's thesis, University of Western Ontario, London, Ontario, Canada.

Cohen, E. G. (1992). *Designing group work: Strategies for heterogeneous classrooms* (2nd ed.). New York: Teachers College Press.

Colby, A., & Kohlberg, L. (1987). *The measurement of moral judgement: Vol. 1. Theoretical foundations and research validation.* Cambridge, MA: Harvard University Press.

Collins, N. L., & Read, S. J. (1990). Adult attachment, working models, and relationship quality in dating couples. *Journal of Personality and Social Psychology, 58,* 644–663.

Coupland, D. (1991). *Generation X: Tales for an accelerated culture.* New York: St. Martin's Press.

Crocker, J., Fiske, S. T., & Taylor, S. E. (1984). Schematic bases of belief change. In J. R. Eiser (Ed.), *Attitudinal judgement* (pp. 197–226). New York: Springer-Verlag.

Crocker, J., Hannah, D. B., & Weber, R. (1983). Person memory and causal attributions. *Journal of Personality and Social Psychology, 44,* 55–66.

Csikszentmihalyi, M. (1975). *Beyond boredom and anxiety.* San Francisco: Jossey-Bass.

Dishon, D., & O'Leary, P. W. (1985). *A guidebook for cooperative learning.* Holmes Beach, FL: Learning Publications.

Driscoll, D. M., Hamilton, D. L., & Sorrentino, R. M. (1991). Uncertainty orientation and recall of person-descriptive information. *Personality and Social Psychology Bulletin, 17,* 494–500.

Dunning, D. (1995). Trait importance and modifiability as factors influencing self-assessment and self-enhancement motives. *Personality and Social Psychology Bulletin, 21,* 1297–1306.

Dweck, C. S., & Bempechat, J. (1983). Children's theories of intelligence. In S. Paris, G. Olosen, & H. Stevenson (Eds.), *Learning and motivation in the classroom* (pp. 239–256). Hillsdale, NJ: Erlbaum.

Dweck, C. S., & Leggett, E. L. (1988). A social cognitive approach to motivation and personality. *Psychological Review, 95,* 256–273.

Edwards, J. A., & Weary, G. (1993). Depression and the impression-formation continuum: Piecemeal processing despite the availability of category information. *Journal of Personality and Social Psychology, 6,* 636–645.

Eibl-Eibesfeldt, I. (1979). *Ethology: The biology of behavior.* New York: Holt, Rinehart & Winston.

Erikson, E. H. (1959). Identity and the life cycle: Selected papers. *Psychological Issues, 1,* 50–100.

Erickson, J. R. (1968). Hypothesis sampling in concept identification. *Journal of Experimental Psychology, 76,* 12–18.

Fazio, R. H. (1986). How do attitudes guide behavior? In R. M. Sorrentino & E. T. Higgins (Eds.), *Handbook of motivation and cognition: Foundations of social behavior* (Vol. 1; pp. 204–243). New York: Guilford Press.

Feeney, J. A., & Noller, P. (1990). Attachment style as a predictor of adult romantic relationships. *Journal of Personality and Social Psychology, 58,* 281–291.

Festinger, L. (1954). A theory of social comparison processes. *Human Relations, 7,* 117–140.

Festinger, L. (1957). *A theory of cognitive dissonance.* Evanston, IL: Row, Peterson.

Fiddle, S. (1980). *Uncertainty: Behavioural and social dimensions.* New York: McGraw-Hill.

Fiske, S. T. (1992). Thinking is for doing: Portraits of social cognition from daguerreotype to laserphoto. *Journal of Personality and Social Psychology, 63,* 877–889.

Fiske, S. T, & Taylor, S. E. (1991). *Social cognition* (2nd ed.). New York: McGraw-Hill.

Fodor, E. M., & Smith, T. (1982). The power motive as an influence on group decision making. *Journal of Personality and Social Psychology, 42,* 178–185.

Fowles, D. C. (1980). The three arousal model: Implications of Gray's two-factor theory for heart rate, electrodermal activity, and psychopathy. *Psychophysiology, 17,* 87–104.

Frederick, J. E., & Sorrentino, R. M. (1977). *A scoring manual for the motive to master uncertainty* (Research bulletin no. 410). University of Western Ontario, London, Ontario, Canada.

French, E. G. (1955). Some characteristics of achievement motivation. *Journal of Experimental Psychology, 50,* 232–236.

Freud, S. (1962). *The ego and the id.* (J. Strachey Ed. & Trans.). New York: Norton. Original work published 1923.

Fromm, E. (1941). *Escape from freedom.* New York: Holt, Rinehart & Winston.

Gergen, K. J. (1994). Exploring the postmodern: Perils or potentials? *American Psychologist, 49,* 412–416.

Gergen, K. J. (1995a). Postmodern psychology: Resonance and reflection. *American Psychologist, 50,* 394.

Gergen, K. J. (1995b). The healthy happy human being wears many masks. In W. T. Anderson (Ed.) *The truth about the truth: De-confusing and re-constructing the postmodern world* (pp. 136–144). New York: Putnam.

Gitta, M. Z. (1988). *Uncertainty orientation, the balance effect, and other individual difference variables.* London, Ont.: Faculty of Graduate Studies, University of Western Ontario.

Gleicher, F., & Weary, G. (1991). The effect of depression on the quantity and quality of social inferences. *Journal of Personality and Social Psychology, 61,* 105–114.

Goodmurphy, F. (1990). *Uncertainty orientation and cognitive, moral, and ego development.* Unpublished honor's thesis, University of Western Ontario, London, Ontario, Canada.

Gray, J. (1975). *Elements of a two-process theory of learning.* New York: Academic Press.

Greenwald, A. G., Bellezza, F. S., & Banaji, M. R. (1988). Is self-esteem a central ingredient of the self-concept? *Personality and Social Psychology Bulletin, 14,* 34–45.

Haddock, G., Zanna, M. P., & Esses, V. M. (1993). Assessing the structure of prejudicial attitudes: The case of attitudes toward homosexuals. *Journal of Personality and Social Psychology, 65,* 1105–1118.

Hanna, S. E., & Sorrentino, R. M. (1999). *Personal relevance, comparative context, and uncertainty orientation as determinants of perceived ingroup homogeneity.* Manuscript submitted for publication.

Hardin, C. D., & Higgins, E. T. (1996). Shared reality: How social verification makes the subjective objective. In R. M. Sorrentino & E. T. Higgins (Eds.), *Handbook of motivation and cognition: The interpersonal context* (Vol. 3; pp. 28–84). New York: Guilford Press.

Hardin, C. D., Higgins, E. T., & Schachinger, H. E. (1995). *Shared reality: The role of social verification in self-verification.* Unpublished manuscript, Columbia University.

Haslam, S. A., Oakes, P. J., Turner, J. C., & McGarty, C. (1995). Social categorization and group homogeneity: Changes in the perceived applicability of stereotype content as a function of comparative context and trait favourableness. *British Journal of Social Psychology, 34*, 139–160.

Haslam, S. A., Oakes, P. J., Turner, J. C., & McGarty, C. (1996). Social identity, self-categorization, and the perceived homogeneity of ingroups and outgroups: The interaction between social motivation and cognition. In R. M. Sorrentino and E. T. Higgins (Eds.), *Handbook of motivation and cognition: The interpersonal context* (Vol. 3; pp. 182–222). New York: Guilford Press.

Hastie, R. (Ed.). (1980). *Person memory: The cognitive basis of social perception*. Hillsdale, NJ: L. Erlbaum Associates.

Hazan, C., & Shaver, P. (1987). Conceptualizing romantic love as an attachment process. *Journal of Personality and Social Psychology, 52*, 511–524.

Higgins, E. T. (1987). Self-discrepancy: A theory relating self and affect. *Psychological Review, 94*, 319–340.

Higgins, E. T., Bond, R. N., Klein, R., & Strauman, T. (1986). Self-discrepancies and emotional vulnerability: How magnitude, accessibility, and type of discrepancy influence affect. *Journal of Personality and Social Psychology, 51*, 5–15.

Higgins, E. T., Klein, R., & Strauman, T. (1985). Self-concept discrepancy theory: A psychological model for distinguishing among different aspects of depression and anxiety. *Social Cognition, 3*, 51–76.

Higgins, E. T., Roney, C. J. R., Crowe, E., & Hymes, C. (1994). Ideal versus ought predilections for approach and avoidance distinct self-regulatory systems. *Journal of Personality and Social Psychology, 66*, 276–286.

Higgins, E. T., Strauman, T., & Klein, R. (1986). Standards and the process of self-evaluation: Multiple affects from multiple stages. In R. M. Sorrentino & E. T. Higgins (Eds.), *Handbook of motivation and cognition: Foundations of social behavior* (Vol. 1; pp. 23–63). New York: Guilford Press.

Hildebrand-Saints, L., & Weary, G. (1989). Depression and social information gathering. *Personality and Social Psychology Bulletin, 15*, 150–160.

Hinde, R. A. (1970). *Animal behavior: A synthesis of ethology and comparative psychology*. New York: McGraw-Hill.

Hodson, G., & Sorrentino, R. M. (1997). Groupthink and uncertainty orientation: Personality differences in reactivity to the group situation. *Group dynamics: Theory, research, and practice, 1*, 144–155.

Hodson, G., & Sorrentino, R. M. (1999a). Uncertainty orientation and the Big Five personality structure. *Journal of Research in Personality, 33*, 253–261.

Hodson, G., & Sorrentino, R. M. (1999b). *Uncertainty in the group context: Categorization effects on persuasive message processing and ingroup favoritism*. Manuscript submitted for publication.

Hogg, M. A., & Abrams, D. (1993). Towards a single-process uncertainty-reduction model of social motivation in groups. In M. A. Hogg & D. Abrams (Eds.), *Group motivation: Social psychological perspectives* (pp. 173–190). London: Harvester-Wheatsheaf.

Hogg, M. A., & Mullin, B. A. (1999). Joining groups to reduce uncertainty: Subjective uncertainty reduction and group identification. In D. Abrams & M. A. Hogg (Eds.), *Social identity and social cognition* (pp. 249–279). Oxford: Blackwell Publishers.

Holmes, J. G., & Rempel, J. K. (1989). Trust in close relationships. In C. Hendrick (Ed.), *Review of personality and social psychology: Close relationships* (Vol. 10; pp. 187–219). Newbury Park, CA: Sage.

Hovland, C. I., Janis, I. L., & Kelley, H. H. (1953). *Communication and persuasion; Psychological studies of opinion change.* New Haven, CT: Yale University Press.

Hovland, C. I., Lumsdaine, A. A., & Sheffield, F. D. (1949). *Experiments on mass communication: Vol. 3. Studies in social psychology in World War II.* Princeton, NJ: Princeton University Press.

Huber, G. L., & Roth, J. H. W. (1988, October). *Teachers' classroom activities and certainty/uncertainty orientation.* Paper presented at the conference of the International Study Association on Teacher Thinking, Nottingham, England.

Huber, G. L., & Scholz, G. (1995). *Entscheidungsprozesse von Schülernin Lernsituationen* [Student's processes of decision making in learning situations] (Report in preparation on the project HU 348/8-1 & Scho 484-1/1 to the Deutsche Forschungssgemein Schaft). Tübingen, Germany: Abteilung Pädagogische Psychologie am Institut für Erziehungswissenschaft I der Universität Tübingen.

Huber, G. L., & Sorrentino, R. M. (1996). Uncertainty in interpersonal and intergroup relations: An individual-differences perspective. In R. M. Sorrentino & E. T. Higgins (Eds.), *Handbook of motivation and cognition: The interpersonal context* (Vol. 3; pp. 591–619). New York: Guilford Press.

Huber, G. L., Sorrentino, R. M., Davidson, M. A., Eppler, R., & Roth, J. W. H. (1992). Uncertainty orientation and cooperative learning: Individual differences within and across cultures. *Learning and Individual Differences, 4,* 1–24.

Inhelder, B., & Piaget, J. (1958). *The growth of logical thinking from childhood to adolescence: An essay on the construction of formal operational structures.* New York: Basic Books.

Janis, I. L. (1972). *Victims of groupthink: A psychological study of foreign-policy decisions and fiascos.* Boston: Houghton Mifflin.

Janis, I. L. (1982). *Groupthink: Psychological studies of policy decisions and fiascos.* Boston: Houghton Mifflin.

Johnson, D. W., & Ahlgren, A. (1976). Relationship between student attitudes about cooperation and competition and attitudes toward schooling. *Journal of Educational Psychology, 68,* 92–102.

Johnson, D. W., & Johnson, R. (1987). *Joining together. Group theory and group skills* (3rd ed.). Englewood Cliffs, CA: Prentice-Hall.

Johnson, D. W., Johnson, F. P., & Anderson, D. (1978). Students cooperative, competitive, and individualistic attitudes, and attitudes toward schooling. *Journal of Psychology, 100,* 183–199.

Johnson, M. K., & Sherman, S. J. (1990). Constructing and reconstructing the past and the future in the present. In E. T. Higgins & R. M. Sorrentino (Eds.), *Handbook of motivation and cognition: Foundations of social behavior* (Vol. 2; pp. 482–526). New York: Guilford Press.

Johnson, M. K., Rayne, C. L., Foley, H. J., & Foley, M. A. (1981). Cognitive operations and decision bias in reality monitoring. *American Journal of Psychology, 94,* 37–64.

Judd, C. M., & Park, B. (1988). Out-group homogeneity: Judgments of variability at the individual and group levels. *Journal of Personality and Social Psychology, 54,* 778–788.

Kagan, J. (1972). Motives and development. *Journal of Personality and Social Psychology, 22,* 51–66.

Kagan, J., Snidman, N., Arcus, D., & Reznick, J. S. (1994). *Galen's prophecy: temperament in human nature.* New York: Basic Books.

Kiecolt-Glaser, J. K., & Glaser, R. (1988). Behavioral influences on immune function: Evidence for the interplay between stress and health. In T. M. Field & P. M. McCabe (Eds.), *Stress and coping across development* (pp. 189–205). Hillsdale, NJ: Erlbaum.

King, G. A., & Sorrentino, R. M. (1988). Uncertainty orientation and the relation between individual accessible constructs and person memory. *Social Cognition, 6,* 128–149.

Kirscht, J., & Dillehay, R. (1967). *Dimensions of authoritarianism.* Lexington: University of Kentucky Press.

Kruglanski, A. (1989). *Lay epistemics and human knowledge: Cognitive and motivational bases.* New York: Plenum Press.

Kruglanski, A. (1990). Motivations for judging and knowing: Implications for causal attribution. In E. T. Higgins & R. M. Sorrentino (Eds.), *Handbook of motivation and cognition: Foundations of social behavior* (Vol. 2; pp. 333–368). New York: Guilford Press.

Kuhl, J. (1986). Motivation and information processing: A new look at decision making, dynamic change, and action control. In R. M. Sorrentino & E. T. Higgins (Eds.), *Handbook of motivation and cognition: Foundations of social behavior* (Vol. 1; pp. 379–403). New York: Guilford Press.

Kuiper, N. A., & Derry, P. A. (1982). Depressed and nondepressed content self-reference in mild depressives. *Journal of Personality, 50,* 67–80.

Lewin, K. (1935). *A dynamic theory of personality.* New York: McGraw-Hill.

Linville, P. W., Salovey, P., & Fischer, G. W. (1986). Stereotyping and perceived distributions of social characteristics: An application to ingroup-outgroup perception. In J. F. Dovidio & S. L. Gaertner (Eds.), *Prejudice, discrimination, and racism* (pp. 165–208). Orlando, FL: Academic Press.

Loevinger, J., & Wessler, R. (1970). *Measuring ego development* (Vol. 1). San Francisco: Jossey-Bass.

Lord, C. G., Ross, L., & Lepper, M. R. (1979). Biased assimilation and attitude polarization: The effects of prior theories on subsequently considered evidence. *Journal of Personality and Social Psychology, 37,* 2098–2109.

Maddi, S. R., Bartone, P. T., & Puccetti, M. C. (1987). Stressful events are indeed a factor in physical illness: Reply to Schroeder and Costa (1984). *Journal of Personality and Social Psychology, 52,* 833–843.

Maddux, J. E., & Rogers, R. W. (1983). Protection motivation and self-efficacy: A revised theory of fear appeals and attitude change. *Journal of Experimental Social Psychology, 19,* 469–479.

Markus, H. (1977). Self-schemata and processing information about the self. *Journal of Personality and Social Psychology, 35,* 63–78.

Marsh, K. L., & Weary, G. (1989). Depression and attributional complexity. *Personality and Social Psychology Bulletin, 15,* 325–336.

Maslow, A H. (1968). *Toward a psychology of being* (2nd ed.). Princeton, NJ: D. Van Nostrand.

McCaul, K. D. (1983). Observer attributions of depressed students. *Personality and Social Psychology Bulletin, 9,* 74–82.

McClelland, D. C. (1985). *Human motivation.* Glenview, IL: Scott, Foresman.

McClelland, D. C. (1989). Motivation factors in health and disease. *American Psychologist, 44,* 675–683.

McClelland, D. C., Atkinson, J. W., Clark, R. A., & Lowell, E. L. (1953). *The achievement motive.* New York: Appleton-Century-Crofts.

McGuire, W. J. (1967). Some impending reorientations in social psychology: Some thoughts provoked by Kenneth Ring. *Journal of Experimental Social Psychology, 3,* 124–139.

Mehrabian, A. (1969). Measures of achieving tendency. *Educational and Psychological Measurement, 29,* 445–451.

Mikulincer, M. (1994). *Human learned helplessness: A coping perspective.* New York: Plenum.

Miller, N., & Harrington, H. J. (1990). A situational identity perspective on cultural diversity and teamwork in the classroom. In S. Sharan (Ed.), *Cooperative learning: Theory and research* (pp. 39–75). New York: Praeger.

Morrow, J., & Nolen-Hoeksema, S. (1990). Effects of responses to depression on the remediation of depressive affect. *Journal of Personality and Social Psychology, 58,* 519–527.

Moskowitz, J. M., Malvin, J. H., Schaeffer, G. A., & Schaps, E. (1983). Evaluation of a cooperative learning strategy. *American Educational Research Journal, 20,* 687–696.

Murray, S. L., & Holmes, J. G. (1993). Seeing virtues as faults: Negativity and the transformation of interpersonal narratives in close relationships. *Journal of Personality and Social Psychology, 65,* 707–722.

Neuberg, S. L. (1989). The goal of forming accurate impressions during social interactions: Attenuating the impact of negative expectancies. *Journal of Personality and Social Psychology, 56,* 374–386.

Neuberg, S. L. (1996). Expectancy influences in social interaction: The moderating role of social goals. In P. M. Gollwitzer & J. A. Bargh (Eds.), *The psychology of action: Linking cognition and motivation to behavior* (pp. 529–552). New York: Guilford Press.

Nisbett, R., & Ross, L. (1980). *Human inference: Strategies and shortcomings of social judgment.* Englewood Cliffs, NJ: Prentice-Hall.

Nolen-Hoeksema, S. (1991). Responses to depression and their effects on the duration of depressive episodes. *Journal of Abnormal Psychology, 100,* 569–582.

Olson, J. M., Roese, N. J., & Zanna, M. P. (1996). Expectancies. In E. T. Higgins & A. W. Kruglanski (Eds.), *Social psychology: Handbook of basic principles.* (pp. 211–238). New York: Guilford Press.

Owens, L. (1983). *An international comparison of the cooperative, competitive, and individualized learning preferences of students and teachers: Australia (Sydney) and the United States (Minneapolis).* Paper presented at the Annual Conference of the Australian Association for Research in Education, Canberra, Australia.

Owens, L., & Barnes, J. (1982). The relationship between cooperative, competitive, and individualized learning preferences and students' perceptions of classroom learning atmosphere. *American Educational Research Journal, 19,* 182–200.

Owens, L., & Straton, R. (1980). The development of a cooperative, competitive, and individualized learning preference scale for students. *British Journal of Educational Psychology, 50,* 241–271.

Pennebaker, J. W. (1985). Traumatic experience and psychosomatic disease: Exploring the roles of behavioral inhibition, obsession, and confiding. *Canadian Psychology, 26,* 82–95.

Pennebaker, J. W. (1989). Confession, inhibition, and disease. In L. Berkowitz (Ed.), *Advances in experimental social psychology* (Vol. 22; pp. 211–244). San Diego, CA: Academic Press.

Pennebaker, J. W. (1993). Putting stress into words: Health, linguistic, and therapeutic implications. *Behaviour Research and Therapy, 31,* 539–548.

Pennebaker, J. W., Barger, S. D., & Tiebout, J. (1989). Disclosure of traumas and health among Holocaust survivors. *Psychosomatic Medicine, 51,* 577–589.

Pennebaker, J. W., & Beall, S. K. (1986). Confronting a traumatic event: Toward an understanding of inhibition and disease. *Journal of Abnormal Psychology, 95,* 274–281.

Pennebaker, J. W., & Chew, C. H. (1985). Behavioral inhibition and electrodermal activity during deception. *Journal of Personality and Social Psychology, 49,* 1427–1433.

Pennebaker, J. W., Colder, M., Sharp, L. K. (1990). Accelerating the coping process. *Journal of Personality and Social Psychology, 58,* 528–537.

Pennebaker, J. W., Hughes, C. F., & O'Heeron, R. C. (1987). The psychophysiology of confession: Linking inhibitory and psychosomatic processes. *Journal of Personality and Social Psychology, 52,* 781–793.

Pennebaker, J. W., Kiecolt-Glaser, J. K., & Glaser, R. (1988). Disclosure of traumas and immune function: Health implications for psychotherapy. *Journal of Consulting and Clinical Psychology, 56,* 239–245.

Pennebaker, J. W., & Susman, J. R. (1988). Disclosure of traumas and psychosomatic processes. *Social-Science-and-Medicine, 26,* 327–332.

Peterson, C., Maier, S. F., & Seligman, M. E. P. (1993). *Learned helplessness: A theory for the age of personal control.* New York: Oxford University Press.

Petty, R. E., & Cacioppo, J. T. (1981). *Attitudes and persuasion: Classic and contemporary approaches.* Dubuque, Iowa: W. C. Brown.

Petty, R. E., Cacioppo, J. T., & Goldman, R. (1981). Personal involvement as a determinant of argument-based persuasion. *Journal of Personality and Social Psychology, 41,* 847–855.

Petty, R. E., & Cacioppo, J. T. (1986). The elaboration likelihood model of persuasion. In L. Berkowitz (Ed.), *Advances in experimental social psychology* (Vol. 19; pp. 123–205). San Diego, CA: Academic Press.

Piaget, J. (1972). *The child's conception of the world.* Totowa, NJ: Littlefield, Adams.

Pittman, T. S. (1993). Control motivation and attitude change. In G. Weary, F. Gleicher, & K. L. Marsh (Eds.), *Control Motivation and Social Cognition* (pp. 157–175). New York: Springer-Verlag.

Pittman, T. S., & D'Agostino, P. R. (1989). Motivation and cognition: Control deprivation and the nature of subsequent information processing. *Journal of Experimental Social Psychology, 25,* 465–480.

Ranalli, G. (1979). *Groupthink: A laboratory simulation.* Unpublished honors thesis. University of Western Ontario, Department of Psychology, London, Ontario, Canada.

Raynor, J. O. (1974). Future orientation and motivation of immediate activity: An elaboration of the theory of achievement motivation. In J. W. Atkinson & J. O. Raynor (Eds.), *Motivation and achievement* (pp. 121–154). Washington, DC: V. H. Winston.

Raynor, J. O., & McFarlin, D. B. (1986). Motivation and the self-system. In R. M. Sorrentino & E. T. Higgins (Eds.), *Handbook of motivation and cognition: Foundations of social behavior* (Vol. 1; pp. 315–349). New York: Guilford Press.

Rippetoe, P. A., & Rogers, R. W. (1987). Effects of components of protection motivation theory on adaptive and maladaptive coping with a health threat. *Journal of Personality and Social Psychology, 52,* 596–604.

Robins, C. J. (1988). Attributions and depression: Why is the literature so inconsistent? *Journal of Personality and Social Psychology, 54,* 880–889.

Robinson, E. (1993, July 7). Flood of migrants may be "crisis of the age." *International Herald Tribune (Frankfurt),* pp. 1–2.

Rogers, C. R. (1951). *Client-centered therapy; its current practice, implications, and theory.* Boston: Houghton Mifflin.

Rogers, R. W. (1975). A protection motivation theory of fear appeals and attitude change. *Journal of Psychology, 91,* 93–114.

Rogers, R. W. (1983). Cognitive and physiological processes in attitude change: A revised theory of protection motivation. In J. Cacioppo & R. Petty (Eds.), *Social Psychophysiology* (pp. 153–176). New York: Guilford Press.

Rogers, R. W., & Mewborn, C. R. (1976). Fear appeals and attitude change: Effects of a threat's noxiousness, probability of occurrence, and the efficacy of coping responses. *Journal of Personality and Social Psychology, 34,* 54–61.

Rogers, R. W., Deckner, W. C., & Mewborn, C. R. (1978). An expectancy-value theory approach to the long-term modification of smoking behavior. *Journal of Clinical Psychology, 34,* 562–566.

Rokeach, M. (1960). *The open and closed mind.* New York: Basic Books.

Roney, C. J. R., & Sorrentino, R. M. (1987). Uncertainty orientation and person perception: Individual differences in categorization. *Social Cognition, 5,* 369–382.

Roney, C. J. R., & Sorrentino, R. M. (1995a). Self-evaluation motives and uncertainty orientation: Asking the "who" question. *Personality and Social Psychology Bulletin, 21,* 1319–1329.

Roney, C. J. R., & Sorrentino, R. M. (1995b). Uncertainty orientation, the self, and others: Individual differences in values and social comparison. *Canadian Journal of Behavioural Science, 27,* 157–170.

Roney, C. J. R., & Sorrentino, R. M. (1995c). Reducing self-discrepancies or maintaining self-congruence? Uncertainty orientation, self-regulation, and performance. *Journal of Personality and Social Psychology, 68,* 485–497.

Rosenbaum, M. E. (1986). The repulsion hypothesis: On the nondevelopment of relationships. *Journal of Personality and Social Psychology, 51,* 1156–1166.

Rosnow, R. L., & Rosenthal, R. (1989). Definition and interpretation of interaction effects. *Psychological Bulletin, 105,* 143–146.

Ross, L., Lepper, M. R., & Hubbard, M. (1975). Perseverance in self-perception and social perception: Biased attributional processes in the debriefing paradigm. *Journal of Personality and Social Psychology, 32,* 880–892.

Ross, M., & Conway, M. (1986). Remembering one's own past: The construction of personal histories. In R. M. Sorrentino & E. T. Higgins (Eds.), *Handbook of motivation and cognition: Foundations of social behavior* (pp. 122–144). New York: Guilford Press.

Russell, J. A. (1980). A circumplex model of affect. *Journal of Personality and Social Psychology, 39,* 1161–1178.

Sarason, I. G. (1961). The effects of anxiety and threat on the solution of a difficult task. *Journal of Abnormal and Social Psychology, 62,* 165–168.

Schaeffer, G. A., Moscowitz, J. M., Malvin, J., & Schaps, E. (1982). *The effects of three years of participation in a primary prevention program on elementary school students.* (Eric Documents, ED 221607, 661–3172).

Schneider, W., & Shiffrin, R. M. (1977). Controlled and automatic human information processing: I. Detection, search, and attention. *Psychological Review, 84,* 1–66.

Seashore, S. E. (1954). *Group cohesiveness in the industrial work group.* Ann Arbor: University of Michigan Press.

Sharp, A. (1993). *Attributions in the everyday lives of married couples.* Unpublished doctoral dissertation. University of Waterloo, Waterloo, Ontario, Canada.

Shiffrin, R. M., & Schneider, W. (1977). Controlled and automatic human information processing: II. Perceptual learning, automatic attending and a general theory. *Psychological Review, 84,* 127–189.

Short, J. C., & Sorrentino, R. M. (1986). Achievement, affiliation, and group incentives: A test of the overmotivation hypothesis. *Motivation & Emotion, 10,* 115–131.

Simpson, J. A. (1990). Influence of attachment styles on romantic relationships. *Journal of Personality and Social Psychology, 59,* 971–980.

Slavin, R. E. (1980). Cooperative learning in teams: State of the art. *Educational Psychologist, 15,* 93–111.

Slavin, R. E. (1983). *Cooperative learning.* New York: Longman.

Smith, M. B. (1995). Selfhood at risk: Perils or potentials? *American Psychologist, 49,* 405–411.

Sorrentino, R. M. (1977). [Test–retest reliabilities of authoritarianism scores]. Unpublished raw data.

Sorrentino, R. M. (1993). The warm look in control motivation and social cognition. In G. Weary, Gleicher, F., & Marsh, L. (Eds.), *Control Motivation and Social Cognition* (pp. 291–322). New York: Springer-Verlag.

Sorrentino, R. M., Bobocel, D. R., Gitta, M. Z., Olson, J. M., & Hewitt, E. C. (1988). Uncertainty orientation and persuasion: Individual differences in the effects of personal relevance on social judgements. *Journal of Personality and Social Psychology, 55,* 357–371.

Sorrentino, R. M., Brouwers, Hanna, & Nagy (1995).

Sorrentino, R. M., Brouwers, M. C., Hanna, S. E., & Roney, C J. R. (1996). The nature of the test taking situation: Informational and affective influences on intelligence test performance. *Learning Disabilities Research and Practice, 8,* 105–120.

Sorrentino, R. M., & Field, N. (1986). Emergent leadership over time: The functional value of positive motivation. *Journal of Personality and Social Psychology, 50,* 1091–1099.

Sorrentino, R. M., & Hewitt, E. C. (1984). The uncertainty-reducing properties of achievement tasks revisited. *Journal of Personality and Social Psychology, 4,* 884–899.

Sorrentino, R. M., Hewitt, E. C., & Raso-Knott, P. A. (1992). Risk-taking in games of chance and skill: Informational and affective influences on choice behavior. *Journal of Personality and Social Psychology, 62,* 522–533.

Sorrentino, R. M., & Higgins, E. T. (Eds.). (1986). *Handbook of motivation and cognition: Foundations of social behavior* (Vol. 1). New York: Guilford Press.

Sorrentino, R. M., & Higgins, E. T. (1986). Motivation and cognition: Warming up to synergism. In R. M. Sorrentino & E. T. Higgins (Eds.), *Handbook of motivation and cognition: foundations of social behavior* (Vol. 1; pp. 3–19). New York: Guilford Press.

Sorrentino, R. M., & Higgins, E. T. (1996). *Handbook of motivation and cognition: The interpersonal context* (Vol. 3). New York: Guilford Press.

Sorrentino, R. M., Holmes, J. G., Hanna, S. E., & Sharp, A. (1995). Uncertainty orientation and trust in close relationships: Individual differences in cognitive styles. *Journal of Personality & Social Psychology, 68,* 314–327.

Sorrentino, R. M., Raynor, J. O, Zubek, J. M., & Short, J. C. (1990). Personality functioning and change: Informational and affective influences on cognitive, moral, and social development. In E. T. Higgins & R. M. Sorrentino (Eds.), *Handbook of motivation and cognition: Foundations of social behavior* (Vol. 2; pp. 193–228). New York: Guilford Press.

Sorrentino, R. M., & Roney, C. J. R. (1986). Uncertainty orientation, achievement-related motivation, and task diagnosticity as determinants of task performance. *Social Cognition, 4,* 420–436.

Sorrentino, R. M., & Roney, C. J. R. (1990). Uncertainty orientation: Individual differences in the self-inference process. In J. M. Olson & M. P. Zanna (Eds.), *The Ontario Symposioum: Vol. 6. Self-inference processes* (pp. 239–257). Hillsdale, NJ: Erlbaum.

Sorrentino, R. M., Roney, C. J. R., & Hanna, S. E. (1992). Attributions and cognitive orientations: Uncertainty orientation. In C. P. Smith, J. W. Atkinson, D. C. McClelland, & J. Verkoff (Eds.), *Motivation and personality: Handbook of thematic content analysis* (pp. 419–427). Cambridge, England: Cambridge University Press.

Sorrentino, R. M., & Roney, C. J. R., & Hewitt, E. C. (1989). Information value versus affective value and achievement behavior. In F. Halisch & J. H. L. van den Bercken (Eds.), *International perspectives on achievement and task motivation* (pp. 21–49). Amsterdam, Netherlands: Swets & Zeitlinger.

Sorrentino, R. M., & Sheppard, B. H. (1978). Effects of affiliation-related motives on swimmers in individual versus group competition: A field experiment. *Journal of Personality and Social Psychology, 36,* 704–714.

Sorrentino, R. M., & Short, J. C. (1977). The case of the mysterious moderates: Why motives sometimes fail to predict behavior. *Journal of Personality and Social Psychology, 35,* 478–484.

Sorrentino, R. M., & Short, J. C. (1986). Uncertainty, motivation, and cognition. In R. M. Sorrentino & E. T. Higgins (Eds.), *Handbook of motivation and cognition: Foundations of social behavior* (Vol. 1; pp. 379–403). New York: Guilford Press.

Sorrentino, R. M., Short, J. C., & Raynor, J. O. (1984). Uncertainty orientation: Implications for affective and cognitive views of achievement behavior. *Journal of Personality and Social Psychology, 46,* 189–206.

Sorrentino, R. M., Smithson, M.L., Hodson, G., Roney, C.J.R., & Walker, M.A. (in press). A Theory of uncertainty orientation: A Mathematical Reformulation. *Journal of Mathematical Psychology.*

Srull, T. K. (1981). Person memory: Some tests of associative storage and retrieval models. *Journal of Experimental Psychology: Human Learning and Memory, 7,* 440–463.

Srull, T. K., Lichtenstein, M., & Rothbart, M. (1985). Associative storage and retrieval processes in person memory. *Journal of Experimental Psychology: Learning, Memory, and Cognition, 11,* 316–345.

Strauman, T. J., & Higgins, E. T. (1987). Automatic activation of self-discrepancies and emotional syndromes: When cognitive structures influence affect. *Journal of Personality and Social Psychology, 53,* 1004–1014.

Strube, M., Boland, S., Manfredo, P., & Al-Falaij, A. (1987). Type A behavior and the self-evaluation of abilities: Empirical tests of the self-appraisal model. *Journal of Personality and Social Psychology, 52,* 956–974.

Suls, J. M., & Miller, R. L. (Eds.). (1977). *Social comparison processes: Theoretical and empirical perspectives.* Washington, DC: Hemisphere.

Swann, W. B., Jr. (1990). To be adored or to be known? The interplay of self-enhancement and self-verification. In E. T. Higgins & R. M. Sorrentino (Eds.), *Handbook of motivation and cognition: Foundations of social behavior* (Vol. 2; pp. 408–448). New York: Guilford Press.

Swann, W. B., & Hill, C. (1982). When our identities are mistaken: Reaffirming self-conceptions through social interaction. *Journal of Personality and Social Psychology, 43,* 59–66.

Swann, W. B., & Pelham, B. W. (1988). *The social construction of identity: Self-verification through friend and intimate selection.* Unpublished manuscript. University of Texas, Austin.

Swann, W. B., Pelham, B. W., & Krull, D. S. (1989). Agreeable fancy or disagreeable truth? Reconciling self-enhancement and self-verification. *Journal of Personality and Social Psychology, 57,* 782–791.

Swann, W. B., & Read, S. J. (1981). Self-verification processes: How we sustain our self-conceptions. *Journal of Experimental Social Psychology, 17,* 351–372.

Swann, W. B., Wenzlaff, R. M., Krull, D. S., & Pelham, B. W. (1992). Allure of negative feedback: Self-verification strivings among depressed persons. *Journal of Abnormal Psychology, 101*, 293–306.

Swann, W. B., Wenzlaff, R., & Tafarodi, R. W. (1992). Depression and the search for negative evaluations: More evidence of the role of self-verification strivings. *Journal of Abnormal Psychology, 101*, 314–317.

Sweeney, P. D., Anderson, K., & Bailey, S. (1986). Attributional style in depression: A meta-analytic review. *Journal of Personality and Social Psychology, 50*, 974–991.

Tajfel, H. (Ed.). (1978). *Differentiation between social groups: Studies in the social psychology of intergroup relations.* New York: Academic Press.

Tajfel, H., & Turner, J. C. (1979). An integrative theory of intergroup conflict. In W. G. Austin & S. Worchel (Eds.), *The social psychology of intergroup relations* (pp. 33–47). Monterey, CA: Brooks/Cole.

Tajfel, H., & Turner, J. C. (1986). An integrative theory of intergroup relations. In S. Worchel, & W. G. Austin (Eds.), *Psychology of intergroup relations* (2nd ed., pp. 7–24). Chicago: Nelson-Hall.

Taylor, S. E., & Brown, J. D. (1988). Illusion and well-being: A social psychological perspective on mental health. *Psychological Bulletin, 103*, 193–210.

Tesser, A. (1986). Some effects of self-evaluation maintenance on cognition and action. In R. M. Sorrentino & E. T. Higgins (Eds.), *Handbook of motivation and cognition: Foundations of social behavior* (Vol. 1; pp. 435–464). New York: Guilford Press.

Tetlock, P. E. (1983). Accountability and complexity of thought. *Journal of Personality and Social Psychology, 45*, 74–83.

Thibault, J., & Walker, R. (1975). *Procedural justice: A psychological analysis.* Hillsdale, NJ: Erlbaum.

Trope, Y. (1974). Inferential processes in the forced compliance situation: A Bayesian analysis. *Journal of Experimental Social Psychology, 10*, 1–16.

Trope, Y. (1975). Seeking information about one's own ability as a determinant of choice among tasks. *Journal of Personality and Social Psychology, 32*, 1004–1013.

Trope, Y. (1979). Uncertainty-reducing properties of achievement tasks. *Journal of Personality and Social Psychology, 37*, 1505–1518.

Trope, Y. (1980). Self-assessment, self-enhancement, and task preference. *Journal of Experimental Social Psychology, 16*, 116–129.

Trope, Y. (1982). Self-assessment and task performance. *Journal of Experimental Social Psychology, 18*, 201–215.

Trope, Y. (1986). Self-enhancement and self-assessment in achievement behavior. In R. M. Sorrentino & E. T. Higgins (Eds.), *Handbook of motivation and cognition: Foundations of social behavior* (Vol. 1; pp. 350–378). New York: Guilford Press.

Trope, Y., & Ben-Yair, E. (1982). Task construction and persistence as means for self-assessment of abilities. *Journal of Personality and Social Psychology, 42*, 637–645.

Trope, Y., & Brickman, P. (1975). Difficulty and diagnosticity as determinants of choice among tasks. *Journal of Personality and Social Psychology, 31*, 918–925.

Turner, J. C., Hogg, M. A., Oakes, P. J., Reicher, S. D., & Wetherell, M. S. (1987). *Rediscovering the social group: A self-categorization theory.* Oxford: Blackwell.

Vallone, R. P., Ross, L., & Lepper, M. R. (1985). The hostile media phenomenon: Biased perception and perceptions of media bias in coverage of the Beirut massacre. *Journal of Personality and Social Psychology, 49*, 577–585.

Vygotsky, L. S. (1962). *Thought and language.* Cambridge, MA: MIT Press.

Walker, A. M. (1998). *Motivation for control in moderate- and non-depressives as a function of uncertainty orientation.* Unpublished doctoral dissertation. University of Western Ontario, London, Ontario, Canada.

Walker, A. M., & Sorrentino, R. M. (in press). Motivation for control in moderate- and non-depressives as a function of uncertainty orientation. *Personality and Social Psychology Bulletin.*

Waller, N. G., Bouchard, T. J., Lykken, D. T., & Tellegen, A. (1993). Creativity, heritability, familiality: Which word does not belong? *Psychological Inquiry, 4,* 235–237.

Weary, G., & Edwards, J. A. (1996). Causal-uncertainty beliefs and related goal structures. In R. M. Sorrentino & E. T. Higgins (Eds.), *Handbook of motivation and cognition: The interpersonal context* (Vol. 3; pp. 148–181). New York: Guilford Press.

Weary, G., & Williams, J. P. (1990). Depressive self-presentation: Beyond self-handicapping. *Journal of Personality and Social Psychology, 58,* 892–898.

Weary, G., Gleicher, F., & Marsh, K. L. (Eds.). (1993). *Control Motivation and Social Cognition.* New York: Springer-Verlag.

Weary, G., Jordon, J. S., & Hill, M. G. (1985). The attributional norm of internality and depressive sensitivity to social information. *Journal of Personality and Social Psychology, 49,* 1283–1293.

Weary, G., Marsh, K. L., Gleicher, F., & Edwards, J. A. (1993). Depression, control motivation and the processing of information about others. In G. Weary, F. Gleicher, & K. L. Marsh (Eds.), *Control Motivation and Social Cognition* (pp. 255–287). New York: Springer-Verlag.

Weinberger, J., & McClelland, D. C. (1990). Cognitive versus traditional motivational models: Irreconcilable or complementary? In E. T. Higgins & R. M. Sorrentino (Eds.), *Handbook of motivation and cognition: Foundations of social behavior* (Vol. 2; pp. 562–597). New York: Guilford Press.

Weiner, B. (1972). *Theories of motivation: From mechanism to cognition.* Chicago: Markham.

Weiner, B. (1974). *Achievement motivation and attribution theory.* Morristown, NJ: General Learning Press.

Wicklund, R. A. (1986). Orientation to the environment versus preoccupation with human potential. In R. M. Sorrentino & E. T. Higgins (Eds.), *Handbook of motivation and cognition: Foundations of social behavior* (Vol. 1; pp. 379–403). New York: Guilford Press.

Wilder, D. A., & Shapiro, P. N. (1989). Role of competition-induced anxiety in limiting the beneficial impact of positive behavior by an out-group member. *Journal of Personality and Social Psychology, 56,* 60–69.

Wilder, D. A., & Simon, A. F. (1996). Incidental and integral affect as triggers of stereotyping. In R. M. Sorrentino & E. T. Higgins (Eds.), *Handbook of motivation and cognition: The interpersonal context* (Vol. 3; pp. 397–419). New York: Guilford Press.

Wong, P. T. B., & Weiner, B. (1981). When people ask "why" questions, and the heuristics of attributional search. *Journal of Personality and Social Psychology, 40,* 650–663.

Wurtele, S. K., & Maddux, J. E. (1987). Relative contributions of protection motivation theory components in predicting exercise intentions and behavior. *Health Psychology, 6,* 453–466.

Yost, J. H., Strube, M. J., & Bailey, J. R. (1992). The construction of the self: An evolutionary view. *Current Psychology: Research and Reviews, 11,* 110–121.

Zanna, M. P. (1994). On the nature of prejudice. *Canadian Psychology, 35,* 11–23.

人名索引

◎

A
Abrams, D.   105, 126, 135
Ainsworth, M.   110
Allport, G. W.   43
Altemeyer, B.   178
Aronson, E.   116, 119
Atkinson, J. W.   9, 10, 85-88, 90, 91, 96, 97, 181, 186, 190, 208
Axhausen, S.   127, 128

B
Bandura, A.   31
Baumeister, R. F.   54
Berger, C. R.   105
Berger, J.   131
Berlyne, D. E.   14, 115
Birch, D.   88, 96, 181, 186, 190
Bobocel, D. R.   70-72, 74, 130, 143, 155
Bowlby, J.   110
Brewer, M. B.   105, 135, 137
Brouwers, M. C.   79, 102, 123, 143, 145, 147-149, 151-154, 156, 165, 172
Byrne, D.   11, 131

C
Cacioppo, J. T.   15, 22, 67-70, 76, 77
Calabrese, R.   105
Campani, G.   127
Cantor, N.   47, 48, 50, 64
Carswell, J. J.   109-114
Cartwright, D.   123
Carver, Ch. S.   49, 50, 100
Chaiken, S.   15, 22, 67, 71
Cherry, F.   11
Clayton, J. P.   109
Csikszentmihalyi, M.   182

D
D'Agostino, P. R.   159-161
Davidson, M. A.   115
Driscoll, D. M.   59, 60, 62, 64
Dunning, D.   46
Dweck, C. S.   46

E
Edwards, J. A.   157-160, 162, 163
Einstein, A.   1
Eppler, R.   115
Erickson, E. H.   31
Esses, V. M.   83

F
Fazio, R. H.   22-24
Feather, N. T.   85, 88, 181, 190
Feil, G.   127, 128
Festinger, L.   13, 15, 17, 18, 43, 133
Fiddle, S.   1

Field, N.   28
Fiske, S. T.   15, 18, 66, 69
Frederick, J. E.   10
French, E. G.   86, 87
Freud, S.   16
Fromm, E.   1

G
Gergen, K. J.   54, 55
Gitta, M. Z.   70-72, 74, 78, 130, 143, 155, 182
Goodmurphy, F.   176
Gundara, J. S.   127

H
Hamilton, D. L.   59, 60
Hanna, S. E.   10, 79, 102, 106, 107, 137, 138, 172
Harasty, A. S.   105, 135, 137
Hardin, C. D.   133, 134, 136
Harrington, H. J.   128, 129, 131, 132
Haslam, S. A.   136, 137
Hastie, R.   61
Hazan, C.   110
Heisenberg, W. K.   1
Hewitt, E. C.   40, 42, 44, 47, 70-72, 74, 93-95, 97, 126, 130, 143, 155, 182
Higgins, E. T.   50, 51, 100, 101, 105, 133, 134, 136, 173
Hildebrand-Saints, L.   158
Hodson, G.   ii, iii, 121-123, 125, 126, 137, 174, 180
Hogg, M. A.   105, 126, 135, 136, 138
Holmes, J. G.   105-107
Hovland, C. I.   67, 74, 143
Huber, G. L.   115-117, 119, 120-122, 126-128, 131, 132, 141

I
Inhelder, B.   176

J
Janis, I. L.   121, 124, 143
Johnson, D. W.   116-118
Johnson, F. P.   117, 118
Johnson, M. K.   118
Johnson, R.   116

K
Kagan, J.   20, 174
Kelley, H. H.   143
King, G. A.   62, 79
Kohlberg, L.   176
Kouhara, S.   ii
Kruglanski, A.   15, 80, 81
Kuhl, J.   182, 183

L
Lepper, M. R.   18
Lewin, K.   190
Loevinger, J.   176

M

Maddux, J. E. 143-145, 147
Markus, H. 32, 47
Maslow, A. 31
McClelland, D. C. 86, 175
McFarlin, D. B. 26, 32, 59, 93
Mehrabian, A. 93
Miller, N. 128, 129, 131, 132
Mullin, B. A. 138

N

Neuberg, S. L. 139, 140
Nezlek, J. ii
Nisbett, R. 105, 145

O

Olson, J. M. 70-72, 74, 130, 143, 155, 163, 182
Otsubo, Y. ii
Owens, L. 117

P

Pennebaker, J. W. 149, 151, 152, 156
Peterson, C. 166
Petty, R. E. 15, 22, 67-70, 76
Piaget, J. 115, 176
Pittman, T. S. 159-161, 166

R

Ranalli, G. 123
Raso-Knott, P. A. 94, 95, 126
Raynor, J. O. 9, 26, 32, 59, 85, 87, 89, 91-93, 176, 181, 190
Rempel, J. K. 105
Rogers, C. 31
Rogers, R. W. 143-145, 147, 148
Rokeach, M. 8, 9, 19, 20, 21, 173, 178
Roney, C. J. R. i, iii, 10, 39, 43, 44, 51-53, 63, 64, 79, 83, 93, 94, 97, 98-102, 106, 174, 180, 206, 208
Ross, L. 18, 105, 145
Roth, J. W. H. 115
Russell, J. A. 184

S

Sarason, I. G. 87
Schaeffer, G. A. 116
Scheier, M. 49, 50, 100
Schneider, W. 22
Seligman, M. E. P. 166
Shapiro, P. N. 138, 139
Sharp, A. 107
Shaver, P. 110
Shepard, B. H. 28
Short, J. C. 9, 12, 28, 59, 87-89, 91, 92, 148, 155, 165, 171, 176, 182, 206
Shriffin, R. M. 22
Shuper, P. ii
Simon, A. F. 138
Slavin, R. E. 116
Smith, M. B. 3, 4
Smithson, M. iii, 174, 180, 206
Sorrentino, R. M. i-iii, 9-12, 21, 28, 39, 40, 42-44, 47, 51-53, 59, 60, 62-64, 70-79, 81, 83, 87-102, 105

-115, 121-123, 125-127, 129, 130, 132, 133, 137, 140, 141,143, 145, 147-149, 151-157, 159, 163-166, 171, 172, 174, 176, 177, 180, 182, 184, 206-208
Srull, T. K. 61
Strube, M. 168
Swann, W. B. 16-18, 35-37, 43, 134

T

Tajfel, H. 105, 131, 136
Taylor, S. E. 16, 18, 66, 69
Tesser, A. 16
Thibault, J. 123
Trope, Y. 13-15, 33-37, 40-42, 89, 96, 97, 99
Turner, J. C. 106, 131, 136

V

Vernon, P. E. 43
Vygotsky, L. S. 115

W

Walker, A. M. iii, 158, 159, 163-166, 174, 180
Weary, G. 157-160, 162-164
Weinberger, J. 175
Weiner, B. 89, 115, 162
Wessler, R. 176
Wicklund, R. A. 182, 183
Wilder, D. A. 138, 139
Wong, P. T. B. 162

Y

Yasunaga, S. ii

Z

Zanna, M. P. 83, 163
Zubek, J. M. 9, 176

事項索引

——あ——
愛着スタイル　28, 110, 113-115
愛着の安定型　109-114
愛着の不安定型　109-114
愛着理論　110
アイデンティティ　31, 54, 132
危ぶまれる自己　47
アンチフロー　183

——い——
一面的なメッセージ　73-76, 78
一致　99, 101
一致情報　60, 61

——お——
オープン・マインド　9, 18, 20, 21, 173
オープン・リーダー　122-124

——か——
開示　150
外集団　131, 137, 139
概念同定課題　160, 161
回避型　112
学習嗜好性　117
学習性無力感　166, 168
確定志向　ii, 4, 5
確定志向性　vii
課題特性　90
価値　43
カテゴリー　65
可能自己　6, 8, 47, 49
感情　vi, 138, 184
感情価　5, 7, 16, 26, 32, 59, 93

——き——
記憶　62
起源　172
帰属　6, 8
期待×価値　89, 96
期待×価値アプローチ　88
期待地位　129
期待地位理論　131
義務自己　50, 51, 100
脅威の深刻さ　144, 145
脅威評価　145
脅威評価プロセス　144
強化　129
強化理論　128
凝集性　124-126
教条主義　9, 20, 78
競争学習　116, 118
協同学習　115-118, 120, 128
共有された現実　133
拒否回避　28, 29
議論　82
　〜の質　70
　〜の強さ　77

——く——
グループ・ダイナミックス　i, 133, 135
クローズド・マインド　9, 18, 20, 21, 173
クローズド・リーダー　122-124

——け——
形式理論　iii, 180, 186
ゲシュタルト心理学　6, 7, 18
権威主義　10, 173
権威主義尺度　11
健康心理学　i, 169
現実自己　49
現実的葛藤　129
現実的葛藤理論　128
権力動機　10, 175

——こ——
行為志向　183
好奇心　14
合成達成動機　93
行動の有効性　144
個別学習　116, 118
コントロール理論　100
コンピュータ・シミュレーション　181

——さ——
作業自己概念　48

——し——
シェマ　32
自我の発達　176, 177
ジグソー学習法　116, 117, 119, 120
自己　viii, 31
思考　59-63
自己概念　6, 8, 31, 32, 36, 37, 39, 45, 47, 48
　〜の一致　53
　〜の順応性　45
　〜の不一致　52, 53
自己確証　38, 45, 133
　〜動機　38
　〜理論　16, 36, 134
自己覚醒　53
自己カテゴリー化理論　136
自己観　32
自己関与度　68, 71, 73-75, 78
自己基準　49
自己高揚　14
　〜動機　14
　〜理論　16
自己効力感　31, 144, 145
自己査定　15, 43-45, 97
　〜動機　13, 38, 42
　〜理論　14, 33-36, 40, 41, 96
自己志向　ii
自己指針　33

自己システム　47, 48
自己制御　173, 174
　〜アプローチ　49
　〜スタイル　5, 7
自己成長　31
自己知識　33, 37, 39, 40, 45, 66
自己に関する考え　48
自己の安定性　45
自己評価　133
自己不一致　51
自己不一致理論　49, 50, 100
自己モデル　67
システマティック　23–25, 137–140, 155, 163, 175, 182, 183
　〜な形態　22
　〜な情報処理　70
自尊感情　115, 117, 132
失敗回避　6, 29, 30, 88–90, 92, 100, 101
失敗回避動機　87, 88, 110
児童版の測定法　172
社会的アイデンティティ理論　131–133, 135
社会的影響　148
社会的カテゴリー　63, 64, 131
社会的相互作用　128
社会的認知　5, 7, 22, 66
社会的比較　134
社会的比較理論　13
宗教　56
集団アイデンティティ　2, 106
集団関係　i
集団間コンフリクト　127
集団志向　ii
集団思考　121, 138
順応性　56
状況志向　183
情動　184
情報価　26, 32, 59, 93
情報源　68
情報源の専門性　71
情報処理　22, 157, 159, 160
　〜のバイアス　163
　〜モデル　187
情報探索　16, 157, 161–163
情報探索行動　159
情報モデル　182
心血管活動　150
診断性　33–35, 98
心拍数　150
信憑性　38
信頼感　106–109, 111, 113, 114
心理的な幸福　31
心理病理学　143
心理療法　143, 169
親和関連動機　28, 29
親和志向　28–30
親和動機　10, 59, 175

——す——
遂行モデル　188
ステレオタイプ　130, 138, 140
ストレス　150, 151, 153, 155

——せ——
性格特性　vii
成功志向　6, 28, 29, 88–90, 92, 100, 101
成功志向動機　110
性差　107–109
脆弱性　144, 145
精神病理　108
精神分析　18
精神力学　5, 7, 173, 174
精緻化見込み　66
精緻化見込みモデル　67, 68, 70, 72, 75, 76
静的志向　183
生物学的アプローチ　174, 175
接触仮説　129, 130
説得　67, 74

——そ——
損失　16, 81, 82

——た——
対処の抑制―直面モデル　150
対処評価　144, 145
対処評価プロセス　144
対人関係　i
対人コミュニケーション　105
卓越さの基準　86
他者評価　133
達成関連動機　25–29, 85, 87, 90, 92, 93, 95, 99, 102, 172
達成行動　vi
達成動機　10, 59, 86–88
達成動機づけ　9, 85, 91, 96, 99

——ち——
知識　14, 15
知能　21, 79, 102
　〜検査　21
　〜の固定説　46
　〜の増進説　46
中心ルート　67, 69, 77
中程度の抑うつ傾向にある人　157
調整　90, 131
調整因　37

——て——
TAT　10

——と——
動因低減モデル　143
動機　vi
動機づけ　i, vii, viii, 66, 70
　〜と認知の統合モデル　189
　〜モデル　182
動機をもつ戦術家　15, 23, 66, 69, 81, 139
統制感　157
統制感の喪失　159
統制的な情報処理　24
統制動機づけ　157

統制剥奪　　161, 163, 164, 166, 168
統制不能感　　159
統制不能性　　164
動的志向　　182
道徳的成熟　　177
道徳発達　　176
特定帰結　　80
トラウマ　　149, 150-152, 154, 156, 157
————な————
内集団　　131, 137, 139
内集団バイアス　　138
内発的動機づけ　　117
————に————
二面的なメッセージ　　73, 74, 79, 82
認知　　i, vii, viii, 22
認知構造　　63, 65
認知構造の堅さ　　63
認知的シェマ　　17
認知的節約家　　23
認知的動機づけ　　65-67, 79, 80
認知的不協和理論　　17
認知動機　　76-78, 81
認知能力　　79
認知発達　　176, 177
認知モデル　　67
————ね————
ネガティブな情報価　　32
————の————
望まれる自己　　47
————は————
発達　　176, 177, 180
発達段階　　176
場面的アイデンティティ理論　　129, 131, 133
反応の有効性　　145
————ひ————
非システマティック　　23-25, 184
非システマティックな形態　　22
非診断的な課題　　166
非特定帰結　　80, 81
皮膚電気活動　　150
ヒューリスティック　　24, 67-70, 72, 75, 78, 108, 130, 137, 139, 175
ヒューリスティックな情報処理　　70
ヒューリスティック・モデル　　68, 70, 72
————ふ————
不安型　　112
不一致　　99, 101
不一致情報　　60, 61, 63, 66
不確定志向　　ii, 4, 5
不確定志向性　　iii, 4
　〜の起源　　171
　〜の合成得点　　11
　〜の測定　　8
　〜の発達経路　　172
　〜理論　　i
不確定性　　vi, 1, 3, 4, 20
　〜動機　　9-11
　〜を回避する者　　vi
　〜を追求する者　　vi
不適応反応　　144
フロー　　182-184
フロー理論　　182
文化　　vii
————へ————
ベック抑うつ性尺度　　160
偏見　　127, 130
————ほ————
防護動機づけ　　145
防護動機づけ理論　　143, 144, 147, 149
保健行動　　143
ポジティブな情報価　　32
ポストモダン　　3, 4, 54
————み————
右への揺れ　　2, 3
————む————
無知モデル　　129, 130
————め————
メッセージ　　71-73, 75
メラービアン尺度　　93, 94
————よ————
抑うつ　　157-159
抑うつ傾向　　28
抑うつ傾向の人　　157
————り————
リスク・テイキング　　94-96
理想自己　　50, 51, 100
領域特殊性　　27
————る————
類似一魅力　　129, 130

訳者あとがき
◎

　年の瀬も迫った1999年12月のある日，ソレンティノ博士から1通のメールが届いた。本書の原典であるSorrentino & Roney（2000）The Uncertain Mind : Individual Differences in Facing the Unknown. Psychology Press.の出版を知らせる内容であり，出版の喜びに満ちた博士からのメッセージが綴られていた。ソレンティノ博士のもとで翌年2月から在外研修を予定していたわたしにとっても嬉しい知らせであった。

　わたしが不確定志向性理論を知ったのは博士論文を書き終えた1993年のことである。博士論文のなかで不確定性（uncertainty）を1つのキーワードとして観察学習の成立過程を検討したわたしは，不確定性の魅力にとりつかれ，さらに深く理解したいと思い始めていた。そんなときに手にしたのがSmithson, M.（1989）Ignorance and Uncertainty : Emerging Paradigms. Springer-Verlag.であった。この本には不確定性に関するいくつかの心理学理論も紹介されていたが，なぜかソレンティノ博士の不確定志向性理論に強く心惹かれた。これがきっかけとなり不確定志向性の研究を始めることになったが，そのきっかけを作ってくれたスミソン博士も，ソレンティノ博士の友人であり，共同研究者であるということをあとで知った。

　不確定志向性理論を理解し，協同学習の研究に1つの検討視点として取り入れることが，わたしの在外研修の主たる目的であった。研修前に不確定志向性を一応理解し，その判定方法も習得し，共訳者である甲原先生や大坪先生とともに不確定志向性に関する論文もいくつか書いていたので，それなりの準備はできていると判断していた。ところが，ソレンティノ博士と初めて逢った日に手渡された本書を読み始めて，すぐさま強い衝撃に襲われた。想像をはるかに超える理論の展開にわたしは驚き，興奮した。同時に，みずからの努力不足を痛感し，学問の最先端を走り続けているソレンティノ博士の研究室で研修をおこなうことに対して，ある種の不安を覚えてしまった。

　不確定志向性研究の1つの出発点としてSorrentino & Short（1986）をあげるならば，およそ15年という歳月をかけて認知と動機づけの統合理論として

の不確定志向性理論が構築されたことになるが，1990年代後半に，その急激な理論展開があったと理解している。それまでは加算的な展開を示していたものが，何かの出来事を契機に加速度的に展開することがある。その変局点を境に前後の様相は一変する。不確定志向性研究にとってその変局点が90年代後半だったと判断できる。共訳者の大坪先生は1995年10月からソレンティノ博士のもとで研修をおこなっているが，大坪先生の体験談から判断しても，加速度的な展開が始まるのは，それ以後だと推測される。それまでは，不確定志向性の考え方が心理学の多くの領域で無視できない重要な要因であることを例証する地道な研究が積み重ねられていたといえよう。むろんその当時，すでに不確定志向性理論の基本的な骨格は形づくられていたことは明らかであるが。

　不確定志向性理論の本質を要約すれば，人間の諸活動は個人の不確定志向性とその活動に特有な動機および場面の示す不確定性もしくは確定性によって決定されるという考えが基本にある。不確定志向性は個人の認知特性であり，不確定志向と確定志向に区別される。活動に特有な動機は感情特性と仮定されている。また場面の不確定性もしくは確定性は個人の認知の問題である。つまり，人間の活動は，認知と感情と場面による二次の交互作用によって決定される，というのが不確定志向性理論の基本的な考え方である。この理論はさらに展開し，個と集団との関係，個と文化・社会を結ぶ有力な視点も提供している（本書の「日本語版によせて」を見よ）。この最後の点に関しては，日本と北米との間でなされた比較文化研究の結果によっても，おおむね不確定志向性理論を支持する結果が得られている。つまり，日本社会は相対的に確定的であり，北米社会は不確定的である。そして，それぞれの社会の特性と一致した志向性の人，すなわち日本における確定志向の人と北米における不確定志向の人は社会に対する適応が優れている，ということである。もともと不確定志向の人は個人志向的であり，確定志向の人は集団志向的であるという知見が得られているが（第5章を見よ），集団を重視する日本においては確定志向の人が，個を重視するカナダでは不確定志向の人が，それぞれの社会のなかで積極的に生きていると解釈されている。

　この不確定志向性理論の特徴の1つとして二分法的な論の進め方をあげることができる。本書で紹介されたように，不確定志向性理論は確定性・不確定性，

確定志向・不確定志向，成功志向・失敗回避，接近・回避などなど，すべてを二分法的に割り切って論を進める（例えば，第6章の図6-5，図6-6を見よ）。これは不確定志向性理論の出発点となったアトキンソンの達成動機づけ理論の考え方に影響されているが，この二分法的な論の展開こそが，認知×感情×場面といった単純明快な理論的枠組みを提供し，心理学の多くの領域における人間の諸活動を予測できる説明力を実現できたものと考える。その徹底した二分法的な理論展開には，理論の単純明快さと力強さ，くわえて一種の美的感覚さえも感じる。不確定志向性理論の数理モデルはその極みといえよう。

　本書を日本に紹介しようと訳者3人で検討を始めたのは2000年の5月であり，ようやく具体的な翻訳作業に入れたのが2002年当初であった。翻訳作業は，まさに訳者3人の共同作業であった。特に，本書が心理学の幅広い専門領域を含んでおり，訳者の3人が必ずしもすべての領域に精通しているわけでもないので，不適切な翻訳にならないよう検討を加えながら作業を進めた。しかし，出版が近づくほど不安が大きくなったのも事実である。いまとなっては不適切な点が1つでも少ないようにと願うばかりである。

　本書の出版には多くの方々のお世話になった。まず，山口県立大学国際文化学部のロバート J. シャルコフ先生にお礼申し上げたい。きわめて日本語に堪能である先生は日本の文化や生活習慣への理解が深い英語教育研究者であり，日本語と英語の微妙な言い回しの差異や，訳しがたい文章などに関して数多くの有意義なアドバイスをいただいた。また先生には，国際比較で使用した質問紙作成過程においても多大なご助力をいただいている。この場をお借りしてお礼申し上げる。次に，原著者のソレンティノ博士とロニー博士に感謝したい。お2人は日本での出版をとても喜んでいただき，快く「日本語版によせて」という一文を書いていただいた。また，翻訳に際してでてきた疑問点に常に迅速に答えていただいた。皆さんのご助力なくして本書の出版はありえなかったが，むろん，本書の翻訳に責任をもつのは訳者3人であることはいうまでもない。

　最後に，本書の出版が実現できたのはひとえに北大路書房の皆さまのご理解とご協力の賜である。出版の機会を与えていただいたことに衷心より感謝申し上げる。特に営業部の西村泰一氏と編集部の関一明氏，それに実際の編集を担当していただいた薄木敏之氏には企画の段階から出版にいたるまで，さまざま

な側面で多大なお力添えをいただいた。ここに記して感謝申し上げる。

　本書の出版が1つのきっかけとなり，日本における不確定志向性と不確定性に関する研究の輪がさらに広がれば，訳者にとってこれ以上の喜びはない。

訳者代表　　安永　悟

訳者紹介
◎

安永　悟（やすなが　さとる）
　　1955年　大分県に生まれる
　　1985年　九州大学大学院教育学研究科博士後期課程単位取得満了
　　現　在　久留米大学文学部・大学院心理学研究科　教授
　　　　　　博士（教育心理学）
　　主著・論文
　　　「モデリングによるルールの獲得過程に関する研究」風間書房　1998年
　　　「LTD話し合い学習法の過程分析―不確定志向性の影響―」（共著）　久留米大学文学部紀要　2002年
　　　「不確定志向性と社会的影響」（共著）　久留米大学大学院心理学研究科紀要　2002年

大坪靖直（おおつぼ　やすなお）
　　1961年　佐賀県に生まれる
　　1990年　広島大学大学院教育学研究科博士課程後期中途退学
　　現　在　福岡教育大学教育学部　教授
　　主著・論文
　　　「不確定性欲求の得点化マニュアル」福岡教育大学紀要　1998年
　　　「自尊心の低下が社会的頻度判断に及ぼす効果」福岡教育大学紀要　2000年

甲原定房（こうはら　さだふさ）
　　1961年　福岡県に生まれる
　　1990年　九州大学大学院教育学研究科博士後期課程修了
　　現　在　山口県立大学生活科学部　助教授
　　主著・論文
　　　「社会心理学　対人行動の理解」（分担執筆）　ブレーン出版　1999年
　　　「The effects of social category and behavior style on minority influence」（共著）　山口県立大学生活科学部紀要　2002年

未知なるものに揺れる心
―不確定志向性理論からみた個人差―

2003年3月20日　初版第1刷印刷	定価はカバーに表示
2003年3月30日　初版第1刷発行	してあります。

著　者　　R. M. ソレンティノ
　　　　　C. J. R. ロニー
訳　者　　安　永　　　悟
　　　　　大　坪　靖　直
　　　　　甲　原　定　房
発行者　　小　森　公　明
発行所　　㈱北　大　路　書　房

〒603-8303　京都市北区紫野十二坊町12-8
　　　　　電　話　(075) 431-0361 (代)
　　　　　F A X　(075) 431-9393
　　　　　振　替　01050-4-2083

©2003　制作　見聞社　　印刷／製本　亜細亜印刷(株)
検印省略　落丁・乱丁本はお取り替えいたします。

ISBN 4-7628-2301-5　　　　Printed in Japan